Japon mystérieux

Rue Julienne

Writat

Cette édition parue en 2024

ISBN : 9789361467608

Publié par
Writat
email : info@writat.com

Contenu

PARTIE I

JAPON MYSTÉRIEUX

Au loin se trouvent les îles du mystère,
sans jamais de port entre elles ;
Vert sur le jaune du sein de l'Asie,
Comme un collier de tourmaline.

CHAPITRE I

Un océan particulier, le Pacifique. Un océan vaste et solitaire avec peu de navires et de nombreuses ornières à réparer. En labourant vers l'ouest sur sa surface agitée pendant une semaine, vous arrivez à l'endroit où l'Est rencontre l'Ouest avec une bosse qui disloque le calendrier. C'est comme si un bloc-date dans votre main était mis en pièces et que les jours étaient répartis sur le pont. Vous les récupérez et les remontez, mais il en manque un. Pauvre petite journée perdue ! Il s'est empêtré dans le 180ème méridien et a été traîné par-dessus bord pour ne plus jamais être revu.

Chez nous, à bord de l'admirable *Kashima Maru*, le jour perdu s'est avéré être un dimanche, ce qui a provoqué un schisme sur le navire. Dans le fumoir , où le poker était un passe-temps quotidien, la résignation s'exprimait, l'impression étant qu'avec la journée perdue disparaissaient les offices dominicaux habituels. Mais en parvenant à cette conclusion, le groupe du fumoir n'avait pas tenu compte du fait que des missionnaires étaient à bord. Les missionnaires ont tenu une conférence précipitée dans la salle sociale et, ignorant les farces irrévérencieuses de la longitude et de l'heure, ont annoncé un service pour la journée qui suivrait samedi. Sur ce, une contre-conférence s'est tenue autour de la table de poker, à l'issue de laquelle on est parvenu aux conclusions suivantes :

Qu'à bord du navire, la volonté du capitaine est, et devrait être un droit, absolue ; que le capitaine avait prononcé le jour lundi ; qu'aux yeux de ce groupe respectueux des lois mais joueur de poker, c'était donc *lundi* ; que la proposition d'organiser des offices religieux le lundi constituait une tentative de la part de certains passagers de placer leur volonté au-dessus de celle du capitaine ; qu'une telle action était, de l'avis du groupe du fumoir , subversive pour la discipline du navire, si toutefois elle ne constituait pas une véritable mutinerie en haute mer ; que les membres de ce groupe ne pourraient donc pas être partie à l'action proposée ; qu'au contraire, ils estimaient qu'il était de leur devoir, dans cette crise, de rester à l'écart du capitaine ; et enfin, qu'en exécution de ce devoir, ils devraient et resteraient dans le fumoir tout au long de la journée, poursuivant leur jeu régulier du lundi, même si d'autres pourraient juger opportun de poursuivre leur jeu régulier du dimanche ailleurs dans le navire.

Si cela avait été la traversée de l'Atlantique, nous aurions déjà atterri de l'autre côté ; pourtant, nous étions là, campant sur une étendue grise et froide, à quelques kilomètres au sud de la mer de Behring, à une semaine entière de Yokohama.

Pourtant, la terre – une sorte de terre – n'était pas aussi lointaine que je l'avais imaginé. Tôt un matin, au milieu du voyage, mon steward, Sugimoto, est venu dans ma cabine et m'a réveillé pour le voir. (Un homme splendide, Sugimoto ; de corps court et rond, avec une chair solide et résiliente comme une balle de caoutchouc dur, et un visage circulaire et doux que Raphaël aurait pu peindre pour un chérubin, s'il avait été japonais.)

"Bonjour, monsieur", dit-il. "Messieur regarde le hublot, il voit la terre."

Je me levai et regardai.

Un volant d'écume, à un kilomètre ou deux de là, traversait l'eau, bordant le flanc d'une montagne sombre dépassant brusquement de la mer. À travers une brume, comme un rideau de gaze grise à moitié levé, j'aperçus un sommet hivernal d'où descendaient de longues langues de neige, marquant les coutures et les gorges. C'était, en bref, une île comme celle que découvre inopinément un baleinier naufragé qui, affamé et gelé dans un bateau non ponté, a dérivé pendant des jours à travers les pages agitées par la tempête d'une histoire maritime. Il atterrirait dans une crique abritée et découvrirait rapidement une source et une grotte. Il trouverait un moyen habile de tuer les phoques, s'habillerait de leur peau et subsisterait de leur viande, précédé des plats habituels de palourdes et de poisson. Pendant trois ans, il vivrait sur l'île, se croyant seul. Puis soudain, il se rendait compte que la vie dans cet endroit n'était plus sûre. A l'entrée de sa grotte, il trouverait les traces d'un animal prédateur : de nouvelles empreintes de talons français dans la neige !

Aussi austère que paraisse l'île, mon cœur s'est réchauffé à sa vue ; car il n'y a pas de terre si misérable qu'elle ne doive être préférée à la mer. De plus, j'ai vu dans ce pays un signe avant-coureur. L'empire du Japon, je le savais, se composait de plusieurs grandes îles — à la principale desquelles nous étions liés — et de quelque quatre mille îles plus petites s'étendant en une vaste chaîne. Cette île doit donc être la première de la chaîne. Désormais, nous passerions sans doute de temps à autre des îles. Le reste du voyage s'apparenterait à une descente du fleuve Saint-Laurent.

Apaisé et encouragé par cette agréable pensée, et souhaitant toujours me souvenir de cet avant-poste de l'Empire insulaire, je demandai son nom à Sugimoto.

"Cet Araska , monsieur," répondit-il.

"Es-tu content de revoir le Japon, Sugimoto ?"

"Cet Araska ", répéta-t-il.

"Oui. Une partie du Japon, n'est-ce pas ?"

Sugimoto secoua la tête.

"Non, monsieur. L'Araska, terre américaine."

« Cette île appartient aux États-Unis ?

"Oui, monsieur. Cet Araska ."

Je n'avais jamais entendu parler d'une île de ce nom. Sugimoto avait sûrement tort de penser qu'il s'agissait d'une possession américaine.

"Pourriez-vous me le montrer sur la carte ?" J'ai demandé.

De ma commode, il sortit un dossier de la compagnie maritime et, ouvrant sur une carte du Pacifique, désigna l'un des nombreux petits points. "Iles Aléoutiennes", étaient-elles marquées. Ils pendaient très loin de l'extrémité de cette péninsule qui ressemble à une longue langue suspendue à la gueule d'un chien et dont la tête est grossièrement suggérée par les contours cartographiques de notre territoire le plus septentrional. Nous avions navigué directement loin de notre terre natale pendant une semaine, pour nous retrouver, au bout de ce temps, toujours en vue de ses environs. Comme beaucoup d'autres de ses compatriotes, le bon Sugimoto avait des difficultés avec ses *l* et ses *r* . Il avait essayé de m'informer que l'île, dont le nom s'était avéré être Amatisnok , appartenait à l'Alaska.

J'ai commencé à étudier la carte et à rechercher des statistiques concernant l'océan Pacifique. C'était une grave erreur. Il n'est pas agréable de découvrir que les trois quarts de la planète sont pires que gaspillés, étant entièrement livrés à l'eau salée. Il n'est pas non plus agréable de découvrir, au large du Pacifique, que plus d'un tiers de la surface de la Terre est occupé par cet océan unique. Toute idée visant à amener le général Goethals à remédier à ce problème en comblant le Pacifique est d'ailleurs sans espoir, car toutes les terres du monde, si elles s'étendaient sur la surface du Pacifique, ne feraient qu'une île entourée de vingt millions de milles carrés de mer.

Me sentant déprimé par ces faits, je commençai maintenant à chercher des points de mérite ; car on nous dit d'essayer de trouver le bien dans toute chose, et même si je crains de ne prêter que peu d'attention à ce canon lorsque, dans mon état normal à terre, en mer, je deviens un autre homme.

Sur terre, j'ai le sentiment enfantin que le Créateur n'a pas le temps de s'occuper de moi, ayant tant d'autres personnes dont il doit s'occuper ; mais un navire au large est un objet remarquable. Je sens que cela doit attirer son attention. Je le sens me regarder. Et même si j'espère qu'il m'apprécie, je ne vois aucune raison particulière pour laquelle il devrait le faire. Je suis tellement plein de défauts, tellement critique, tellement préjugé. Considérez, par exemple, la façon dont je parlais du président Wilson, de Josephus Daniels et de WJ Bryan. J'ai bien peur que ce soit très mal chez moi. Au lieu d' étudier leurs défauts, j'aurais dû remédier aux miens. J'aurais dû donner davantage à la charité. J'aurais dû être plus doux dans l'expression de mes opinions. J'aurais dû écrire souvent à ma sœur, qui aime tant recevoir des lettres de moi. J'aurais dû chercher le bien dans tout.

Immédiatement, je me mets à courir autour du navire à sa recherche. Et voilà ! Je l'ai trouvé. Le navire est confortable. Il semble être conçu pour rester au dessus de l'eau. Le tableau est irréprochable. Les passagers sont intéressants. L'immensité même de cet océan tend à les rendre ainsi. Au lieu de former un modèle unique, comme le seraient les autres passagers d'un paquebot de l'Atlantique, ils forment un groupe hétérogène, familier avec d'étranges coins du globe et plein d'anecdotes et d'informations curieuses. Au lieu de parler toujours d'hôtels à Londres, Paris, Venise, Rome et Naples, ils parlent familièrement de Séoul, Shanghai, Pékin, Hong Kong , Saigon et Singapour. Et parmi eux, quelques-uns ont une connaissance intime d'îles et de villes si éloignées que leurs noms chantent aux oreilles comme des chansons fantastiques. Des noms parfumés. Les Célèbes et Samarkand !

Il y avait un petit Anglais qui chassait les papillons pour un musée. Il m'a parlé de grandes araignées grosses comme vos deux mains, qui construisent leurs toiles entre les arbres dans les jungles de Bornéo – je crois qu'il a dit Bornéo. Mais quel que soit le nom de l'endroit, il y a trouvé des indigènes ayant des queues de deux à quatre pouces de long, je crois qu'il a dit deux à quatre pouces. Mais quelle que soit la longueur des queues, il avait des photographies pour prouver qu'il y avait des queues. La dernière théorie de l'évolution de l'homme, m'a-t-il dit, n'est pas la théorie de Darwin, mais soutient qu'il existait il y a longtemps une créature intermédiaire entre l'homme et le singe, dont tous deux dérivent - le singe ayant, je suppose, évolué vers le haut. la cime des arbres, tandis que l'homme évoluait vers le bas, vers le bas, vers le bas, jusqu'à ce qu'enfin arrivent le jazz, Lénine et Trotzky .

Un autre homme vivait depuis des années en Corée. Autrefois, avant sa conquête par le Japon, dit-il, c'était un pays parfait pour l'opéra-comique avec l'empereur comme comédien en chef. Il connaissait et aimait l'Empereur et me racontait des histoires amusantes à son sujet. Autrefois, lorsqu'il fallait obturer les dents de Sa Majesté, il fallait attendre que le dentiste américain de Séoul puisse disposer d'un ensemble d'instruments en or, le seul métal autorisé dans les limites sacrées de la bouche impériale.

La concession pour la construction d'un chemin de fer électrique à Séoul fut accordée aux Américains, étant entendu qu'ils importeraient des automobilistes des États-Unis et que ceux-ci seraient prêts à voler au secours de l'empereur en cas de problème. Un fil privé reliait la chambre impériale à celle du directeur de la compagnie de tramway, afin que ce dernier puisse être rapidement averti en cas de besoin d'aide. Pendant plus d'un an, le fil resta inutilisé, mais finalement, tard dans la nuit, la cloche sonna. Le directeur sauta de son lit et se précipita vers le téléphone spécial. Mais ce n'était pas une révolution. L'Empereur venait d'entendre parler d'un certain immeuble de bureaux à New York et souhaitait savoir s'il contenait effectivement autant d'histoires qu'on lui en avait rapporté.

Craignant une révolution ou une invasion, l'empereur fit construire un palais à côté de la légation américaine. Et lorsque, comme cela arrivait de temps en temps, un *coup d'État* menaçait sa sécurité personnelle, il prenait une échelle et escaladait le mur séparant l'arrière-cour du palais de celle du ministre américain. Cela se produisait fréquemment, et ce dernier était si embarrassé que, pour mettre fin aux visites informelles de Sa Majesté, il fit recouvrir le haut du mur de verre brisé inhospitalier.

Jusqu'à l'annexion de la Corée par le Japon, m'a dit mon informateur, les Coréens étaient totalement dénués de patriotisme, mais les Japonais les ont tellement opprimés qu'un fort sentiment national s'est engendré trop tard. Le fait que les Japonais aient été durs et brutaux en Corée, a-t-il dit, est incontestable, mais c'est l'œuvre de militaristes et cela est contraire à la volonté du peuple japonais qui, lorsqu'il a appris ce qui se passait, a protesté avec une telle vigueur. des violences qui ont obligé à supprimer les journaux dans les villes japonaises et à matraquer les émeutiers dans les rues par la police. Cela a provoqué une réforme immédiate en Corée. Le brutal gouverneur général a été rappelé et remplacé par l'amiral Baron Saito, un homme d'État humain et éclairé qui s'est efforcé sincèrement d'améliorer les conditions, avec pour résultat que les Coréens sont aujourd'hui mieux éduqués et mieux gouvernés qu'ils ne l'ont été de mémoire d'homme. homme. Ils prospèrent également. Les premières mesures sont actuellement prises pour leur permettre de participer à leur propre gouvernement, et si les conditions semblent justifier l'extension de leurs privilèges, on espère qu'ils pourront finalement jouir de l'autonomie gouvernementale.

Un autre passager m'a raconté l'histoire d'un Américain capturé par des brigands en Chine. La victime était un ingénieur civil, très habile à tracer des voies ferrées. L'American International Corporation souhaitait l'envoyer en Chine pour planifier un chemin de fer, mais il s'y opposa parce qu'il était en mauvaise santé. Finalement, pressé par la compagnie, il consentit à partir si son médecin privé était envoyé avec lui. Cela a été convenu.

En Chine, les brigands ont attrapé l'ingénieur civil mais pas le médecin. Ils l'ont gardé longtemps. Il fut emmené d'un endroit à l'autre à travers les pays les plus rudes, marchant toute la nuit, dormant le jour dans des grottes humides, mangeant une nourriture grossière et insuffisante. Il fut enfin libéré. Il revint en bonne santé. La vie de brigand était exactement ce dont il avait besoin.

"Ici, sur les mers, sans journaux nationaux", m'a fait remarquer un voyageur réfléchi , "nous perdons le contact avec le monde et ne rattrapons jamais tout ce que nous avons perdu. Lorsque nous atterrissons, nous entendons parler de certaines des choses qui se sont produites. , mais il y a des événements mineurs dont nous n'entendons jamais parler, ou dont la nouvelle nous parvient longtemps après, comme une grande surprise. Je me souviens d'un exemple tiré de ma propre expérience.

"Dans la ville de Nouvelle-Angleterre où je vis, il y avait un banquier, un vieux citoyen éminent, réputé pour être très proche et peu scrupuleux dans les moyens qu'il prenait parfois pour gagner de l'argent.

"Cela faisait des années qu'il avait l'habitude d'aller chaque hiver en Floride, mais sa fille, qui tenait la maison pour lui, aimait l'hiver du nord et restait à la maison.

"Il y a quelques années, alors que j'étais en Extrême-Orient, ce vieil homme est mort, mais je suis resté longtemps absent et je n'ai rien entendu. Quand je suis revenu, c'était l'hiver. Un jour, j'ai rencontré la fille et je me suis arrêté pour parler. Il neigeait et un vent froid sifflait dans la rue. Nous avions des problèmes avec la chaudière de notre maison et j'en avais l'esprit plein. Alors, quand je l'ai rencontrée, je lui ai dit :

"'Une bonne chose : un jour comme celui-ci, tu n'as pas à t'inquiéter pour ton père. Les fournaises ne tombent pas en panne là-bas, là où il est.'

"Maintenant, quand je suis absent, je garde les journaux et, à mon retour, je les lis tous si cela me prend une semaine entière."

Quelque part dans les mers situées entre les îles de Formose et de Luçon, naît un large courant tiède, connu sous le nom de Courant Noir, qui, s'écoulant vers le nord, tempère le climat de Hondo, l'île principale du Japon. "A ce ruisseau bienfaisant", remarque le guide, "les rives du Japon doivent leur verdure luxuriante".

Tandis que nous traversions le Courant Noir , une certaine verdeur se révéla également sur mon visage. Je n'ai pas trouvé le flux bénéfique du tout. Cependant, sa largeur n'était que d'environ deux cents milles et, au matin, le pire était passé. Je suis arrivé sur le pont et j'ai trouvé le *Kashima Maru* chevauchant comme un oiseau d'eau placide et volumineux sur une mer amicale et ensoleillée. Et au loin, à l'horizon, s'étendait une traînée de brume qui représentait le Japon.

Au bout d'une heure ou deux, la brume devint plus dense. C'était comme une diapositive colorée qui se mettait lentement au point. Quelqu'un m'a montré un point blanc sur l'ombre d'une colline et a dit que c'était un phare, et quelqu'un d' autre a discerné un village dans une petite tache chamois où la terre et l'eau se rencontraient. Des mouettes tournaient autour de nous — des mouettes aux ailes sombres et dentelées ; plus petits que ceux que nous avions vus sur Puget Sound. Des mouettes étrangères !

Depuis que nous avions quitté Victoria, nous n'avions aperçu qu'un seul navire, mais maintenant un cargo à vide , pointant vers le haut et montrant une large bande de dessous rouge, titubant comme un ivrogne gai, et à peine parti vers l'arrière, nous avons ramassé sur l'autre proue un navire en train de se vautrer. caravelle trapue avec une poupe très inclinée comme celle de la *Santa Maria* - un navire tel que je n'avais jamais rêvé de voir une voile sérieusement et sérieusement. Et à peine était-il parti que nous avons révisé une petite flotte de bateaux de pêche ayant la jolie couleur du bois non peint et les lignes élancées et gracieuses des navires vikings . Tous sauf un portaient une voile carrée blanche sur chaque mât, mais celui-là avait trois mâts et trois voiles, dont deux étaient jaunes, tandis que la troisième était d'un indigo tendre et délavé. Il promettait des choses, ce bateau aux voiles colorées !

Des falaises blanches au loin, hautes et fantomatiques comme celles de Douvres, rappelaient un autre royaume insulaire, très loin à travers la joue du monde, dont les citoyens dormaient en ce moment de leur sommeil de minuit — *la nuit dernière* . Bientôt, les falaises blanches disparurent, laissant la place à un mur de collines aux sommets coniques et aux flancs vert vif éclaboussés de taches bleu-vert de pinèdes. Et quand j'ai vu le travail au pinceau sur ces collines ridées en forme de cône, si différentes de toutes les autres collines que j'avais vues, j'ai su que Hokusai et Hiroshige, loin d'être de simples artistes décorateurs, avaient « peint la nature telle qu'ils la voyaient ».

Les villages le long du rivage étaient désormais visibles plus clairement : des rangées de maisons à un étage prenant leur couleur du bois jaune avec lequel elles étaient construites et du chaume jaune de leurs toits, tous deux tempérés par les éléments.

Alors, alors que je regardais un village sur un promontoire qui se tendait vers nous, quelqu'un s'écria :

"Fuji ! Venez voir Fujiyama !" et j'ai couru en avant et j'ai regardé avec des yeux tendus à travers la mer et les sommets où, d'un blanc chatoyant dans le ciel lointain, était suspendu : était-ce bien le fameux cône en forme d'éventail, ou seulement une tache lumineuse de nuage ? Ou était-ce n'importe quoi du tout ?

« Où est Fuji ?

"Juste là. Tu ne vois pas ?"

"Non. Oui, maintenant je pense——"

"C'est parti. Non ! Le voilà encore !"

Il en va de même pour le refrain. Car le Fuji, la plus belle des montagnes, est aussi la plus insaisissable. Plus tard, à Tokyo, quand quelqu'un m'a appelé pour venir le voir, il a disparu alors que j'étais en train de monter à l'étage.

Aussi splendide qu'apparaisse le Vésuve lorsqu'il flotte dans une brume opalescente au-dessus de la baie de Naples avec son panache de fumée s'abaissant au-dessus d'elle, il n'est, en comparaison de Fuji, qu'un petit voyou fauve. Le Vésuve s'élève à quatre mille pieds tandis que le Fuji est trois fois plus haut. Et bien que le sommet de Pike's Peak soit plus haut que la montagne sacrée du Japon de quelque deux mille pieds, le premier, partant d'une plaine située à un mille au-dessus du niveau de la mer, présente un immense handicap, tandis que le second part de « zéro ». Ainsi, lorsque vous regardez Pike's Peak depuis les plaines, vous voyez en réalité une montagne s'élevant à neuf mille pieds ; tandis que lorsque vous regardez Fuji depuis la mer, la totalité de ses douze mille pieds et plus est visible.

Outre la taille du Fuji, les choses qui le rendent plus beau que le Vésuve sont la perfection de son contour, la neige sur son cône et la qualité atmosphérique du Japon - cette source de tant de déception pour les voyageurs qui prennent des photos comme ils le feraient. à la maison.

Un ami japonais à bord du navire m'a dit que, même si Fuji était au repos depuis bien plus d'un siècle, il y avait suffisamment de chaleur dans certaines de ses fissures fumantes pour permettre de faire bouillir des œufs. Dix-huit ou vingt mille personnes font l'ascension chaque année, a-t-il dit, et certaines femmes pieuses de soixante-dix ans et plus luttent lentement pour gravir la pente, prenant une semaine ou plus pour l'ascension, qui est faite par des hommes valides en une demi-journée. ou moins.

Les paysans de la région parlent de Fuji non pas par son nom mais simplement sous le nom de *O Yama* , « la montagne honorable », mais mon ami japonais a ajouté que bien que le *O honorifique* , tant utilisé par ses compatriotes, soit traduit littéralement en anglais par « honorable », il n'avait pas, à l'oreille japonaise, une valeur aussi élaborée et lourde, mais était prononcé automatiquement et souvent uniquement par souci de cadence.

Les paysans de la région parlent de Fuji non pas par son nom mais simplement comme *O Yama*, la « Montagne Honorable ».

« Nous disons *O* sans réfléchir, expliqua-t-il, tout comme vous commencez par « cher monsieur » en écrivant à un étranger qui ne vous est pas du tout cher.

Pour Fuji, cependant, j'aime le polysyllabique anglais complet du respect. C'est en effet une « montagne honorable ». Le grand cône volcanique suspendu, comme il semble parfois, dans l'air bleu et raréfié, a un aspect éthéré suggérant la pureté et la spiritualité, de sorte qu'il n'est pas difficile pour le spectateur venant d'un autre pays de ressentir son caractère sacré et de percevoir son aptitude à soyez la demeure de cette belle déesse dont le nom japonais signifie « Princesse-qui-fait-fleurir-les-fleurs-des-arbres ».

"Il existe deux sortes d'imbéciles", dit un proverbe japonais : "ceux qui ne sont jamais montés au Fuji et ceux qui y sont montés deux fois." A cette catégorie, j'ajouterais une troisième sorte d'idiot, le plus grand de tous : l'idiot

qui n'apprécie pas le spectacle du Fuji. Une créature qui serait déçue par Fuji
serait déçue par n'importe quel spectacle, aussi grandiose soit-il, qu'il s'agisse
du Grand Cañon , du Grand Canal ou de la Grand Central Station.

CHAPITRE II

Ce qui est satisfaisant avec le Japon, c'est qu'il ressemble toujours exactement au Japon. Cela ne pourrait pas être ailleurs. Les mouettes sont des mouettes japonaises, les collines sont des collines japonaises, la baie de Tokyo est une baie japonaise, et si les paquebots ancrés au large du port de Yokohama ne sont pas tous japonais, beaucoup d'entre eux ont, au moins, un aspect exotique, avec leurs des entonnoirs rouges ridiculement gros ou leurs minces bleus. Même les petites vedettes à partir desquelles les autorités portuaires vous embarquent pendant que vous êtes dans le port ne ressemblent pas tout à fait aux vedettes que l'on voit ailleurs, et bien que la grande jetée de pierre, vers laquelle vous êtes finalement téléporté, puisse à elle seule correspondre à l'image d'un Dans le port maritime britannique, les femmes et les enfants qui attendent sur le quai, trottant à côté du navire alors qu'il se dirige lentement vers son poste d'amarrage, saluant et souriant à ses amis sur le pont, sont costumés dans une suggestion inévitable de grands jardins de fleurs brillants agités par le vent. Parmi ces femmes et ces enfants aux draperies lumineuses, le costume européen sombre de l'homme est presque perdu, de sorte que, malgré tous ses pantalons et ses chapeaux derby, le Japon reste le Japon.

A travers ce jardin de fleurs humaines bavardes, riantes et flottantes, nous nous sommes dirigés vers une limousine (en marquons-en une pour le Nouveau Japon), et dans ce véhicule nous avons été entraînés au milieu de la foule : un fouillis de coolies vêtus de bleu portant de larges chapeaux de champignon et le les insignes de leurs employeurs gravés sur leur dos, des rickshas , des voitures de tourisme, des camions à moteur, des écoliers à jupe faisant du vélo, et de curieux petits chariots à roues minuscules, tirés par de petits chevaux hirsutes qui sont toujours conduits et qui, lorsqu'ils sont laissés pour se tenir debout, avoir les pattes avant cordées. Nous avons traversé un pont, au-dessus des auvents pointus en paille de riz d'innombrables cargos en bois ; puis nous empruntâmes une route étroite, recouverte de sable brun, entre des rangées de charmantes petites maisons en bois, disposées en terrasses les unes au-dessus des autres, avec des clôtures de planches ou de bambous ne cachant qu'en partie des jardins infinitésimaux, et des portes d'entrée coulissantes en papier et en treillis de bois, certaines de qui, repoussée, révélait des sols recouverts de paille à l'intérieur, avec peut-être davantage de femmes et d'enfants ressemblant à des fleurs qui nous regardaient — les femmes et les enfants plus grands ayant des bébés attachés dans le dos. Près de certaines portes se trouvaient des pots contenant des arbres nains ou des arbustes à fleurs, près d'autres étaient suspendues des cages à oiseaux en bois léger d'où sortait un morceau de chant, et devant chaque porte se trouvait une pierre plate et basse sur laquelle étaient posées des rangées de petits sabots en bois. Des chiens de races inconnues m'étaient assis placidement devant la porte de leurs maîtres : des chiens bruns assortis aux maisons, des chiens noirs et blancs, aucun d'eux très grands, tous dodus et d'expression bienveillante. Aucun d'eux n'a quitté sa place pour courir et aboyer contre notre voiture. C'étaient les chiens les plus polis que j'aie jamais vu. Ils étaient simplement assis sur leurs hanches, souriant. Et les femmes souriaient, et les enfants souriaient, et les fleurs de cerisier souriaient depuis les branches au-dessus, et le soleil souriait à travers elles, projetant sur la chaussée brune, les maisons brunes et les gens bruns une belle éclaboussure de lumière et d'ombre.

Et avec toutes ces choses, et un aperçu d'un *torii* et d'un sanctuaire, et le son musical des sabots en bois grattant sur le trottoir et le léger parfum omniprésent, suggérant des odeurs mélangées de bois de pin neuf, d'encens et d'épices - ce qui est à moi l'odeur du Japon ; même si les critiques hostiles n'hésiteront pas à me rappeler l' odeur des rizières - avec toutes ces images, tous ces sons et ces odeurs, si séduisantes et si antipodes, j'ai commencé à penser que nous devions traverser une banlieue céleste, en direction des portes du Paradis lui-même. .

Mais au lieu de gravir la colline jusqu'au paradis, nous avons traversé un jardin fleuri d'azalées blanches, violettes, roses et saumonées , et nous nous sommes arrêtés devant un agréable club-house. Là, nous avons déjeuné ; et il convient de remarquer que, bien que préparés par des Japonais, le menu et la cuisine étaient dans un français irréprochable. Les messieurs japonais présents dans ce club étaient des financiers, des fonctionnaires et des hommes d'affaires éminents de Yokohama. Un ou deux d'entre eux portaient le *hakama* et *le haori , gracieux et dignes* , la jupe et le manteau en soie des vêtements traditionnels indigènes, mais de loin le plus grand nombre étaient vêtus à l'européenne : certains des hommes les plus jeunes étaient en pan coupé, mais la majorité en redingote. les manteaux, vêtements encore très appréciés au Japon, tout comme les chaussures à guêtres de congrès, un style de chaussure très pratique dans un pays où l'on perd ses chaussures en entrant dans une maison.

Le déjeuner terminé, nous nous sommes rendus à la gare du chemin de fer électrique qui est parallèle au chemin de fer à vapeur reliant le port de mer à la capitale — qui d'ailleurs deviendra elle-même un port de mer lorsque le canal proposé aura été dragué dans la baie de Tokyo, désormais navigable uniquement par voie maritime. petits bateaux.

Depuis la fenêtre de la voiture, nous avons continué nos observations tout en nous précipitant. Le gabarit du chemin de fer à vapeur est plus étroit que celui des chemins de fer d'Amérique et d'Europe ; les locomotives ressemblent aux locomotives européennes et les wagons sont petits et légers en comparaison des nôtres. Les sifflets des moteurs sont stridents, et au lieu de deux hommes, trois sont transportés dans chaque cabine. Ceci, nous le découvrirons tout à l'heure, est caractéristique du Japon. Ils emploient plus de personnes que nous pour un travail donné — une découverte plutôt surprenante après tout ce que nous avons entendu parler de l'efficacité japonaise. Mais la réputation d'efficacité du Japon repose après tout en grande partie sur ses exploits militaires. Peut-être que son armée est efficace. Peut-être que sa marine l'est. Il est certain que la discipline et le service à bord du *Kashima Maru* seraient comparables à ceux d'un navire anglais de premier ordre. Mais pourquoi trois hommes sur une locomotive ? Pourquoi plusieurs conducteurs dans un tramway ? Pourquoi trois domestiques dans une maison bourgeoise ordinaire qui, en Amérique ou en Europe, serait dirigée par un ou deux ? Pourquoi quinze domestiques dans une maison que nous dirigerions à six ou huit ? Pourquoi tant d'automobiles avec un assistant assis sur le siège à côté du chauffeur ? Pourquoi si peu de moteurs ? Pourquoi des hommes et des femmes tirant de lourdes charrettes qui pourraient bien mieux être tirées par des chevaux ou propulsées à l'essence ? Pourquoi ces routes étroites et mal pavées ? Pourquoi cet arrosage des rues avec des louchettes ou avec de petites charrettes à bras tirées par des hommes ? Pourquoi une douzaine de coolies ou plus actionnant un batteur de pieux actionné à la main, soulevant le poids avec des cordes, alors que deux hommes et un peu de vapeur feraient le travail beaucoup plus vite et mieux ? Pourquoi, d'ailleurs, ces délicieux rickshas qu'un bouffon d'autrefois surnommait les voitures « à tirer » ? Pourquoi ce gaspillage de travail partout ?

Se pourrait-il que dans ce petit pays densément peuplé, il y ait plus de mains volontaires qu'il n'y a de travail à faire pour des mains volontaires ? Le travail doit-il être dispersé afin de fournir une tâche et un gagne-pain à chacun ? Mais encore une fois, si c'était le cas, les gens travailleraient-ils aussi dur qu'ils semblent le faire ? Les femmes seraient-elles au travail aux côtés de leurs maris, creusant jusqu'aux genoux dans la boue et l'eau des rizières, traînant des charrettes lourdement chargées, manipulant des bateaux volumineux ? Et les heures de travail seraient-elles si longues ? Voici quelque chose à examiner. Mais pas maintenant.

C'est un pays où l'on brode à la main, le Japon, bien que la broderie soit réalisée avec des points fins d'un genre inconnu. Le paysage rural est tellement formé, taillé et cultivé qu'il prend parfois l'apparence d'un joli petit jardin, tout comme le paysage anglais a parfois l'apparence d'un grand parc. Ici, bien plus qu'en Angleterre, chaque pouce de terrain disponible est utilisé. Là où les flancs des collines sont si abrupts qu'ils risqueraient d'être emportés s'ils n'étaient pas protégés, des murs soignés de pierre en forme de losange sont posés à sec contre eux ; mais chaque fois que cela est possible, les coteaux sont aménagés en terrasses de manière à rappeler les vignobles du Rhin et de la Moselle, formant une série de petits champs en forme de plateau, chacun faisant de son mieux pour contribuer à résoudre le problème alimentaire.

Il est difficile de dire si les villes situées le long de cette ligne de chemin de fer sont séparées par des groupes de fermes, ou si les groupes de fermes sont séparés par des villes, de même que la division. Les fermes sont très petites, de sorte que la campagne est parsemée de petites maisons, ces mêmes maisons basses et gracieuses de bois et de papier qui nous enchantèrent lorsque nous les vîmes pour la première fois, et qui nous raviront toujours quand, de l'autre bout du monde , on pense à eux. Car il y a quelque chose dans la vue d'une jolie petite maison japonaise avec ses quelques pieds de jardin qui fait curieusement appel à l'imagination et au sentiment. Tout cela est si léger et si beau, et pourtant tout est si soigneusement conçu, si bien fini. Pour l'œil occidental – du moins pour le mien – cela a une qualité de fantaisie. J'ai l'impression qu'il ne peut pas être tout à fait réel, et que les gens qui y vivent ne peuvent pas être tout à fait réels : qu'ils sont en partie, disons un quart, de fée. Et je vous le demande : qui d'autre que des gens ayant au moins un peu de sang de fée dans les veines prendrait la peine de planter une rangée d'iris le long des faîtes de leurs toits ?

Les maisons, elles aussi, sont souvent situées dans des situations elfiques. On se tiendra au sommet d'un petit précipice avec une petite table de jardin à l'arrière ; un autre se nichera, à moitié caché, dans un petit bassin abrité où il semble avoir poussé depuis le sol, avec les arbres et arbustes qui l'entourent, les haies fleuries et les pins aux branches comme des bras tendus dans des manches de kimono vertes tombantes ; un autre encore s'élève au bord d'un étang si petit que dans un pays moins ressemblant à des jouets, ce ne serait guère un étang ; pourtant, ici, il est orné de rochers grotesquement charmants et de feuilles et de fleurs en surplomb, et au milieu, comme il se doit, il y aura une île à peine plus grande qu'une roue de charrette, et sur cette île une lanterne de pierre avec un sommet en forme de champignon, et atteignant depuis le rivage, un délicat pont en arc de bois sous lequel naviguent des carpes et des poissons rouges somnolents, avec des nageoires marchandes et des yeux ruminatifs roulants.

De même qu'on comprend mieux Hokusai et Hiroshige pour avoir vu les collines côtières, on les comprend mieux pour avoir vu ces petites maisons magiques dont les décors ressemblent si joliment à ces paysages miniatures faits de mousse, de graviers, de petits rochers et d'arbres nains, disposés en bassines en porcelaine par un jardinier japonais, qui a parfois la gentillesse de nous faire voir ses productions dans une vitrine de la Cinquième Avenue. On a souvent l'impression que le Japon lui-même n'est guère plus qu'un tel jardin à plus grande échelle. On retrouve sans cesse dans le plus grand jardin la finition et la beauté fantastique du petit jardin. Et quand on le rencontre, on est heureux d'oublier la politique et les problèmes du Japon, et de considérer le pays tout entier comme une décoration de table curieusement parfaite pour le salon du monde.

Et les enfants ! Des enfants partout ! Les enfants des enfants dont Kipling parlait il y a trente ans, quand il appelait le Japon

"... le pays des petits enfants, où les bébés sont les rois."

Avec son tambour et son singe, il est l'équivalent japonais de notre joueur d'orgue à l'ancienne.

Bien sûr, nous avions entendu parler des enfants. Tous ceux qui écrivent sur le Japon ou qui rentrent chez eux et parlent du Japon vous en parlent. Pourtant, d'une manière ou d'une autre, vous devez être témoin du phénomène avant de comprendre leur étonnante profusion. Même les statistiques, montrant que la population du Japon augmente au rythme de

400 000 à 700 000 chaque année, ne donnent pas une idée précise, bien qu'elles mettent en évidence le fait qu'il y a plusieurs millions d'enfants de dix ans ou moins... dont environ les deux tiers se promènent avec des sabots en bois, tandis que le reste monte sur le dos de leurs parents, grands-parents, frères et sœurs. Le tout dans un pays plus petit que l'État de Californie.

Enfants seuls, enfants par groupes de trois ou quatre, enfants répartis en dizaines de lots. Des enfants de toutes tailles, couleurs , attitudes et conditions. Des enfants bloquent les routes, jouent sous les arbres ou dans les arbres, s'ébattent le long des sentiers, grouillent sur des petits tas de terre comme des abeilles sur des ruches en forme de cloche. Des enfants qui regardent les voitures qui passent, des enfants dans de minuscules skiffs, des enfants qui pataugent dans les étangs. Les enfants aperçus à travers les *shoji* ouverts en bois et en papier de leurs maisons en forme de boîtes d'allumettes, trottinaient sur des sols propres et dînaient placidement - les plus grands d'entre eux étaient accroupis devant les plateaux et manœuvraient des baguettes agiles, les plus petits allaitaient au sein de leur mère. (Parfois, les enfants allaités au sein ne sont pas si petits – c'est la raison pour laquelle tant de Japonais ont des dents trop proéminentes.) Des enfants bruns et nus, des enfants en haillons, des enfants en indigo ou en kimonos à fleurs vives et en tabliers blancs. Des enfants sages, des enfants sauvages et déchaînés, des enfants au crâne rasé, des enfants à la crinière noire de jais qui s'agitent autour de leurs oreilles et de leur visage pendant qu'ils courent. Des enfants potelés avec des yeux joyeux et des joues comme des pommes roses et rousses. Des enfants qui réalisent l'impossible : ravir les yeux malgré leur petit nez sale.

Se peut-il qu'ils empilent les enfants les uns sur les autres , en faisant deux couches, parce qu'il n'y a pas de place au sol pour tous à la fois ? Les bébés montés sur le dos de leur mère voyagent dans une dignité et une sécurité relatives. Sous leurs doux petits chapeaux champignons, ils dorment à travers bien des choses : voyages en tramway, expéditions shopping et soirées bavardes dans les salons de thé des grands magasins. Mais ceux qui chevauchent les épaules de leurs frères aînés mènent une vie de folle aventure. Leur présence ne doit pas interférer avec le progrès de la jeune vie masculine. Le frère grimpera aux arbres, marchera sur des échasses et jouera même au baseball, apparemment inconscient du poids et de la fragilité de la petite charge attachée à lui par des liens de sang et de coton. Si la tête du bébé somnolent tombe et gêne, le frère modifie sa position avec un coup venant de l'arrière de sa propre tête. Lorsque le petit cavalier glisse trop bas, que ce soit sur le dos d'un enfant ou d'un adulte, son porteur se penche et se redresse comme un broncho , remettant bébé en place. À travers tout cela, le bébé dort généralement. Ses rêves sont-ils perturbés, se demande-t-on, lorsque le grand frère passe au deuxième but ? J'en doute. Ne connaissant ni berceau, ni landau facile à monter, le bébé japonais est dès l'abord habitué à une vie d'action. Cela semble être un fataliste. Et en effet, il semblerait qu'un dieu spécial protège le bébé, car il semble toujours s'en sortir indemne.

Parfois, dans les rues, les enfants sont deux ou trois fois plus nombreux que leurs aînés. En les contemplant, on peut facilement tomber dans l'idée de considérer les adultes comme de simples auxiliaires, n'existant que pour laver les enfants, veiller à ce qu'ils portent des tabliers et leur donner leurs repas.

CHAPITRE III

Lorsque vous atteignez la périphérie de Tokyo, vous pensez arriver dans une autre petite ville, mais la ville continue encore et encore, et finalement, alors que le train s'approche du cœur de la ville, de grands bâtiments se dressent ici et là au-dessus de la ligne générale des toits en tuiles à deux étages. , vous informe dans une certaine mesure de l'importance du lieu. En 1917, Tokyo se classait au cinquième rang des villes du monde, avec une population presque égale à celle de Berlin, et il semble probable que lorsque des statistiques mondiales fiables seront à nouveau disponibles, nous constaterons que la population de Berlin est tout au plus restée stationnaire, tandis que La ville de Tokyo s'est développée encore plus rapidement que d'habitude, en raison d'une activité industrielle exceptionnelle et de l'afflux de réfugiés russes, dont la présence en grand nombre au Japon a créé un problème de logement. Je ne serais pas non plus surpris d'apprendre que Tokyo a dépassé Chicago dans la course à la population, devenant ainsi la troisième ville du monde.

La gare centrale présente la tendance architecturale moderne de la capitale. Il est commodément disposé et impressionnant par sa taille, comme on le voit à travers l'espace ouvert auquel il fait face, mais là s'arrête son mérite. Comme la plupart des grands bâtiments de style étranger au Japon, c'est une chose architecturale moche. Située aux portes de la principale ville du Japon, elle n'a rien de japonais. Sa façade est grandiose et dénuée de sens, et lorsqu'on lui tourne le dos et qu'on voit d'autres grandes structures publiques nouvelles, on est attristé par la découverte que les Japonais, habiles à s'adapter bien qu'ils se soient souvent montrés, ont manifestement échoué à adapter les exigences. , les méthodes et les matériaux de la construction moderne à leurs anciennes lignes architecturales nationales. Une chose est cependant sûre : il n'y aura pas de nouveaux bâtiments publics plus inesthétiques que ceux déjà existants. Ce style d'architecture au Japon a touché le fond.

Dans une vingtaine d'années, je pense que la laideur de ces pieux modernes sera devenue apparente aux Japonais. Ils se rendront compte qu'ils n'ont pas besoin d'aller en Europe et en Amérique pour des thèmes architecturaux, mais au château de Nagoya, aux tours de guet au-dessus des douves du palais impérial, aux portes du palais et aux temples et pagodes partout.

Quand ce moment viendra, les Japonais comprendront également à quel point la plupart des statues en bronze d'hommes d'État et de chefs militaires du monde entier sont en mauvais état, et combien leurs propres aventures dans ce domaine de l'art sont particulièrement mauvaises.

Jusqu'à ce que je visite Tokyo, j'avais l'impression que les pires bronzes du monde se trouvaient dans la région du Mall de Central Park, à New York ; mais il y a à Tokyo une statue d'homme d'État en redingote, avec un chapeau de soie à la main, qui surpasse toutes les autres horreurs en bronze que j'aie jamais vues.

En regardant de telles choses, on s'étonne qu'elles puissent être créées et tolérées dans un pays qui a produit et produit encore tant de beautés infimes en poterie, en ivoire et en bois. Comment ces gens, qui connaissent encore les draperies fluides de soie, peuvent-ils supporter de voir leurs héros vêtus de manteaux et de pantalons Prince Albert ? Et comment peuvent-ils adopter le style européen de la statuaire, alors qu'en tant d'endroits il suffit de regarder le bord de la route pour voir un monument antique constitué d'une seule pierre gigantesque aux bords bruts et à la face plate ornée seulement d'une inscription - simple, digne, impressionnant.

Cependant, toutes les nations ont leurs périodes de culte de l'innovation, et si le Japon s'est parfois trompé dans ses choix, son excuse est bonne. Elle n'a pas adopté les méthodes occidentales parce qu'elle le voulait. Elle souhaitait rester une nation ermite. Elle ne demandait rien d'autre au monde que de la laisser tranquille. Elle tira même sur les navires étrangers pour les chasser de ses côtes, ce qui, loin d'atteindre son objectif, ne lui coûta qu'un bombardement. Puis, en 1853, notre commodore Perry est arrivé et, comme nous le disons poliment aujourd'hui, « a frappé à la porte du Japon ». Pour les Japonais, ce « coup » soutenu par une flotte de « grands navires noirs » avait un son fort et inquiétant. Les hommes d'État les plus avisés comprirent qu'il ne fallait pas ignorer la convocation. Le Japon doit devenir partie intégrante du monde et, s'il veut se sauver de la rapacité du monde, il doit rapidement apprendre à jouer le jeu du monde. Quatorze ans après la visite de Perry, le shogunat , qui pendant sept siècles avait supprimé la famille impériale et dirigeait lui-même le pays, tomba, et le défunt empereur, maintenant connu sous le nom de Meiji Tenno, signifiant « empereur des Lumières », revint de son ancienne capitale en la belle vieille ville de Kyoto, le Boston du Japon, et prit les rênes du gouvernement à Yedo — rebaptisée plus tard Tokyo, ou « Capitale de l'Est » — en occupant l'ancien palais du Shogun qui est aujourd'hui la résidence impériale.

L'ère Meiji restera sans aucun doute la plus grande de toutes les époques de l'histoire du Japon et l'une des plus grandes époques de l'histoire de n'importe quelle nation. Au vicomte Kaneko, chargé de préparer la publication des actes officiels du règne, le président Roosevelt a fait part de son opinion sur ce que devrait être un tel livre.

« Aucun autre empereur dans l'histoire, déclara-t-il, n'a vu son peuple subir une transformation aussi extraordinaire, et le récit du rôle de l'empereur dans cette transformation, de sa propre vie, de la vie publique de ses grands hommes d'État qui étaient ses serviteurs et du peuple sur lequel il régnait, serait une œuvre qui serait un modèle pour tous les temps. »

Sous l'empereur Meiji, le Japon s'est précipité à toute vitesse pour s'occidentaliser, car il était déterminé à éviter de tomber sous la domination étrangère. Il n'est donc pas étonnant que, dans sa hâte, elle ait saisi aveuglément toute innovation venue de l'étranger. Il n'est pas étonnant qu'elle s'empare parfois de la mauvaise chose. Il n'est pas étonnant qu'elle le fasse encore aujourd'hui. Car elle est toujours une nation en pleine mutation ; vous semblez la sentir changer sous vos pieds.

Mais ce n'est pas parce que le Japon a accepté une chose qu'il l'a acceptée pour toujours . Dans les grandes et les petites affaires, son histoire illustre ce fait. L'histoire du costume européen en est un bon exemple.

Il y a plus de trente ans, alors que l'engouement pour tout ce qui était étranger était à son paroxysme, alors que tout le tissu de la vie sociale dans le monde supérieur était en train de changer radicalement, le costume européen est devenu à la mode non seulement pour les hommes mais aussi pour les femmes. Quand les grandes dames l'eurent porté un temps, leurs sœurs plus humbles l'adoptèrent, et l'on aurait pu croire que le costume national, si charmant, était destiné à disparaître entièrement.

Les hommes attachés aux bureaux du gouvernement, aux banques et aux institutions tendant au style européen dans la construction et l'équipement de leurs bâtiments, avaient une certaine excuse pour ce changement, puisque les soies fines du Japon ne se portent pas aussi bien que les tissus de laine résistants , et les tissus amples. les manchons ont tendance à s'accrocher aux poignées de porte et autres saillies que l'on ne trouve pas dans le style de construction japonais.

Mais au Japon plus que dans tout autre pays, « la place de la femme est au foyer », et de même que le costume japonais n'est pas bien adapté au style de construction européen, de même le costume européen n'est pas bien adapté à la maison japonaise et à ses douane. Car dans la maison japonaise, au lieu de s'asseoir sur une chaise, on s'accroupit sur un coussin, et les corsets, les bas et les jupes serrées n'ont pas été conçus pour s'accroupir. Tout aussi important, les sabots et les chaussures sont laissés devant la porte de la maison japonaise en hiver comme en été. et comme en hiver la maison est souvent très froide, n'ayant pas de cave et seulement de petits braseros, appelés *hibachi* , pour se réchauffer, la couverture que procurent aux pieds les jupes d'un costume japonais est très réconfortante. D'ailleurs, les Japonais eux-mêmes déclarent que le costume européen ne convient pas à leurs femmes, qu'il n'est ni adapté à leur silhouette ni à la petite tenue à bout de pigeon si séduisante sous les jupes d'un kimono.

Quel a été le résultat de tout cela ?

Les hommes qui trouvaient les vêtements étrangers utiles continuaient à les porter pour leurs affaires, même si ceux qui en avaient les moyens gardaient également une garde-robe japonaise. Mais les femmes, pour qui le costume européen n'était qu'un embarras, s'en débarrassèrent complètement, de sorte qu'aujourd'hui il n'y a rien de plus rare au Japon que celui d'une Japonaise vêtue d'un costume autre que le costume indigène.

Si une dame japonaise est maudite par son goût atroce, il n'y a pratiquement aucun moyen de le savoir, peu importe combien d'argent elle dépense en parure personnelle. Le pire qu'elle puisse faire est de porter ses vêtements moins joliment que les autres femmes de sa classe. Les lignes qu'elle ne peut pas changer. Les tissus sont prescrits. Les couleurs sont restreintes en fonction de son âge. Sa tenue vestimentaire, comme presque tous les autres détails de sa vie quotidienne, est régie par un code rigide. Si elle est d'âge moyen et grosse, elle ne peut pas se rendre absurde en s'habillant en débutante . Si elle est mince, elle ne peut pas porter une robe de soirée décolletée dans le dos pour montrer une colonne vertébrale comme un collier de perles en bois. Elle ne peut pas non plus dépenser une fortune en boucles d'oreilles, bracelets, colliers. Elle aura peut-être de jolis peignes ornementaux pour ses cheveux laqués noirs, une épingle à barrette pour son *obi* , une montre et peut-être, si elle est très américanisée, une bague et un sac en filet. Un coiffeur qu'elle doit avoir, à la fois pour réaliser cette coiffe étonnante et efficace qu'elle porte, et pour lui raconter tous les derniers potins (car au Japon, comme ailleurs, le coiffeur est réputé pour être un moyen de transmission de plats épicés qui ne devraient pas se transmettre); mais son portefeuille est à l'abri des assauts des modistes ; des chapeaux, elle n'en a pas ; seulement une capuche drapée quand le froid arrive.

Le costume féminin est réglé par trois choses : premièrement, par l'âge de celle qui le porte ; deuxièmement, selon la saison ; troisièmement, par les exigences de l'occasion. Les couleurs les plus vives sont portées par les enfants ; les plus beaux kimonos des enfants des familles aisées sont en soie aux motifs fleuris brillants. Leurs manches pendentifs sont très longues. Les jeunes femmes célibataires portent également des couleurs vives et des manches d'un mètre de longueur. Mais la jeune épouse, bien qu'on ne lui refuse pas l'usage de la couleur , l'utilise avec plus de parcimonie et dans des tons relativement sobres ; et les pendentifs en forme de poche de ses manches ne sont que la moitié de la longueur de ceux de sa jeune sœur célibataire. Plus elle grandit, plus les pendentifs des manches deviennent courts et plus sa robe devient sombre et simple.

Par temps chaud, un kimono en soie légère, souvent blanche avec un motif coloré , est porté par les femmes bien habillées. En dessous, il y aura un autre kimono léger qui est considéré comme un sous-vêtement, bien que d'autres sous-vêtements soient portés en dessous. Les sous-vêtements japonais ne ressemblent pas du tout aux nôtres, mais on remarque que beaucoup de messieurs en costume national adoptent le maillot de corps occidental en flanelle, le portant sous leurs soies quand il fait froid — fait révélé par un aperçu du vêtement utile mais peu beau qui surgit. dans l'ouverture en V formée par le col du kimono où il se replie au niveau de la gorge.

Comme chez nous, la température n'est pas ce qui marque le moment où l'on passe d'une tenue vestimentaire d'une saison à celle d'une autre. L'été arrive le premier juin, quelle que soit la météo. A cette date, le policier de Tokyo s'épanouit en pantalon blanc et casquette blanche, et le 15 juin il confirme l'arrivée de l'été en changeant son manteau bleu pour un blanc. Il en va de même pour les dames de la mode. Leur été s'étend du 1er juin au 30 septembre ; leur automne du 1er octobre au 30 novembre ; leur hiver du 1er décembre au 31 mars ; leur printemps du 1er avril au 31 mai. Au printemps, les couleurs les plus vives sont portées. Ceux de l'automne et de l'hiver sont généralement plus sobres.

Les jeunes femmes portent de brillants kimonos pour la tenue de cérémonie, mais la tenue de cérémonie pour les femmes mariées se compose de trois kimonos, celui de l'extérieur étant noir, bien que ceux du dessous, révélés uniquement là où ils montrent une marge en forme de V au niveau du cou, puissent être de soie de couleur plus claire. . Sur le kimono extérieur, le blason familial — un emblème de forme généralement circulaire, tel qu'un dessin conventionnel de fleur ou de feuille, d'environ un pouce de diamètre — apparaît cinq fois en blanc : sur la poitrine de chaque côté, sur le dos de chaque manche à un point près du coude et au centre du dos, entre les omoplates. En raison de ces écussons, les articles à partir desquels le kimono est fabriqué doivent être teints sur commande, les écussons étant recouverts de cire sur la soie blanche d'origine afin que la teinture ne puisse pas pénétrer. Même les sous-kimonos des dames à la mode auront des écussons réalisés de cette façon.

Avec le kimono, une dame japonaise porte toujours un collier appelé *eri* (prononcé « aéré »), une longue bande droite révélée dans une marge étroite en forme de V à l'intérieur du cou du kimono intérieur. L' eri varie en couleur , en matière et en dessin selon l'âge du porteur, l'occasion et la saison, et on peut remarquer que les broderies ou les pochoirs Les eri aux couleurs vives constituent de jolis souvenirs à rapporter à la maison comme cadeaux aux femmes, qui peuvent les porter comme ceintures ou comme bandeaux pour les chapeaux d'été.

S'il fait froid, le haori , un manteau de soie doublé tombant jusqu'aux genoux ou un peu en dessous, se porte par-dessus le kimono. Celui-ci est noir, avec des crêtes, ou d'une couleur unie , pas trop gai. Le haori d'une jeune femme est parfois fait de soie fleurie. Les hommes portent également le haori , mais le haori de l'homme est toujours noir ; et tandis qu'un homme portera un haori à crête lors des occasions les plus formelles, une femme *en grande tenue* évitera de porter la sienne autant que possible car elle cache tout, sauf une infime partie de l'article vestimentaire qui est sa principale fierté : à savoir la ceinture ou obi.

Le meilleur obi d'une femme à la mode consiste en une bande de soie épaisse en brocart ou brodée à la main, pliée dans le sens de la longueur et cousue sur les bords, formant une double bande rigide d'environ treize pouces de large et trois mètres et un tiers de long. Celui-ci est enroulé deux fois autour de la taille et noué dans le dos dans un grand nœud plat, le mode de nouage variant en fonction de l'âge du porteur et différant quelque peu selon les localités. Le coût moyen d'un nouvel obi de qualité est, je crois, d'environ deux cents dollars, et j'ai entendu parler d'obi coûtant jusqu'à mille dollars. Certains des moins chers sont également très jolis, et beaucoup de femmes pauvres auront pour principal trésor un obi d'une valeur de quarante ou cinquante dollars qu'elles ne porteront que dans les grandes occasions, avec leur plus beau kimono de soie.

Une dame de Tokyo, remarquable par la beauté invariable de ses costumes, me donne les informations suivantes en réponse à une demande concernant le coût de son habillement.

"Comme notre style ne change jamais", écrit-elle, "nous ne sommes pas obligés d'acheter de nouvelles robes à chaque saison, comme le font nos sœurs américaines. Lorsqu'une fille se marie, ses parents lui fournissent, selon leurs moyens, des costumes complets pour tous. saisons. Parfois, ces ensembles comprennent plusieurs centaines de kimonos, et ils peuvent coûter entre deux mille et vingt mille yens [Un yen équivaut à peu près à un demi-dollar.]

"Ainsi, si une fille est bien habillée, elle n'a pas besoin de dépenser beaucoup d'argent pour s'habiller après son mariage. Quelques centaines de yens peuvent représenter sa dépense annuelle entière pour s'habiller, bien sûr, si elle est riche et se soucie beaucoup de sa tenue vestimentaire. , elle peut en dépenser plusieurs milliers.

"Nos vêtements ne varient qu'en couleur et en chiffres qui peuvent être affichés sur les produits. Par conséquent, ils ne sont pas aussi "occupés" que vos modes. Et nous pouvons toujours déchirer un kimono en morceaux, le teindre et le refaire."

Quelques autres objets que je reçois de cette dame : Lorsqu'une jeune fille japonaise est mariée, il est de coutume que la famille de la mariée présente un obi aux dames de la famille du marié. Pour un enterrement, tout le costume, y compris l'obi, est noir, à l'exception des écussons blancs. Les dames de la famille du défunt portent des kimonos en soie blanche sans écusson et des obi en soie blanche. Le costume des dames japonaises, mis au mieux, n'est pas aussi confortable qu'il y paraît. Il est ajusté aussi serré que possible sur la poitrine, pour donner un aspect plat, et est également serré à la taille pour le maintenir en position. De plus, l'obi est très rigide et, pour bien paraître, il doit également être serré.

les geishas les plus sélectionnées atteignent la plus grande perfection de style ; ce qui signifie probablement simplement que, étant des artistes professionnelles dont la seule tâche est de plaire aux hommes, elles étudient davantage la tenue vestimentaire et passent plus de temps devant leur miroir que les autres femmes.

La rapidité avec laquelle les femmes sont revenues au joli kimono après leur brève expérience avec les modes étrangères, peut être due en partie à une peur cachée dans l'esprit des hommes japonais qu'avec le costume, leurs femmes puissent adopter des habitudes étrangères pernicieuses, devenant agressives et intraitables. comme les Américaines qui, selon l'idée japonaise, sont gâtées par leurs hommes – exactement comme, selon notre idée, les hommes japonais sont gâtés par leurs femmes.

Mais quelles que soient les raisons, il n'en demeure pas moins que les Japonais ont fait preuve d'un bon jugement pratique. Ils gardaient ce dont ils avaient besoin et jetaient le reste. Leur objectif avoué est de suivre cette règle dans toutes les situations impliquant l' acceptation ou le rejet des innovations occidentales, leur objectif étant de préserver les coutumes nationales partout où celles-ci n'entrent pas en conflit avec les exigences de l'impulsion hideuse que nous nous plaisons à appeler « progrès moderne ». " C'est une bonne règle à suivre, et si nous connaissions l'histoire de la période où la civilisation chinoise est arrivée au Japon, il y a près de quatorze siècles, nous pourrions peut-être trouver des parallèles intéressants entre les deux époques de changement.

CHAPITRE IV

Les tremblements de terre et le problème de la construction – Les grands tremblements de terre – La démocratie dans l'architecture – Les rues étroites et les petites boutiques – Le majestueux petit policier – La peur des cambrioleurs – Que faire en cas de tremblement de terre – L'homme qui rentrait chez lui – « Le feu ! » – Un tour en Ricksha à la mauvaise adresse : un bain sur le porche

Ai-je donné l'impression que Tokyo est une ville décevante pour celui qui recherche des choses purement japonaises ? Si c'est le cas, c'est parce que je suis resté trop longtemps dans le quartier des gares et du grand capital. De plus, du point de vue pratique et commercial, cette partie de la ville doit paraître prometteuse, en raison des larges rues et des nouveaux bâtiments en cours. Et c'est un bâtiment d'un type qui doit être approuvé par l'homme de commerce, car dans ses nouveaux édifices, Tokyo adopte la construction à charpente d'acier.

Le fait qu'elle commence seulement maintenant à construire de cette manière n'est pas dû à l'inertie, mais au fait que les tremblements de terre compliquent son problème de construction. Le plus haut de ses immeubles de bureaux actuels n'a, je crois, que sept étages, et j'ai entendu dire qu'on a employé dans sa construction deux fois plus d'acier qu'on n'en aurait employé dans un bâtiment similaire où les tremblements de terre n'entraient pas dans les calculs de la puissance. architecte.

Il serait difficile de surestimer le rôle que jouent les tremblements de terre dans l'établissement du caractère des villes japonaises. Il n'y aura jamais de gratte-ciel au Japon, ni d'immeubles d'habitation où les familles s'entassent dans les airs. La famille, et non l'individu, est l'unité sociale du pays, et la maison privée est le symbole de la famille. Même dans les bidonvilles encombrés des villes japonaises, ou dans les quartiers réservés à la misérable classe marginale appelée *eta* , chaque famille a sa maison, même si la maison peut ne consister qu'en une seule pièce pas plus grande qu'un bûcher et peut abriter un nombre effroyable de personnes. de gens aussi misérables et surpeuplés que ceux des bidonvilles les plus pauvres des États-Unis.

Bien que le sismographe enregistre en moyenne environ quatre tremblements de terre par jour, la plupart des secousses sont trop légères pour être ressenties. Tokyo est pourtant consciente d'une cinquantaine de chocs par an. Mais elle n'a pas connu de tremblement de terre destructeur depuis 1894, ni de grand désastre depuis 1855, lorsque la majeure partie de la ville fut secouée ou incendiée et que 100 000 personnes périrent.

Les chocs mineurs reçoivent peu d'attention. En fait, beaucoup les considèrent avec faveur , car ils tendent à réduire la pression dans la chaufferie, empêchant ainsi les visites sauvages. Cependant, ces phénomènes se produisent occasionnellement et, sur le littoral, ils sont parfois accompagnés de raz-de-marée qui ravagent de longues étendues de côtes, anéantissant villes et villages.

Les secousses sismiques sont parfois accompagnées de bruits souterrains terrifiants. Les scientifiques ont leur manière de rendre compte de toutes ces choses, mais l' homme qui sait vraiment est le vieux paysan du village du littoral. Il peut vous dire ce qui fait réellement trembler la terre. Ce sont les frémissements d'un couple de poissons géants appelés *Namazu* , créatures à moustaches ressemblant un peu à des poissons-chats, qui habitent les entrailles de la terre et soutiennent sur leur dos les îles du Japon.

Même si les séismes sont légers, ils servent à garder à l'esprit certaines possibilités désagréables ; et ces possibilités sont, comme je l'ai dit, reconnues dans la structure des maisons japonaises. Deux étages est la hauteur maximale pour une résidence, et même les salons de thé et les hôtels dépassent rarement trois étages. Ceci, ajouté au fait que tous ceux qui peuvent se le permettre possèdent un jardin, entraîne une expansion considérable des villes japonaises.

D'un autre côté, les Japonais ont besoin de moins de chambres que nous ; sa vie familiale est simple et il est moins esclave de ses biens que tout autre être humain civilisé. La famille moyenne peut déplacer ses articles ménagers dans une charrette à bras. Même les maisons des riches ne sont pas flagrantes, sauf dans quelques cas où une architecture européenne fleurie a été tentée. La différence entre les maisons des riches et celles des pauvres réside dans le degré et non dans la nature. Comme pour le costume japonais, les lignes essentielles ne varient pas.

Le Japonais n'est pas esclave de ses biens. La famille moyenne peut déplacer ses articles ménagers dans une charrette à bras

Cette démocratie architecturale est reposante pour les yeux et les sens. Cela donne aux rues de Tokyo, à l'exception des artères importantes, une sorte d'aspect de petite ville. Les vieilles rues étroites, avec leurs devantures de magasins ouvertes semblables à des bazars, leurs auvents en forme de bannières bleues et blanches, et leurs étalages colorés de poissons, de légumes frais, de fruits, de sabots en bois, de bibelots et de nombreuses autres choses, ne suggèrent pas non plus une grande métropole. d'autres objets moins définissables, dont les utilisations possibles incitent le voyageur extraterrestre à la spéculation ou à l'enquête.

Je n'en ai jamais eu assez de rôder dans les rues étroites de Tokyo, de regarder les magasins (et parfois, je le crains, les maisons), d'observer divers artisans exerçant leur activité domestique, de me demander quelles étaient les légendes affichées en caractères chinois sur les auvents, les banderoles et les objets laqués. panneaux; tombant tantôt sur un ancien sanctuaire au bord d'une route, tantôt sur une boutique pleine de « pipes à deux bouffées et demie », de blagues à tabac pour les utilisateurs masculins et féminins de ces pipes, et *de netsuke* (gros boutons pour attacher des étuis à pipes et des pochettes à la ceinture) sculptées dans des formes délicieusement fantastiques ; maintenant sur un salon de thé rempli de hautes urnes en faïence colorée , en forme d' amphores de la Rome antique et marquées d'idéogrammes noirs déroutants. Je découvrirais maintenant une maison de thé au bord d'un ruisseau, ses balcons fleuris de petites geishas, ses portails protégés des impuretés par trois petits tas de sel ; maintenant, c'était un quartier de geisha dans lequel je me trouvais, et j'entendais le tambour, la flûte et *le samisen* ; ou encore je découvrais une petite boutique d'estampes japonaises à vendre, j'entrais et je buvais du thé vert avec le propriétaire en robe de soie, me serrant les genoux de mon pantalon et me cramponnant les jambes en m'accroupissant pendant une heure pour regarder ses marchandises.

La circulation lourde des véhicules à roues n'était pas envisagée lors de l'aménagement des rues étroites de Tokyo. Parmi les plus atténués d'entre eux, les automobiles et les voitures sont automatiquement exclues par leur taille, tandis que parmi les autres, elles sont exclues par le policier qui habite le kiosque blanc du coin. Le policier a un pouvoir discrétionnaire, et si vous avez de bonnes raisons de vouloir circuler dans une rue étroite, il vous laissera parfois le faire, en vous accordant froidement l'autorisation. C'est un petit personnage majestueux. Il porte une épée et est traité comme un personnage.

Naturellement, la première considération lors de la construction d'une maison japonaise est la flexibilité. Lors d'un tremblement de terre, une maison devrait osciller. Les tremblements de terre sont ainsi responsables de l'utilisation générale du bois, elle-même responsable de la fréquence des incendies. Et après les tremblements de terre, les incendies sont considérés par les Japonais comme leur plus grande menace.

Troisièmement sur la liste des choses redoutées et abhorrées, vient le cambrioleur. Je doute qu'il y ait plus de cambrioleurs au Japon qu'ailleurs, ou que le cambrioleur japonais soit plus meurtrier que l'homme moyen de sa profession dans d'autres pays, mais pour une raison quelconque, on pense davantage à lui. Cela peut être dû au couteau vicieux qu'il porte, ou peut-être au fait qu'il est si facile d'entrer dans les maisons japonaises. Pendant la journée, il suffirait de passer la main dans le shoji en papier et de défaire le fermoir, qui est à peu près aussi solide qu'une épingle à cheveux. La nuit, on aura peut-être besoin d'un ouvre-boîte à cigares. En tout cas, c'est par crainte des cambrioleurs que le maître de maison japonais se barricade, la nuit tombée, derrière une couche de volets en bois non perforés, qui sont glissés dans des rainures extérieures à celles où glissent les shoji. Si les volets empêchent les cambrioleurs d'entrer, ils empêchent également l'air d'entrer ; et même si vous êtes prêt à risquer l'entrée du premier avec le second, la police ne vous permettra pas de laisser vos volets ouverts, pas si elle vous surprend.

Je me suis renseigné sur la marche à suivre en cas de cambriolage, d'incendie ou de tremblements de terre violents.

Lors d'un tremblement de terre, les gens agissent différemment. J'ai demandé à notre femme de chambre, Yuki, ce qu'elle faisait et j'ai découvert que, dans une maison de style étranger, elle s'accroupissait à côté d'une armoire ou d'un autre meuble lourd qui, selon elle, la protégerait si le plafond s'effondrait.

"Mais et si l'armoire te tombait dessus ?" J'ai demandé.

Yuki, cependant, n'avait pas prévu ce genre de tremblement de terre.

Dans une maison japonaise, il n'y a pas lieu de s'inquiéter du plafond, car il est en bois ; et en fait, la plupart des plafonds des maisons de style étranger sont en tôle.

Il me semble que la chose la plus intelligente à faire lors d'un tremblement de terre est de se tenir debout sous l'arche d'une porte ; C'est certainement un mauvais plan que d'essayer de sortir de la maison en courant, car de nombreuses personnes, en tentant cela, ont été tuées par des chutes de fragments.

Un soir, j'ai reçu une lettre d'un ami à la maison. "Essayez d'être dans un petit tremblement de terre", a-t-il écrit. "Ils construisent leurs maisons pour eux, n'est-ce pas ?"

Au milieu de cette même nuit, un petit tremblement de terre se produisit, comme sur invitation. Les sommiers se balançaient ; les portes et les fenêtres claquaient.

Le lendemain matin, au petit-déjeuner, j'ai demandé à mon hôtesse, une Américaine qui a vécu la majeure partie de sa vie au Japon, si elle avait ressenti le tremblement.

"Je les ressens toujours", a-t-elle déclaré. "Ils me dérangent de plus en plus. Ces dernières années, j'ai pris l'habitude de me réveiller une minute ou deux avant le début des chocs."

"Que faites-vous alors?" J'ai demandé.

"Je reste allongée", dit-elle, "jusqu'à ce que les tremblements s'arrêtent. Ensuite, je réveille mon mari et je le gronde."

Le mari de cette dame m'a parlé d'un homme qu'il connaissait, un Américain, qui était venu au Japon il y a quelques années pour affaires, avec l'intention d'y rester un temps considérable. A son arrivée à Yokohama, il se rendit directement au bureau de la compagnie avec laquelle il était lié, et à peine y était-il entré que la ville fut violemment secouée.

Une fois les chocs passés, il avait changé tous ses plans.

"Rien ne pourrait m'inciter à rester dans un pays où ce genre de choses se passe", a-t-il déclaré. "Je prendrai le prochain bateau pour San Francisco."

Il l'a fait et est arrivé juste à temps pour le grand séisme de San Francisco.

La conduite à suivre en cas d'incendie est la même partout dans le monde. Criez « Feu ! » dans la langue du pays et essayer d'éteindre l'incendie.

Mais si vous trouvez un cambrioleur dans votre chambre, ne criez pas le mot japonais pour « cambrioleurs », même si vous le savez – ce que je ne connais pas. La chose à crier, c'est « Au feu ! » – c'est ce que me conseille un ami japonais qui, j'en suis sûr, a à cœur mes meilleurs intérêts. Car si vous criez « Au feu ! en pleine nuit, les voisins , craignant que le feu ne se propage à leurs propres maisons, se précipitent à votre secours ; alors que si vous criez « Cambrioleurs ! » cela leur donne simplement la chair de poule lorsqu'ils se couchent.

Il arrivait souvent à Tokyo que lorsque j'étais en route pour une course précise quelque part, le chauffeur ou le coolie du pousse-pousse me débarquait à des kilomètres de ma destination prévue. Il y a trois raisons pour lesquelles cela se produit si souvent. Premièrement, Tokyo est un endroit très difficile à repérer. Deuxièmement, les adresses à Tokyo ne sont pas toujours indiquées par numéro de rue, mais par quartiers et districts, et il y a des astuces concernant certaines adresses, comme, par exemple, le fait que le 22 Shiba Park ne se trouve pas du tout dans le Shiba Park, mais est un pâté de maisons ou deux éloignés de la marge du parc. Et troisièmement, même si la langue dans laquelle j'indiquais au chauffeur ou au *kurumaya* où aller était proposée de bonne foi comme étant du japonais, neuf fois sur dix ce n'était pas du japonais, mais une langue morte – une langue qui était morte parce que moi-même l'avait assassiné.

Dans une autre ville, j'aurais peut-être ressenti de l'agacement d'avoir été livré à la mauvaise adresse. Mais à Tokyo, je ne me souciais jamais vraiment de l'endroit où j'allais, je trouvais tout cela tellement charmant.

Un jour, un kurumaya a trotté avec moi pendant trois heures à travers la ville pour atteindre un endroit qu'il aurait dû atteindre en une seule fois. Je savais que j'arriverais des heures en retard à mon rendez-vous. Je savais que je devrais m'inquiéter. Mais l'ai-je fait ? Non! À cause de toutes les choses que je voyais.

J'ai vu le marchand de tofu courir dans la rue avec une longue tige sur l'épaule, à chaque extrémité de laquelle était suspendue une boîte de *tofu* , qu'il annonçait de temps en temps par un coup de cornet de cuivre : " Ta-ta : teeya ; *tee-e- e* —ta !" J'ai vu un bosquet de bambous. J'ai vu une petite ferme, avec des murs en torchis et un épais toit de paille, et dans l'embrasure de la porte se trouvait une vieille femme courbée aux cheveux blancs, assise devant un métier à tisser en bois, tissant de la soie à carreaux. Et derrière la clôture en bambou et la haie fleurie, se dressait un cerisier en fleurs.

Il a commencé à pleuvoir. Dans n'importe quel autre pays, j'aurais pu ressentir de l'agacement à cause d'autant de pluie que nous recevions. Mais ce n'est pas le cas au Japon. Le Japon ne pourrait pas paraître sombre s'il essayait. La pluie rend le paysage plus vert et les fleurs plus fraîches. Il oblige les coolies à revêtir des capes de paille hérissées qui évacuent l'eau comme le font les plumes d'un oiseau et transforment celui qui les porte en un gigantesque porc-épic jaune. Cela oblige les gens à abandonner leurs petites chaussures en coton, appelées *tabi*, et à marcher pieds nus dans leurs sabots. Cela les oblige à remplacer leurs sabots habituels par des sabots de grande taille, montés sur des échasses de quatre pouces ; et ceux-ci, en raclant le trottoir, émettent un « clotch-clotch » musical, qui est parfois curieusement accordé sur deux tonalités, une pour chaque pied. Il fait ressortir d'immenses parapluies japonais colorés en bambou et papier huilé, avec des yeux de bœuf noirs en leur centre et un halo de petites pointes sur leurs bords extérieurs. Et pendant que vous passez devant eux avec votre kurumaya qui sonne sa petite clochette, les femmes tournent leurs grands parapluies sur le côté, posant les bords de ceux-ci sur la route pour empêcher leurs kimonos d'être éclaboussés. Et même alors, ils ne vous regardent pas sévèrement. Ils comprennent que vous n'y pouvez rien. Et n'êtes-vous pas d'ailleurs cette créature seigneuriale qu'est l'homme, alors qu'eux ne sont que des femmes ?

Toutes ces choses que j'ai vues alors que j'étais perdu, cet après-midi-là. Puis, juste au moment où je commençais à me demander si j'allais un jour atteindre ma destination, qu'ai-je vu ?

Sous les avant-toits d'une maison au toit de chaume, à côté du chemin, une jeune mère de bronze et ses trois enfants, tous innocents de leurs vêtements et de leur gêne, se préparent à entrer dans le grand tonneau en bois d'une baignoire. Vous n'avez jamais vu une photo de famille plus douce !... Oui, les Japonais sont particulièrement une race propre. Il ne s'agit pas simplement de ouï-dire. C'est un fait évident.

**Le bain du prolétariat consiste en un grand tonneau auquel est fixé
un poêle à charbon. Il se trouve souvent à l'extérieur**

Un homme pourrait-il perdre patience avec un kurumaya qui peut le perdre
et lui faire aimer ça ?

CHAPITRE V

Le jour de mon arrivée au Japon, j'ai commencé une liste de choses que, selon nos idées, les Japonais font à l'envers – ou que, selon leurs idées, nous faisons à l'envers. Je suppose que chaque voyageur au Japon a tenu un tel registre. Ma liste, commençant par l'observation que leurs livres commencent par ce que nous appelons le verso, que les lignes de caractères courent le long de la page au lieu de les traverser et que les « notes de bas de page » sont imprimées en haut de la page, s'est rapidement allongée jusqu'à des proportions considérables. Presque chaque jour, j'avais pu ajouter un élément ou deux, et chaque fois que je le faisais, je me retrouvais à jouer avec l'idée que de telles contradictions devraient d'une manière ou d'une autre être associées au fait que nous sommes aux côtés du Japonais sur le globe.

La méthode japonaise de faire signe signifierait, pour nous, « s'en aller » ; les bateaux sont échoués en avant ; les chevaux sont reculés dans leurs stalles ; le sciage et le rabotage s'effectuent avec un mouvement de traction au lieu d'un mouvement de conduite ; les clés tournent dans leurs serrures dans le sens inverse de celui habituel chez nous. Dans le jeu japonais de *Go* , joué sur une sorte de damier, les pièces ne sont pas placées à l'intérieur des carrés mais sur les points d'intersection linéaires. Pendant la journée, les maisons japonaises, avec leurs murs coulissants en bois et en papier, sont grandes ouvertes, mais la nuit, elles sont fermées par des volets en planches pleines et les gens dorment pratiquement sans ventilation. A la porte d'un théâtre ou d'un restaurant, les Japonais vérifient leurs chaussures au lieu de leurs chapeaux ; leurs friandises, si elles viennent, sont servies tôt dans le repas plutôt que vers la fin ; les hommes boivent leur *saké* avant plutôt qu'après le repas, et au lieu de glacer la boisson nationale, ils la réchauffent dans une bouilloire. L'action au théâtre n'est pas modelée sur la vie mais sur les mouvements des poupées dans les spectacles de marionnettes, et dans le classique *No* Drama, la possibilité de montrer l'émotion par l'expression du visage est éliminée par l'utilisation de masques en bois sculpté.

Le sciage et le rabotage s'effectuent par un mouvement de traction au lieu d'un mouvement de conduite

Au lieu de glisser son fil dans le chas de son aiguille, une Japonaise glisse le chas de son aiguille sur la pointe de son fil ; elle estime que son enfant a un an le jour de sa naissance et deux ans le jour de l'an suivant. Ainsi, lorsqu'un enfant américain né le 31 décembre compte un *jour*, un enfant japonais né le même jour compte deux *ans*.

Un jour, alors que je dînais chez une famille japonaise qui résidait depuis des années à New York, leur petite fille est entrée dans la pièce. En l'entendant parler anglais, j'ai demandé :

"Quel âge as-tu?"

"Cinq et six", répondit-elle. Puis elle ajouta, en guise d'explication, que cinq ans était son « âge américain » et six son « âge japonais ».

La vieillesse est gracieusement acceptée au Japon et est, de plus, hautement honorée . Souvent, vous trouverez des hommes et des femmes qui attendent avec impatience leurs années de déclin, sachant qu'ils seront traités avec gentillesse et respect et que leurs besoins matériels seront pris en charge par leur famille. Les vieux messieurs et les vieilles dames sont heureux d'être appelés grand-père et grand-mère — *o- ji -san* et *oba san* — par ceux qui les connaissent bien, et les femmes âgées célibataires aiment de la même manière être appelées *oba san* — tante. On emploie aussi les mêmes termes pour parler aux vieux domestiques et aux paysans qu'on ne connaît pas, mais à qui on veut montrer de l'amabilité.

Le devoir des plus jeunes envers les membres plus âgés d'une famille ne s'arrête pas aux parents proches, mais également aux membres éloignés, c'est pourquoi les hospices ont été jusqu'à tout récemment considérés comme inutiles.

Il me semble que l'une des différences les plus frappantes entre les deux nations se révèle dans l'attitude des écoliers et des collégiens japonais. Au lieu de se suicider en jouant au football ou dans des accidents de voiture, comme c'est le cas dans notre classe d'étudiants, il n'est pas rare que des garçons japonais nuisent à leur santé en faisant trop d'études , et de temps en temps on entend dire qu'un étudiant, ayant échoué à ses examens, s'est jeté sur les chutes de Kegon à Nikko. Il y a sans aucun doute une tension morbide dans la nature japonaise. Les traductions des œuvres d'auteurs européens malsains se vendent très bien au Japon, et les suicides ne sont en aucun cas confinés aux classes étudiantes. L'empoisonnement et la plongée devant une locomotive venant en sens inverse sont les méthodes d'autodestruction préférées . Un jour, alors que je voyageais dans un train express, j'ai senti les freins d'urgence se déclencher soudainement. Un instant après notre arrêt, j'ai aperçu une femme qui s'enfuyait rapidement sur un chemin en pente, entre deux rizières inondées, poursuivie par deux agents de train. Ils l'attrapèrent, mais après quelques minutes de conversation agitée au cours desquelles ils la secouèrent par les manches comme pour insister, la laissèrent partir. On nous a dit que le mécanicien l'avait vue assise sur la voie. Deux ou trois jours plus tard, j'ai lu dans un journal qu'une femme s'était suicidée sous un train à peu près à l'endroit où j'avais été témoin de cet épisode. Son mari, selon le journal, l'avait abandonnée. Je suppose que c'était la même femme.

Une autre inversion curieuse se trouve dans le point de vue japonais concernant l'habillement — et le déshabillage de la femme. On m'a dit que notre style de robe de soirée, révélant les épaules, les bras et les chevilles (c'est un euphémisme), ne semble pas modeste aux Japonais. Certes, le mandat de la cour impériale japonaise n'est pas le même que celui des *modistes français* (comme ce mot suggère curieusement et de manière inappropriée notre mot « modeste » !) car alors qu'à l'heure où nous écrivons ces lignes, ce dernier décrète des jupes d'à peine plus de jusqu'aux genoux, l'ancien prescrit, pour les dames présentées à la cour, des jupes qui touchent terre. Compte tenu des faits qui précèdent, il est cependant quelque peu perplexe pour l'esprit occidental de constater que les hommes et les femmes s'habillent et se déshabillent souvent, dans les auberges japonaises, avec le shoji de leur chambre grand ouvert, et qu'en outre ils se rencontrent dans le bain sans, apparemment, le le moindre embarras.

Comme les Anglais, les Japonais sont des baigneurs acharnés, mais alors que les Anglais prennent des bains froids, les Japonais se baignent dans une eau si chaude qu'on pouvait à peine la supporter. Et après leur bain, ils se sèchent avec une petite serviette humide, qui leur sert de sorte de serpillère .

Comme les Anglais, ils conduisent à gauche de la route. Il y a beaucoup à dire à ce sujet, mais certaines de leurs autres coutumes routières surprennent. Partout où ils n'ont pas été « civilisés » par leur courtoisie native, vous constaterez qu'un chauffeur n'aime pas en dépasser un autre. Pour un Américain, c'est sûrement une inversion ! Lorsqu'un cortège d'automobiles parcourt une route et que l'une d'elles est, pour une raison quelconque, obligée de s'arrêter, les voitures qui suivent ne klaxonnent pas et ne se précipitent pas dans la joie et dans un nuage de poussière, mais se rangent derrière la voiture à l'arrêt ; et s'il leur devient nécessaire de continuer, les chauffeurs qui le font s'excusent d'être passés. Cette coutume, en voie de disparition, vient, je crois, de celle des pousse -pousse, qui ne se dépassent jamais sur la route, mais se placent toujours derrière le coureur le plus lent, prenant de lui leur allure, le protégeant des coups. plaintes que son passager ferait si d'autres venaient continuellement derrière et passaient.

Mais de toutes les différences, aucune n'est plus prononcée que celle de la langue. Au lieu d'un simple alphabet comme le nôtre, le Japonais assez instruit doit connaître deux ou trois mille idéogrammes chinois, et une personne hautement cultivée en connaît plusieurs milliers d'autres. Bien sûr, il existe une manière simple d'écrire par un système phonétique, un peu semblable à la sténographie, appelée *kana* . Tous les Japonais peuvent lire le kana, qui est parfois aussi maîtrisé par les étrangers résidant de longue date au Japon. Il n'y a que quarante-huit caractères dans kana, et comme les caractères n'ont aucune signification en eux-mêmes, mais signifient seulement un ensemble de sons, ils peuvent être utilisés pour écrire des noms anglais ainsi que des mots japonais. Mon propre nom est écrit en caractères kana ayant les sons suivants : *Su- tō - rii-tō* — qui, prononcés en succession rapide, produisent un son qui n'est pas sans rappeler « Rue ».

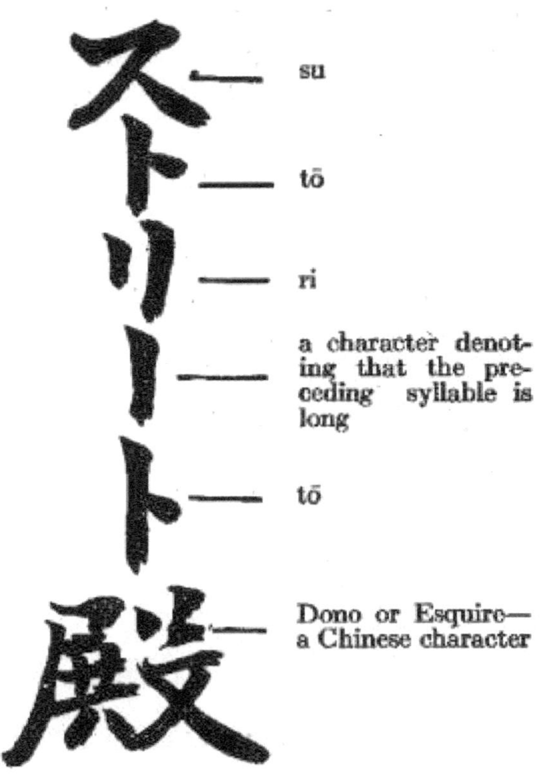

Les idéogrammes chinois utilisés par les Japonais ont les mêmes formes que les caractères utilisés en Chine, mais sont prononcés d'une manière totalement différente, de sorte que les Japonais et les Chinois peuvent lire l'écriture de l'autre, mais ne peuvent pas parler ensemble. Les livres et les journaux publiés au Japon sont imprimés avec un mélange de caractères chinois et de kana, et il y a d'ailleurs à côté de chaque caractère chinois des journaux une petite ligne de kana donnant le son du mot représenté. De cette manière, le lecteur de journaux reçoit un enseignement continu de la langue écrite et parvient enfin à connaître les mots les plus fréquemment utilisés dans les idéogrammes, sans se référer à l'interprétation kana. Il existe donc en réalité deux manières de lire un journal japonais. Un homme bien instruit lit les idéogrammes, tandis qu'un homme peu instruit lit le kana, ce qui lui donne le son d'un mot qu'il connaît à l'oreille, bien qu'il ne le connaisse pas de vue lorsqu'il est écrit en caractères classiques. Ces conditions éliminent bien entendu l'utilisation de notre type de machine à écrire, bien qu'il existe une machine à écrire japonaise extrêmement compliquée et lente qui est utilisée principalement là où des copies carbone sont nécessaires. En outre, ils rendent l'utilisation de la linotype impraticable et font de la composition manuelle un métier extrêmement compliqué. En outre, la difficulté d'apprendre les caractères chinois oblige les étudiants à rester à l'école et au collège plusieurs années de plus que chez nous. Il y a un mouvement en marche pour romaniser la langue japonaise, tout comme dans ce pays il y a un mouvement pour adopter le système métrique ; mais, si pratiques que soient ces améliorations dans les deux cas, leur réalisation est, je le crains, très lointaine, en raison des difficultés qu'implique la réalisation du changement. Et, en effet, du point de vue du pittoresque, je serais désolé de voir les caractères chinois abandonnés, car ils sont fascinants non seulement par la forme, mais en raison même du fait que nous ne savons jamais, par hasard, ce qu'ils signifient.

Les Japonais écrivent avec un pinceau trempé dans l'eau et frotté sur un bâton d'encre de Chine ; ils semblent pousser le pinceau, écrivant à petits coups, au lieu de le dessiner après la main, même s'ils écrivent la colonne. La calligraphie est chez eux un bel art ; et un beau coup de pinceau, tel que nous le recherchons dans une peinture magistrale, est une marque de culture. Grâce à leur forage au pinceau, presque tous les Japonais instruits peuvent dessiner. De courts poèmes et des aphorismes écrits en gros caractères par des hommes célèbres sont montés sur des nattes d'or et accrochés comme des tableaux dans les maisons de ceux qui ont la chance de les posséder. Une inscription de la main du général Nogi ou du prince Ito serait précieuse pour un Japonais comme nous chéririons une de la main de Lincoln ou de Roosevelt - peut-être même plus, car là où une lettre d'un de nos grands hommes a une connotation sentimentale et valeur historique, un écrit d'un de leurs grands hommes a ces valeurs en plus du mérite d'être une œuvre d'art. De tels fragments d'écrits rapportent des prix élevés lorsqu'ils sont mis aux enchères, et les contrefaçons ne sont pas rares.

Dans sa structure, la langue japonaise est l'antithèse de la nôtre. Lafcadio Hearn déclare qu'aucun Occidental adulte ne peut le maîtriser parfaitement. « Pourriez-vous apprendre tous les mots du dictionnaire japonais, écrit-il, votre acquisition ne vous aiderait en rien à vous faire comprendre en parlant, à moins que vous n'appreniez aussi à penser comme un Japonais, c'est-à-dire à penser en arrière, penser à l'envers et à l'envers, penser dans des directions totalement étrangères aux habitudes aryennes. »

La phrase anglaise la plus simple traduite mot pour mot en japonais n'aurait aucun sens, et la phrase japonaise la plus simple, traduite en anglais, l'aurait tout autant. Pour illustrer, je choisis au hasard dans mon carnet de phrases : « Veuillez écrire l'adresse en japonais ». La traduction est donnée comme suit : *Doka Nihon no moji de tokoro wo kaite kudasai* . Mais cette phrase retraduite en anglais, mot pour mot, donne ce résultat : « De implorant le Japon de mots avec une place, écrivez s'il vous plaît. » Et il y a un mot, *wo* , qui est intraduisible, étant une particule qui, après le mot *tokoro* , « un lieu », l'indique comme l'objet du verbe.

Je ne mentionnerai qu'une autre inversion. Les Japonais n'utilisent aucun grossièreté. S'ils souhaitent être insultants ou injurieux, ils omettent les titres honorifiques habituels de leur discours, ou bien vont à l' extrême opposé, en insérant des titres honorifiques d'une manière si élaborée qu'ils peuvent exprimer la dérision.

Aussi nombreux et curieux que soient ces revirements, ils ne sont que de simples ondulations superficielles sur le bassin profond et sombre de la pensée et des coutumes japonaises.

Au début, je n'ai pas bien compris ce fait. À mes débuts au Japon, lorsque je posais des questions sur tout, il me semblait parfois que le Japonais moyen était constitutionnellement incapable de donner une réponse directe et simple à une question directe et simple, et ma première impression était que c'était en raison d'une particularité du célèbre esprit oriental. Mais cette impression a vite changé, à tel point que je suis maintenant disposé à douter de l'existence d'un esprit oriental au Japon, si par ce terme on entend un tissu mental constitutionnellement différent de celui des peuples occidentaux. Autrement dit, je crois que l'enfant japonais moyen débute dans la vie avec à peu près les mêmes potentialités intellectuelles que l'enfant américain, anglais, français ou italien moyen, et que les différences qui se développent à mesure que l'enfant grandit ne sont pas des différences de texture mentale. mais seulement dans le modèle mental produit par l'environnement. Mon argument n'est pas que les cerveaux japonais ne soient jamais imparfaits ou particuliers, mais que leurs imperfections et particularités sont précisément celles que l'on retrouve partout ailleurs dans le monde. Et la même règle s'applique, bien entendu, lorsque l'on compare les grands esprits du Japon avec les grands esprits des autres nations. Au fond, nous sommes bien plus d'accord avec les Japonais qu'eux ou que nous ne le pensons généralement. Les différences entre nous, outre celles de couleur , de taille et de physionomie, sont presque entièrement le résultat de notre formation et de nos coutumes opposées et de leur effet sur nos modes de pensée respectifs. Aucune des deux nations n'a le droit aux cerveaux ni à leur manque.

Dans un hôtel de Kobe, une dame de ma connaissance a commandé du jus d'orange pour le petit-déjeuner. Le « garçon » japonais – les serveurs et les stewards sont tous des « garçons » en Extrême-Orient – revint aussitôt pour dire qu'il n'y avait pas de jus d'orange à déguster ce matin-là. Mais il ajouta qu'il pourrait apporter des oranges si elle le désirait.

L'esprit oriental ? Pas du tout. L'Orient n'a pas le monopole des serveurs stupides. La même chose aurait pu se produire dans notre propre pays ou dans un autre. Et c'est le test que nous devrions appliquer à chaque incident que nous sommes enclins à attribuer à quelque différence mentale fondamentale entre les Orientaux et nous.

Dans le même contexte, cette chose n'aurait-elle pas pu se produire dans un pays occidental ?

Jamais, au Japon, je n'ai été capable de répondre à cette question test par un « Non » final et confiant.

Parfois, cependant, je pensais que j'en serais capable.

Un jour, dans Ginza, la principale rue commerçante de Tokyo, j'ai vu une jeune femme bien habillée se promener dans l'allée, avec ses longs et beaux cheveux pendant dans son dos et ses faux cheveux pendant à sa main. Elle revenait visiblement du salon de coiffure où elle était allée se faire un shampoing. La situation, de mon point de vue, était exactement comme si j'avais assisté à un spectacle similaire sur la Cinquième Avenue. Mais quand j'en ai parlé à Yuki, qui en plus d'être notre servante était notre guide, philosophe et amie, elle m'a assuré que la jeune femme était tout à fait dans les limites des usages.

"Nous, les Japonais, ne pensons pas que ce soit une honte d'avoir des faux cheveux", a-t-elle déclaré.

Autrefois, je pensais avoir l'esprit oriental assez acculé, et si je n'avais pas découvert plus tard mon erreur, je le penserais probablement encore.

Je conduisais une automobile avec un monsieur japonais, directeur d'une grande entreprise pharmaceutique. Entre parenthèses, je peux dire qu'il m'avait raconté comment, lorsque sa société a acheté trois cent mille *hectares* de terres au Pérou, dans le but de cultiver des plantes à partir desquelles sont fabriqués certains de leurs produits, la presse anti-japonaise des États-Unis a repris l'histoire, déclarant faussement qu'il s'agissait d'un grand projet d'émigration soutenu par le gouvernement japonais. Mais c'est d'ailleurs.

Nous arrivâmes bientôt à un endroit où un grand bâtiment était en construction. La charpente était déjà debout et était entourée de paravents en bambou fendu fixés à l'échafaudage. Ayant remarqué que d'autres bâtiments étaient protégés de la même manière, je me suis renseigné à ce sujet.

"Ah", dit le monsieur, "les écrans sont là pour empêcher les gens dans la rue de voir ce qui se passe à l'intérieur."

"Mais que se passe-t-il à l'intérieur qu'ils ne devraient pas voir ?" Ai-je demandé, mystifié.

Mon informateur me regarda un instant gravement à travers ses grandes lunettes rondes. Puis il dit, ce qui me parut énigmatique : « Il ne semble pas préférable que les gens en voient trop. »

J'ai réfléchi un instant à cette réponse, puis je l'ai notée dans mon petit livre, en ajoutant le mémorandum : « L'esprit oriental !

Sans aucun doute, j'aurais maintenant tiré d'étranges déductions à partir de l'explication de ce monsieur aux yeux bruns sur les écrans, si je n'avais pas eu l'occasion d'en parler à un autre Japonais que je connaissais plus intimement.

"Mais ce n'est pas exact", dit-il en souriant. "Les écrans ne sont pas là pour empêcher les gens de voir à l'intérieur, mais pour éviter que des choses ne leur tombent sur la tête lorsqu'ils passent."

En d'autres termes, les paravents en bambou remplissaient précisément le rôle de protection des hangars en bois que nous érigions sur les trottoirs devant les bâtiments en construction. Le monsieur pharmaceutique ne savait pas à quoi ils servaient, tout comme nous ne connaissons pas l'utilité d'un grand nombre de choses que nous voyons quotidiennement dans les rues des villes dans lesquelles nous vivons ; il avait hâte de m'être utile ; il ne voulait pas manquer de répondre à toutes les questions que je pourrais lui poser ; alors il a deviné, et il a mal deviné. Mais comme tout journaliste peut vous le dire, la pratique consistant à diffuser les résultats d'une supposition sous couvert d'informations exactes n'est en aucun cas une pratique exclusivement japonaise. Les journalistes devinent parfois eux-mêmes les choses, mais ce n'est pas ce que je veux dire. Je veux dire qu'un journaliste consciencieux se retrouve de temps en temps trompé par des informations erronées provenant d'une source qu'il croyait fiable.

En écrivant sur les villes américaines, j'ai été plus d'une fois trompé. Un vieil habitant du Colorado m'a dit que l'altitude de Cripple Creek était si grande que les chats ne pouvaient pas y vivre. Plus tard, cependant, j'ai appris que les chats pouvaient parfaitement vivre à Cripple Creek malgré l'altitude. En effet, certains chats peu soucieux du caractère de leur environnement y vivent. Seuls les chats les plus critiques ne supportent pas cet endroit.

Chaque Américain sait qu'on pourrait lui poser des questions sur son propre pays et ses pratiques auxquelles il ne pourrait pas répondre de façon précise et immédiate, mais dans un pays étranger, il attend de chaque habitant de ce pays qu'il soit capable d'expliquer tout et n'importe quoi. Je me demande si les Japonais attendent autant de nous lorsqu'ils nous interrogent.

"Pourquoi dis-tu 'Cher moi !'?" J'ai entendu un jour un gentleman japonais s'enquérir d'une dame américaine. Et bien que la dame ait expliqué pourquoi elle avait dit « Cher moi ! » Je doute que le monsieur japonais ait pu comprendre. Je sais que je ne l'étais pas.

Un autre Japonais qui avait été à New York voulait savoir pourquoi nous appelions un bâtiment dans lequel il n'y avait pas de fleurs « Madison Square *Garden* », et pourquoi les dames appelaient un certain vêtement, qu'elles portaient autrefois généralement, « jupon » , bien qu'il n'est clairement pas un manteau, mais une jupe.

Mes réponses à ces questions étaient, pour le moins, vagues, et je suppose que mon interlocuteur se disait en m'écoutant :

"Ah, l'esprit occidental ! Comme il fonctionne curieusement !"

CHAPITRE VI

Idées imbriquées – Coutumes et symbolisme – Simplicité versus complexité – Composition florale – Théisme – Le Dieu en forme d'œuf – L'ère féodale – Thé cérémonial – Décoration domestique – Clés du Japon – Les sept aveugles

Après avoir passé plusieurs semaines au Japon, m'efforçant continuellement de mieux comprendre les gens et leurs mœurs, j'ai commencé à me sentir un peu découragé. Jamais je n'avais été autant fasciné par une terre étrangère. Jamais en si peu de temps je n'avais vu et entendu autant de choses nouvelles, étranges et charmantes. Pourtant, jamais mes observations n'avaient été aussi fragmentaires, aussi déroutantes. Mes cahiers me faisaient penser à des sacs de voyage remplis de vêtements sans rapport avec eux. Avec les bas d'un thème, j'avais pour ainsi dire emballé les chaussures d'un autre. Voici un grand manteau ; ici une salopette. Rien n'était complet et rien ne semblait correspondre. Je pourrais aider à habiller une armée d'idées, mais je me demandais si je pourrais en habiller une entièrement.

Je n'arrêtais pas de poser des questions, mais souvent les réponses m'entraînaient très loin et étaient incomplètes et insatisfaisantes.

Après un certain temps, cependant, j'ai commencé à comprendre pourquoi un Japonais échoue si souvent à donner une réponse simple et directe à une question simple et directe sur les choses japonaises. C'est parce que, dans de nombreux cas, une telle réponse n'est pas possible. Cette impossibilité n'est pas non plus due à un quelconque penchant mental chez les Japonais à qui la question est posée. Cela est dû au fait que la chose demandée n'est pas une unité simple et autonome, mais une infime partie d'une grande masse de pensée ou de coutume qui doit être comprise d'une manière générale avant de pouvoir en comprendre un seul détail. compris. C'est comme si vous posiez une question sur un caillou coloré et que vous vous retrouviez ainsi impliqué dans le cosmos.

Le Japon est une terre de coutumes. Ses coutumes sont basées sur des principes enracinés dans des traditions, qui à leur tour reposent souvent sur des fondements historiques, religieux, superstitieux ou peut-être sur une mythologie impliquant les trois. Ainsi, il semble souvent que chaque petit mot et chaque acte d'un Japonais puisse être expliqué d'une manière curieuse, complexe et pourtant essentiellement logique – que chaque pensée dans l'esprit japonais a, pour ainsi dire, une généalogie qui, comme la généalogie des Famille impériale japonaise, remonte aux brumes de l'Antiquité. Le symbolisme joue d'ailleurs un rôle immense dans la vie quotidienne du Japon, ce qui complique énormément les choses pour l'étranger qui aspire à comprendre le pays et ses habitants. Ce sont quelques-unes des raisons pour lesquelles, dans un article récemment écrit pour un magazine, j'ai appelé le Japon « les îles des complexités ».

Pourtant, lorsque j'ai mentionné le titre de cet article à un ami américain qui a vécu de nombreuses années au Japon, il m'a écrit qu'il considérait que c'était un terme inapproprié.

« Je devrais appeler le Japon « les îles des simplicités », a-t-il déclaré, « simplement parce que la vie là-bas est si différente de la vie dans notre propre civilisation artificielle. Je parle particulièrement de notre fausse modestie par rapport aux idées plus naturelles du monde. Les Japonais concernant les fonctions naturelles et les émotions non naturelles – ou les émotions anormalement excitées. Si vous allez aux fondamentaux, je pense que vous découvrirez que nous sommes des gens complexes et eux des gens simples. Pouvez-vous, par exemple, vous projeter dans l'esprit d'un homme. Un Martien visitant cette Terre pour la première fois, faisant un voyage à travers les salles de danse, les cabarets et les ébats nocturnes de New York et de Chicago, puis se rendant au Japon et voyant la classe de divertissements offerte là-bas aux autochtones et aux étrangers ? Un étranger sans préjugés regarde les scènes de rue du Japon, note les coutumes franches des gens, y compris celles révélées dans les bains communautaires, et je pense qu'il dirait que les Japonais sont essentiellement simples comparés à nous, qu'ils sont plus purs dans leurs pensées et leurs actions, et (même si je sais que j'invite à la contradiction) qu'ils ont en moyenne un sens plus élevé de la vraie moralité. »

Mon ami présente un bon argument et je suis d'accord avec beaucoup de ce qu'il dit, mais il pense dans un sens tandis que je pense dans un autre. Il pense aux simplicités extérieures de la vie japonaise, tandis que je pense à ses complexités intérieures, notamment en ce qui concerne la relation d'un fait à un autre – je pourrais presque dire de chaque fait à tout autre fait.

Permettez-moi d'illustrer :

Ce regroupement de fleurs dans un vase en bambou, qui vous satisfait tant, n'est pas le résultat d'une fantaisie du moment, mais le produit d'un art élaboré, datant d'au moins cinq siècles. La composition florale fait partie du programme des écoles de filles et constitue l'une des réalisations de chaque femme. Des centaines de livres ont été écrits sur cet art et il existe des milliers de professeurs professionnels. Il a, vous le savez, une philosophie qui lui est propre. Le confucianisme est invoqué. L'Univers est représenté par trois gerbes de hauteurs différentes, un effet que l'on retrouve souvent également dans les plantations des jardins japonais. Le jet le plus haut, situé au milieu, symbolise le Ciel ; le plus court, la Terre ; l'intermédiaire, l'Homme. Il peut y avoir cinq, sept ou neuf pulvérisations, mais le principe du Ciel, de la Terre et de l'Homme doit être préservé. Il ne doit jamais y avoir un nombre pair de pulvérisations, et quatre est un chiffre à éviter avant tout, puisque *shi* , le mot japonais pour « quatre », signifie aussi « mort ».

L'importance s'attache également aux espèces de fleurs et de branches utilisées. La fleur de prunier, envoyée aux mariées, symbolise la pureté et, parce qu'elle fleurit lorsqu'il y a de la neige au sol, elle représente le courage dans l'adversité.

Mais juste au moment où vous commencez à vous flatter d'avoir acquis une certaine compréhension de l'arrangement floral, vous rencontrez quelqu'un qui ne suit pas les principes de l'école particulière d'arrangement floral dont vous avez entendu parler – qui, disons, est l' école populaire d'Ikenobo. - mais croit aux enseignements de l' école Enshiu , de l' école Koriu ou de l' école Nagéire - "jetée" -. Ou peut-être préfère-t -il l'art apparenté appelé Morimono — « les choses empilées » — qui traite des compositions de fruits et de légumes ; ou l' école Morihana , qui applique aux fleurs le principe des « choses entassées » ; ou cet autre art apparenté qui enseigne la réalisation de « paysages de plateau » – images dessinées sur la surface plane d'un plateau avec des cailloux et diverses sortes de sable.

Le point essentiel de toute composition florale est qu'il y ait une forme et un équilibre, mais que la composition ne soit pas parfaitement symétrique, car la symétrie parfaite ne se trouve pas dans la nature. Afin d'obtenir les effets désirés, les tiges florales et les branches utilisées sont soigneusement pliées et tordues, et ce travail est effectué avec une telle délicatesse et une telle dextérité qu'il dissimule le fait que leurs formes ont été modifiées par des moyens artificiels. J'ai vu un maître des fleurs faire tenir des nénuphars debout sur leurs tiges en faisant monter l'eau à travers les tiges avec une seringue. Il les plaça ensuite sur l'un de ces porte-fleurs plats en métal que nous avons récemment appris à utiliser dans ce pays, de manière à les disposer dans un bol peu profond de manière à ce qu'il y ait un espace ouvert entre les tiges, qui, selon lui, était "pour que le poisson puisse nager à travers" - bien que le poisson soit dans ce cas purement une créature de son imagination.

De nombreuses méthodes pour faire puiser de l'eau aux fleurs sont également enseignées. Surtout dans le cas des chrysanthèmes, les extrémités des tiges sont brûlées ; l'extrémité d'une branche de bois dur est souvent écrasée pour qu'elle laisse passer l'eau plus librement ; certaines fleurs sont mises dans l'eau chaude ; d'autres sont trempés dans une solution de thé fort et de poivre.

Okakura fait remonter l'origine de l'arrangement floral à une époque où les anciens saints bouddhistes « rassemblaient les fleurs éparpillées par la tempête et, dans leur sollicitude infinie pour tous les êtres vivants, les plaçaient dans des récipients remplis d'eau ». On nous raconte que Soami , peintre de la période Ashikaga, en était un adepte, et que Juko le Maître du Thé était son élève. La composition florale devient ainsi un art reconnu au XVe siècle, mais pas un art indépendant puisqu'il s'agit d'abord d'une branche du théisme .

Théisme ? Ils vous disent que vous ne pouvez pas comprendre l'arrangement floral à moins de comprendre également le théisme . Qu'est-ce que le théisme ?

Voici un autre domaine d'étude qui vous est présenté. Vous saviez, bien sûr, que la première chose qui se produit lorsque vous téléphonez au Japon, qu'il s'agisse d'un appel professionnel ou social, est l'arrivée d'une tasse de thé japonais clair, et que les deuxième et troisième choses qui se produisent sont le arrivée des deuxième et troisième coupes. Vous saviez que le thé du Japon est du thé vert, et qu'il se prend sans crème ni sucre dans des tasses sans anse. Vous saviez peut-être que ce thé est préparé avec de l'eau chaude *et non* bouillante. Mais saviez-vous que le thé, dans son sens le plus élevé, n'est pas une boisson, mais un credo, un rituel, une philosophie ?

La découverte de cette infusion aurait été faite par l'empereur chinois Chinnung , en 2737 AV . représenté dans un jouet d'enfant qui, lorsqu'il est poussé, persiste à revenir en position verticale, symbolisant ainsi une aspiration incessante. "En baisse sept fois, en hausse huit fois", disent les Japonais à propos de Daruma .

Après avoir médité jour et nuit pendant des semaines, Daruma s'endormit. Au réveil, il était si contrarié par ses paupières somnolentes qu'il les coupa et les jeta à terre, où elles germèrent en plantes à partir des feuilles desquelles on pouvait faire une boisson destructrice du sommeil.

Les graines du théier ont été importées de Chine au Japon en 805 APRÈS JC , mais l'initiation à l'habitude de boire du thé est généralement datée de l'époque, environ quatre siècles plus tard, lorsque le prêtre Eisai, de la secte Zen des bouddhistes – une secte préférée des artistes et des buveurs de thé jusqu'à ce jour – écrivit un traité sur « L'influence salutaire de la consommation de thé », qu'il présenta, accompagné d'une tasse de thé, à l'un des premiers *shoguns* , qui était je vais. Ainsi, le thé fut d'abord pris comme médicament « pour réguler les cinq viscères et expulser les mauvais esprits ».

Peu de temps après, la consommation de thé est devenue un passe-temps de la noblesse et, peu à peu, nous assistons au développement de pratiques esthétiques en rapport avec cette pratique. Des objets d'art étaient exposés lorsque les gens se réunissaient pour prendre le thé ; de somptueuses réceptions de thé étaient organisées par *les daimyos* , et un auteur nous raconte qu'il y eut une période de décadence à l'époque féodale où les guerriers déposaient l'épée en faveur de la théière et mouraient la tasse à la main lorsque leurs châteaux étaient pris par leurs seigneurs. ennemis.

Permettez-moi de faire une parenthèse ici pour parler brièvement de l'ère féodale, l'époque la plus intéressante de l'histoire japonaise. Cela dura du XIIe au milieu du XIXe siècle, c'est-à-dire pendant toute la période pendant laquelle le Japon était gouverné non pas par ses empereurs, mais par plusieurs familles successives de shoguns, ou comme pour les raisons évoquées plus tard, on les appelait parfois *des magnats* . Bien que les shoguns aient usurpé le pouvoir impérial, il convient de noter qu'ils n'ont pas usurpé le trône lui-même ni tenté de détruire la famille impériale, mais se sont contentés de maintenir les empereurs successifs dans un état d'impuissance. Sous les shoguns se trouvaient les daimyos, de puissants seigneurs féodaux agissant en fait comme gouverneurs de province ; et chaque daimyo avait ses *samouraïs* , ou combattants, occupant plusieurs grades. Il existait également une classe de samouraïs connus sous le nom de *ronin* qui ne reconnaissaient aucun seigneur comme maître, mais étaient des combattants indépendants et des fauteurs de troubles. Je donne ces grandes lignes parce que ces différents termes m'ont d'abord dérouté. Il n'y avait qu'un seul shogun à la fois ; les dai myos étaient au nombre de deux à trois cents, et on estime qu'il y avait environ deux millions de samouraïs. À de très rares exceptions près, parmi lesquelles de riches fermiers et fabricants d'épées , personne en dessous du rang de samouraï ne pouvait porter une épée. La classe qui portait l'épée était la classe dirigeante et les travailleurs ordinaires étaient considérés comme sans importance. Un samouraï pouvait abattre avec son épée tout plébéien qui le bousculait par accident, ou qui le regardait d'une manière qui lui répugnait.

Le rang des samouraïs correspondait à celui des chevaliers dans l'Europe féodale, et les familles japonaises qui descendent des samouraïs en sont fières, tout comme certaines familles européennes, et même certaines familles américaines, sont fières d'être issues d'ancêtres chevaleresques.

Mais revenons à notre thé. On dit qu'un prêtre Zen nommé Shuko fut à l'origine de l'idée d'associer à l'habitude de boire du thé la culture des « quatre vertus » — urbanité, pureté, courtoisie et imperturbabilité — et cette conception, née vers le milieu du XVe siècle, est encore aujourd'hui une tradition de la cérémonie du thé, ou *cha-no-yu* .

Les grands soldats Nobunaga et Hideyoshi , figures marquantes de la seconde moitié du XVIe siècle, étaient des adeptes de la cérémonie du thé. C'est Hideyoshi qui poussa le Maître du Thé, Sen-no- Rikyu , à considérer les différentes écoles de Thé Cérémonial qui s'étaient développées et à les codifier.

Le thème principal de la cérémonie prescrite par Sen-no- Rikyu était la « simplicité » des plus élaborées. Il doit y avoir un salon de thé spécial dans le jardin – même si, ces derniers temps, un salon de thé spécial dans la maison est considéré comme suffisant. Le salon de thé devait être petit. Ses dimensions exactes étaient indiquées, jusqu'à la hauteur de la porte, qui était si basse qu'elle obligeait les invités à entrer la tête baissée. La maison doit être simple à l'extrême, mais construite avec les bois les plus nobles. Le caractère du matériel à thé a été précisé, tout comme la nature des décorations.

C'est là qu'intervient à l'origine l'arrangement floral. Un *kakémono* - une de ces peintures orientales montées sur un panneau vertical de soie disposé pour s'enrouler sur un morceau cylindrique de bois et d'ivoire fixé à sa marge inférieure - doit être suspendu dans l'alcôve peu profonde qui est la place d' honneur dans chaque pièce japonaise ; et sous le kakémono doit être exposé un objet d'art ou une composition florale ayant un certain rapport avec le tableau.

Par exemple, si le tableau représente un lion, la fleur appropriée à exposer en dessous est la pivoine, car le lion est le roi des bêtes et la pivoine le roi des fleurs. Il ne s'agit là que d'un simple exemple d'association artistique d'idées, en nombre infini et parfois de caractère compliqué. Pourtant, ces affinités décoratives sont comprises non seulement par les Japonais les plus instruits, mais par une grande partie de la population – car le sentiment de l'art est, je crois, plus largement répandu parmi la population japonaise que parmi celle de toute autre nation. Les Japonais n'encombrent pas leurs maisons de meubles et de décorations comme nous le faisons si souvent, mais exposent leurs trésors d'art quelques-uns à la fois, gardant la plupart d'entre eux rangés. On dit que les chambres japonaises semblent nues pour l'étranger moyen. Pour moi, cependant, leurs chambres n'ont pas l'air nues, mais ont un air d'un raffinement exquis rarement trouvé dans une chambre américaine ou anglaise.

Certains Américains qui ont appris à apprécier l'idée japonaise de la décoration, et qui l'imitent superficiellement, réalisent néanmoins des assemblages d'objets d'art qui, en raison de l'absence de relation entre eux, offensent l'œil exercé des Japonais, exactement comme une discorde offense une oreille musicale exercée. . Comme le souligne Chamberlain, les Japonais ont peu de simples « modèles ». Ils ne fabriquent pas de « figures fantaisistes » simplement pour recouvrir une surface. Leur décoration signifie quelque chose, comme d'ailleurs la décoration à ses plus hautes époques dans tous les pays.

Il y a eu de nombreux Maîtres du Thé depuis Sen-no- Rikyu , et les noms de bon nombre d'entre eux sont encore rappelés avec vénération. Le trésor principal d'un de mes amis à Tokyo est une petite maison de thé située dans son jardin, qui appartenait il y a environ trois cents ans à Kobori-Enshiu , maître du thé du troisième shogun Tokugawa. Si vous souhaitez savoir à quel point de telles associations sont appréciées au Japon, rendez-vous aux enchères lorsqu'une pièce d'équipement de cérémonie du thé, autrefois propriété d'un célèbre maître du thé, est mise en vente.

Le thé cérémonial n'a pratiquement rien à voir avec la consommation ordinaire de thé. Le thé utilisé à cet effet n'est pas comme les autres thés. Il se présente sous la forme d'une fine poudre verte qui est placée dans un bol spécial d'une manière spéciale, après quoi de l'eau exactement à la bonne température et en quantité est ajoutée, et le mélange est fouetté pour obtenir une mousse crémeuse avec un petit bambou. pinceau, manipulé d'une manière particulière. Une grande importance est accordée à l'état d'esprit dans le salon de thé, ainsi qu'à l'étiquette et à la technique régissant chaque détail lié à la préparation et à la consommation du thé. Le bol est passé et reçu selon des règles exactes, et il y a une profonde révérence d'avant en arrière. D'abord, il circule comme une coupe d'amour parmi les invités ; plus tard, un bol spécial est servi à chacun à tour de rôle. En acceptant le bol, l'invité le fait tourner doucement dans les deux mains ; puis, avec autant de dignité calme d'un bouddhiste zen qu'il est capable d'en faire preuve, il le lève et prend une grande gorgée. Retirant le bol de ses lèvres, il fait une pause méditative ; puis répète le processus. L'étiquette exige que lorsque trois grandes gorgées ont été bues, il reste dans le bol suffisamment de thé pour en faire une petite gorgée. En disposant de ce projet final, il faut faire preuve d'un grand enthousiasme. La tête est rejetée en arrière en signe d'impatience d'égoutter la dernière goutte, et le thé est aspiré dans la bouche avec un bruit de succion qui annonce le plaisir du buveur.

La puissance du thé de cérémonie n'est pas non plus diminuée par le fait qu'il est servi par une charmante petite main japonaise.

La deuxième nuit suivante, il pourra peut-être dormir. Le thé cérémonial est puissant. Sa puissance n'est pas non plus diminuée par le fait que la main qui le fabrique et le sert est une petite main japonaise typiquement exquise, mise en valeur par la longue manche douce d'un kimono en soie fleuri.

Évidemment, on ne peut pas comprendre le Japon sans comprendre la femme japonaise, le couronnement de la nation. Mais comme vous le dit Lafcadio Hearn, on ne peut pas la comprendre sans une compréhension de l'organisation de la société japonaise, laquelle, à son tour, ne peut être comprise sans une compréhension du shintoïsme, la religion d'État.

Vous ne pouvez pas comprendre le Japon sans comprendre la femme japonaise, qui est le couronnement de la nation.

Tout le monde a une recette pour comprendre le Japon. Un ami m'a dit que je ne pourrais jamais le comprendre tant que je n'aurais pas compris l'attitude du peuple envers la Maison Impériale. Mais ce n'est qu'une autre façon de dire que le shintoïsme doit être compris. Beaucoup parlent naturellement du bouddhisme. D'autres évoquent le système féodal, avec sa loyauté clanique, comme pierre de touche, et d'autres encore m'ont assuré qu'une connaissance de la Cérémonie du Thé et du drame du No était indispensable.

"Fujiyama est la note dominante du Japon", a écrit Kipling. "Lorsque vous comprenez l'un, vous êtes en mesure d'apprendre quelque chose sur l'autre." Sir Charles Eliot, bien avant de devenir ambassadeur britannique à Tokyo, a écrit qu'il était inutile de tenter de comprendre le Japon sans reconnaître d'abord « la spiritualité particulière des Japonais » ; mais il ne manque pas d'autres pour nier l'existence d'une spiritualité telle que celle décrite par Sir

Charles, et qui, au contraire, insistent sur le prétendu prussianisme du Japon comme expliquant tout.

Le Docteur Nitobé , le talentueux auteur japonais, qui, comme Okakura , écrit délicieusement en anglais, nous donne comme clé du Japon la doctrine du *bushido* , ou « voies militaires des chevaliers » ; mais encore une fois, il y a des étudiants du Japon qui affirment que le système d'éthique pratique attribué par la plume patriotique du médecin aux samouraïs d'autrefois étonnerait ces vaillants guerriers s'ils en entendaient parler. Le livre « Bushido », affirment ces critiques, est moins une clé du Japon que du docteur Nitobé .

L'interdépendance des faits, dont j'ai parlé plus tôt, n'est-elle pas illustrée dans la tendance de ce chapitre, qui, rappelez-vous, est né d'une discussion sur un bouquet de fleurs dans un vase en bambou ? Voyez-vous pourquoi j'ai appelé le Japon « les îles des complexités » ? Et voyez-vous que je pourrais aussi l'appeler « Les Îles des Contradictions » ?

Peut-être ne serez-vous donc pas surpris de mon aveu selon lequel après avoir passé plusieurs semaines au Japon, je me suis trouvé fasciné mais aussi perplexe. Pourquoi, me suis-je demandé, avais-je si gaiement accepté d'écrire sur le Japon ? Pourquoi n'en avais-je pas fait un simple voyage d'agrément ? Car c'est une chose de voir et de se contenter de voir, et une autre de tenter une interprétation.

On a souvent dit que si un homme reste au Japon six ou huit semaines, il peut écrire un livre sur ce sujet ; que s'il reste un an ou deux, il pourra écrire un seul article pour un magazine ; mais que s'il reste plusieurs années, il aura peur d'écrire.

"Pour acquérir des origines japonaises", m'a dit un ami, "vous devriez passer un mois ou deux en Corée et au moins un an en Chine. Ensuite, vous devriez revenir, louer une maison et vivre à la mode japonaise pendant un certain temps. ".

"Dites environ deux cents ans ?" Je suggère.

Mon ami a souri.

"Cent cinquante ans pourraient suffire", a-t-il déclaré, "si vous faites en sorte que chaque minute compte."

Puis, peut-être parce qu'il a lu sur mon visage les signes de mon découragement, il m'a rappelé une vieille fable :

Sept aveugles sont allés « voir » un éléphant. L'un d'eux, se cognant contre le flanc de la grande bête, dit : « Voici une créature qui ressemble à un mur. » Un autre, tâtant la trompe, compara l'éléphant à un serpent ; un autre, touchant une défense, annonça que l'animal ressemblait à une lance ; et un autre encore, saisissant une oreille, comparait l'éléphant à une grande feuille. Celui qui tenait la queue la comparait à une corde, tandis que celui qui embrassait une jambe pensait à un arbre, et celui qui rampait sur le dos déclarait qu'un éléphant ressemblait à une colline.

Là, dans un paragraphe, vous avez le Japon et ses interprètes.

DEUXIEME PARTIE

CHAPITRE VII

L'impulsion lyrique – Un produit fabriqué par l'homme – L'éloignement du droit de vote des femmes – Les efforts de progrès – Le divorce – Le mariage et les intermédiaires – La génération montante – La dualité nippo-américaine – Lèpre

Lafcadio Hearn nous dit que l'entraînement à la cérémonie du thé « est considéré comme un entraînement à la politesse, à la maîtrise de soi, à la délicatesse – une discipline de comportement » ; mais Jakichi Inouye, un écrivain japonais sincère et scrutateur, va encore plus loin, déclarant que « la grâce calme et posée de la dame de culture japonaise est le résultat de l'étude de la cérémonie du thé... »

Mon seul différend avec M. Inouye concerne cette déclaration. Dire que l'étude de la cérémonie du thé aide les jeunes filles à retrouver leur équilibre est assez sûr ; mais dire que la belle allure de la dame japonaise est *le résultat* de l'étude de la cérémonie du thé me semble aller tout à fait trop loin.

L'allure de la dame japonaise est une chose trop exquise pour avoir été produite par la pratique d'un quelconque rituel social artificiel. Une telle démarche ne doit pas, à mon avis, être considérée comme un simple accomplissement, même si elle l'était peut-être il y a mille ans. C'est plutôt le reflet d'un esprit d'une beauté incomparable, la fleur d'innombrables générations de tels esprits, remontant à des siècles de tradition, des siècles d'abnégation de soi. C'est le couronnement et la preuve, non d'une quelconque cérémonie du thé, mais de la civilisation disciplinée du vieux Japon.

Chaque fois que mes pensées se tournent vers la femme japonaise, je sens naître en moi une tendance au lyrisme. Laissons Lafcadio Hearn, dont la femme était japonaise, parler pour moi. « Devant cette création éthique, écrit-il, la critique devrait retenir son souffle ; car il n'y a ici aucun défaut, si ce n'est celui d'un charme moral inadapté à tout monde d'égoïsme et de lutte. réapparaître dans ce monde pendant cent mille ans : les conditions de la civilisation industrielle n'admettent pas son existence. »

Le fait que la femme japonaise soit dans une large mesure un produit fabriqué par l'homme ne me remplit pas d'admiration pour les hommes japonais, comme le ferait un produit insensible de leur art. Car si l'artiste a le droit de sculpter ce qu'il veut dans le bois, l'ivoire ou la laque, de modeler ce qu'il veut dans la cire, l'argile ou le bronze, je doute de son droit moral d'utiliser l'âme humaine comme médium pour son savoir-faire dans la fabrication d'un objet. ornement pour sa propre maison, aussi exquis que puisse être cet ornement.

Je suis bien consciente que dans ce cas on peut dire que la fin justifie les moyens, mais je suis assez individualiste pour croire en notre système américain, même si je dois admettre qu'il n'a pas produit une féminité moyenne aussi douce et délicate. tout comme le système japonais. Les femmes telles que nous les produisons présentent une gamme de types beaucoup plus large que celle que l'on peut trouver au Japon, et bien qu'une femme américaine vulgaire, qu'elle soit riche ou pauvre, atteigne un degré de vulgarité tel qu'il n'est même pas vaguement approché au Japon, nous savons aussi que nous produisons des types de femmes aussi belles que le monde peut le montrer. Et même si je ne peux pas parler avec une certitude absolue des acquis intellectuels des femmes japonaises, j'ai tendance à penser que notre attitude plus libérale à l'égard du sexe, la plus grande liberté de compagnie entre les femmes et les hommes américains, et la croissance de l'intérêt et de l'intérêt de la femme américaine. participer aux affaires publiques peut tendre à faire d'elle, à son meilleur, une camarade plus pleinement satisfaisante - non pas parce que son cerveau est nécessairement meilleur que celui des femmes du Japon ou d'autres pays, mais parce qu'elle a été encouragée à les exercer. d'une manière plus large.

De mon point de vue, cependant, la question fondamentale ici n'est pas celle de savoir quel système produit les plus hauts spécimens de féminité, mais celle du droit inhérent de l'individu à se développer, quels que soient les résultats.

La femme japonaise n'a pas cette liberté, car il est évidemment dans l'intérêt de l'homme japonais de la garder telle qu'elle est. Dernièrement, il y a eu une certaine agitation au Japon en faveur de ce qu'on appelle le « suffrage universel », mais il ne faut pas supposer que ce terme désigne le suffrage des femmes. La proposition implique uniquement l'extension du droit de vote à tous les hommes, contrairement au système actuel qui exige qu'un homme paie des impôts au-dessus d'un certain montant pour pouvoir voter. Le droit de vote des femmes n'est même pas en vue. Lorsque j'étais au Japon, quelques femmes progressistes demandaient, non pas le droit de vote, mais l'abrogation de la règle qui refusait à leur sexe le droit d'assister aux réunions politiques. Ils ont réussi. La règle a été récemment abrogée. Un mouvement a également été lancé par certaines femmes avancées dirigées par Mme Raicho Hiratsuka, en faveur de lois obligeant les hommes souhaitant se marier à obtenir des certificats médicaux les déclarant mentalement sains et indemnes de maladies susceptibles d'être transmises à une épouse. J'ai entendu dire que soixante-dix des trois cents filles employées par l'administration ferroviaire de Kyoto avaient organisé une association pour aider à faire avancer les mesures proposées, jurant de ne jamais se marier à moins que leurs futurs maris ne se conforment aux exigences imposées par Mme Raicho Hiratsuka. et ses associés s'efforçaient d'obtenir une reconnaissance légale.

Un autre problème à résoudre est le statut juridique des femmes mariées. A ma connaissance, aucun effort sérieux n'a été fait pour améliorer la situation actuelle. Selon la loi japonaise, une femme qui contracte mariage est privée de ses droits civils et a pratiquement le statut de mineure. Une épouse ne peut pas céder ses propres biens immobiliers, intenter une action en justice, ni même accepter ou refuser un héritage ou une donation, sans le consentement de son mari. Des lois semblables à celles-ci existent, je crois, dans certains des États les plus arriérés de notre propre Union. Selon la loi japonaise, une veuve ne peut pas succéder à son mari à la tête de la famille si elle a un enfant qui peut prendre la succession. En matière de succession, la sœur aînée cède la place à un fils cadet, voire à un fils illégitime reconnu par le père.

Un mari peut divorcer d'une femme pour adultère, mais une femme ne peut pas divorcer d'un mari pour cette cause, ou plutôt, elle ne peut le faire que s'il a offensé une femme mariée dont le mari a donc intenté une action en divorce. On voit ainsi qu'un mari peut même prendre une concubine pour vivre dans sa maison, avec sa femme et ses enfants, sans donner lieu au divorce. Le concubinage , m'a-t-on dit, est encore, dans une certaine mesure, pratiqué au Japon, même si l'opinion populaire s'y oppose. Cependant, sur un certain point, les lois japonaises sur le divorce sont plus éclairées que les nôtres. Un mari et une femme qui s'accordent pour désirer le divorce peuvent facilement l'obtenir en le déclarant au tribunal.

D'une manière ou d'une autre, j'en suis venu au sujet du divorce avant celui du mariage. L'Orient et l'Occident ne sont nulle part plus éloignés que dans leurs vues et leurs coutumes quant à l'accouplement des hommes et des femmes. Au Japon, les mariages d'amour sont rares, même si l'on dit que la tendance des jeunes à se marier selon leurs préférences est croissante. Les jeunes filles japonaises, me dit-on, regardent souvent avec envie les femmes des autres nations, où le mariage par amour est la règle générale. Ils supposent probablement que de tels mariages sont invariablement heureux ; que l'amour est toujours le véritable amour et qu'il dure pour toujours . Il ne fait aucun doute que notre système, vu de loin, semble aussi rose pour une fille japonaise que leur système semble épouvantable pour une fille américaine. Pourtant, chacun a certains mérites. Le système japonais ne suggère pas la romance, c'est vrai ; mais la romance, après tout, est-elle la pierre la plus essentielle d'une vie conjugale heureuse ? Les notions romantiques sont trop présentes dans certains de nos matchs, et trop peu dans certains des leurs. Et si le jugement mûr des personnes âgées est pour eux le facteur déterminant dans la réussite d'un match, chez nous, il n'est trop souvent aucun facteur.

Au Japon, les mariages sont généralement conclus par des couples mariés plus âgés qui jouent le rôle d'intermédiaires. Il existe un dicton populaire selon lequel chacun devrait agir comme intermédiaire au moins trois fois.

L'intermédiaire, connaissant un jeune homme et une jeune femme qu'il considère comme convenables l'un à l'autre, propose le mariage confidentiellement aux parents des deux. Si les rapports préliminaires sont mutuellement satisfaisants pour les deux familles, une rencontre du jeune couple avec ses parents et proches est organisée en terrain neutre. Toute indication sur le véritable objectif de cette réunion a été soigneusement évitée à l'époque, même si le but de cette réunion est, bien entendu, parfaitement compris par toutes les personnes concernées. Selon cet arrangement, chaque famille peut, sans offenser, abandonner l'affaire après la première rencontre, mais si les résultats de l'inspection préliminaire sont satisfaisants pour les deux parties, les parents se réunissent à nouveau et arrangent définitivement le mariage, qui est rendu contraignant par un échange. de cadeaux.

Chamberlain dit que même si, en théorie, les fiançailles ne peuvent pas être conclues si l'un ou l'autre des jeunes s'y oppose, en pratique, les deux sont entre les mains de leurs parents et que « la jeune fille, en particulier , n'est personne dans cette affaire ».

Cette généralisation était sans aucun doute exacte il y a quelques années, et peut être exacte aujourd'hui dans les régions reculées du Japon où les idées occidentales ne se sont pas infiltrées, mais parmi les classes instruites des grandes villes, un changement net s'est produit au cours de la génération montante. Il existe un écart aussi grand entre les générations plus âgées et les plus jeunes au Japon qu'aux États-Unis, et comme chez nous, les personnes âgées là-bas se plaignent que la jeunesse devient complètement incontrôlable, tandis que la jeunesse se plaint que ses aspirations ne sont pas comprises. par les parents et les grands-parents. Cela ne signifie pas que les jeunes hommes et jeunes femmes japonais se déchaînent pratiquement, comme le font aujourd'hui tant de nos jeunes, mais simplement que la légère liberté personnelle qu'ils réclament représente au Japon une nouveauté aussi grande qu'elle l'est aux États-Unis. par le passage d'un contrôle parental modéré à aucun contrôle du tout.

Pourtant, les cultes et les traditions du vieux Japon sont extrêmement puissants, et même s'ils peuvent céder un peu ici et là, ils ne seront pas bientôt détruits. Ce fait est mis en évidence par le retour rapide au type d'hommes et de femmes japonais qui ont vécu pendant des années aux États-Unis et qui, une fois aux États-Unis, semblent être devenus tout à fait comme les Américains. Rencontrez-les au Japon et vous verrez que leur occidentalisme n'était que superficiel. Tandis qu'entre nous, ils s'adaptaient gracieusement à nos habitudes et les appréciaient sans aucun doute, mais ils savaient toujours qu'ils étaient japonais et qu'ils finiraient par revenir au Japon, là-bas pour faire partie du mécanisme finement ajusté. de l'homogénéité japonaise. Je connais beaucoup de ces hommes et femmes et je les trouve très intéressants. Ils ont vécu une expérience mentale et spirituelle extraordinaire, généralement sans en être déroutés. Au lieu de mélanger leurs personnalités japonaise et américaine, ils acquièrent une dualité parfaite. Ils peuvent s'asseoir d'un côté ou de l'autre de la clôture, pour ainsi dire, et regarder de l'autre côté avec calme et interprétation.

J'ai discuté de ce sujet avec une jeune matrone qui a passé les vingt premières années de sa vie aux États-Unis et qui, lorsqu'elle s'est installée au Japon, parlait sa langue maternelle avec un accent américain.

"Mes frères et sœurs et moi sommes allés dans des internats américains", a-t-elle déclaré. "Nous nous habillions comme des Américains, avions des amis américains, garçons et filles, allions à des fêtes à la maison et grandissions extérieurement, tout comme eux grandissaient. Mais nos parents nous ont toujours appris à comprendre que cela ne devait pas durer éternellement . .

"Quand je suis arrivé au Japon et que je me suis marié, j'ai compris que la meilleure chose à faire était de montrer aux gens que j'étais aussi japonais que n'importe lequel d'entre eux. Si j'avais conservé mes habitudes étrangères, cela aurait suscité du ressentiment. Je suis donc devenu complètement japonais. et pendant plusieurs années, je n'ai même pas rencontré les Américains qui venaient ici. Puis, lorsque j'ai clairement exprimé mon attitude et que je me suis senti établi, j'ai recommencé à revoir les Américains et à les divertir.

Dans un autre cas, un jeune Japonais d'une université américaine avait l'habitude de dire à ses amis d'université que, à son retour au Japon, il montrerait son émancipation de la vieille tradition japonaise en se mariant à sa guise. Cependant, peu de temps après son retour chez lui, ses parents l'ont marié à une épouse qu'il connaissait à peine. Il parle couramment l'anglais, me dit-on, et a un côté américain qu'il peut montrer à volonté, mais l'homme intérieur est essentiellement aussi japonais que s'il n'était jamais parti. Et à juste titre, bien sûr. Le Japonais qui se jette comme un obstacle au mouvement de la grande machine des conventions nationales ne brisera probablement pas une seule dent de la plus petite de ses roues, mais il se brisera sûrement lui-même.

Mais revenons au sujet des mariages :

Après avoir arrangé le match, l'intermédiaire est naturellement fier de son succès. Il se lie d'amitié avec le jeune couple ; s'ils sont malheureux, il fait office d'intermédiaire entre eux, s'efforçant de régler leurs difficultés ; et si leur malheur continue et qu'on parle de divorce, il devient de son devoir d'épuiser toutes les ressources pour empêcher qu'ils n'agissent de manière imprudente.

Cependant, avant d'organiser le match, l'intermédiaire prend des précautions pour se prémunir contre les dangers prévisibles. Il doit, par exemple, faire des enquêtes discrètes sur la santé des deux familles depuis plusieurs générations, pour se prémunir contre les tares héréditaires, parmi lesquelles la plus redoutée est la lèpre.

L'Annuaire du Japon, qui constitue dans la plupart des cas un ouvrage de référence utile, reste curieusement silencieux sur le sujet de la lèpre, bien que plusieurs pages soient consacrées à la tuberculose et à d'autres maladies. On a rapporté récemment qu'un million de Japonais souffraient de tuberculose, mais la lèpre, bien que moins contagieuse et par conséquent beaucoup moins fréquente, est plus redoutée. Une autorité m'a dit qu'il y avait probablement deux millions de lépreux dans le monde et que les seuls pays indemnes de la maladie sont l'Angleterre et l'Écosse, d'où elle a été éradiquée par la ségrégation. On estime que la ville de New York compte une centaine de lépreux et qu'il y en a des cas dans la plupart, sinon dans la totalité, des États de l'Union. Pourtant, selon le rapport du gouvernement, seuls trois États — la Californie, la Louisiane et le Massachusetts — prévoient la ségrégation et les soins des personnes atteintes de cette terrible maladie. Certains estiment que le nombre des lépreux au Japon est inférieur à vingt mille. Le ministère de l'Intérieur fixe ce chiffre à soixante-quatre mille. Mais les spécialistes affirment que même ce dernier chiffre est bien trop bas et que le nombre réel se rapproche de cent mille.

La première léproserie du Japon a été créée il y a vingt-huit ans par des missionnaires catholiques. Quelques années plus tard, un deuxième hôpital pour lépreux fut fondé par Miss H. Riddell, une Anglaise qui a probablement eu la plus grande influence dans l'amélioration des conditions de vie des lépreux japonais. La léproserie de Miss Riddell à Kumamoto, dans le sud du Japon, a été, je crois, utilisée par le gouvernement japonais comme modèle pour les léproseries d'État , qui sont aujourd'hui au nombre de cinq. D'autres institutions de ce type sont gérées par des missionnaires et des particuliers, mais le travail doit être considérablement étendu si l'on veut arrêter la propagation de la maladie, sans parler de l'éradiquer.

Un de mes amis japonais, qui a souvent servi d'intermédiaire pour organiser des matchs entre employés d'une grande entreprise dont il est responsable, me raconte que les filles des familles atteintes de lèpre sont souvent d'une beauté exceptionnelle et qu'elles ont fréquemment des cheveux très blancs. peaux. Dans certaines régions du Japon où la lèpre est répandue, il y a, me dit-il, des familles riches ayant de belles filles pour lesquelles il est impossible de trouver des maris dans le quartier à cause des rumeurs selon lesquelles cette terrible maladie est dans le sang. Ces familles déménagent occasionnellement vers les grandes villes où elles cherchent à trouver des maris pour leurs filles par l'intermédiaire d'agents matrimoniaux ou d'annonces personnelles dans les journaux. L'habitude de faire de la publicité pour un mari ou une femme s'est considérablement développée ces dernières années, et comme cela s'est produit dans ce pays, des coquineries sont parfois découvertes derrière de telles publicités, c'est pourquoi la police surveille les agences matrimoniales.

L'une des raisons pour lesquelles il est difficile d'obtenir des statistiques précises sur la lèpre, non seulement au Japon, mais dans tous les pays, est que les familles dans lesquelles un cas survient font souvent de grands efforts pour le dissimuler. Au Japon, cela est particulièrement vrai, car là-bas un lépreux ne peut pas se marier, et la lèpre est une cause de divorce non seulement dans le cas de l'individu réellement atteint, mais aussi dans le cas des parents de la victime, y compris ceux qui sont aussi éloignés que les cousins germains.

Pas étonnant que l'intermédiaire ressente le sens des responsabilités !

CHAPITRE VIII

Bien que le système japonais des mariages arrangés soit parfois comparé au système français, les deux sont bien différents. En France, le grand point est la dot de la mariée, mais on n'attend pas forcément de la mariée japonaise qu'elle apporte une dot en argent. Le cadeau de mariage de ses parents consiste en règle générale en meubles et vêtements qu'ils donnent en fonction de leur bourse.

Les cérémonies liées à un mariage japonais sont extrêmement intéressantes, mais trop élaborées pour être abordées ici. Il n'y a pas de voyage de mariage. La mariée s'installe immédiatement chez les parents de son mari, à moins qu'elle n'ait épousé un fils cadet suffisamment prospère et entreprenant pour fonder son propre foyer. La règle est que le fils aîné continue de vivre sous le toit parental après son mariage. En plus de son nom et de sa résidence, la mariée transmet son allégeance à la famille de son mari. Un accent particulier est mis sur son devoir envers la mère de son mari.

Ce fait est reconnu dans un manuel publié par le Département impérial de l'éducation à l'usage des écoles supérieures de filles, qui dit :

L'absence d'harmonie est souvent constatée entre la mère d'un mari et sa belle-fille, et cela est souvent imputable à la désobéissance et à l'indiscipline de cette dernière . La belle-mère est peut-être trop conservatrice pour s'entendre facilement avec la jeune belle-fille formée aux idées nouvelles, mais le devoir, la patience et la sincérité de la part de cette dernière apporteront la paix et l'harmonie. au contraire, la belle-fille, tout en tolérant ses propres faiblesses, est critique envers la mère de son mari et se plaint de son manque de cœur, elle ne fera que trahir sa propre indignité. Ces points doivent toujours être gardés à l'esprit par les jeunes filles.

Les jeunes héritières japonaises sont doublement chanceuses puisque leur richesse leur offre, entre autres conforts, un moyen d'échapper à la redoutable belle-mère. Au lieu de déménager chez son mari, une héritière amènera souvent son mari à l'abri de son propre toit paternel, où, par adoption, il deviendra un fils de sa famille, prenant le nom de famille. On entend dire que le parterre de roses recherché par certains de ces *muko-yoshi* , ou fils-maris adoptifs, n'est pas toujours exempt d'épines, et il existe un proverbe japonais qui conseille : « Si tu as laissé ne serait-ce qu'un livre de mauvais riz, ne deviens pas un muko-yoshi . » Le muko-yoshi n'est cependant pas toujours marié à une héritière. Les familles pauvres ayant des filles mais pas de fils accueillent souvent un muko-yoshi pour perpétuer la lignée familiale sous le toit ancestral.

Une laverie au bord de la rivière

En fin de compte, il ne fait aucun doute que la condition des femmes japonaises s'améliore lentement, même si le mouvement féministe y est encore au stade universitaire. Peu à peu, l'exemple des femmes américaines et anglaises se fait sentir, et les possibilités d'éducation qui s'offrent aux femmes augmentent progressivement. L'université moyenne pour femmes n'est certes pas comparable à l'université ordinaire pour hommes, mais on dit qu'il existe une université de très haut niveau ouverte aux femmes, et un certain nombre d'autres établissements d'enseignement mixte sont répertoriés comme assez bon. Le Waseda College ouvre désormais ses portes pour la première fois aux femmes aussi bien qu'aux hommes, et bien que les femmes ne puissent pas obtenir de diplôme de l'Université impériale de Tokyo, on m'informe qu'elles sont autorisées à y assister à des cours.

Les femmes se lancent de plus en plus dans les affaires et dans la vie professionnelle. Un grand nombre d'entre eux sont aujourd'hui employés dans les bureaux gouvernementaux des postes et des chemins de fer, dans les bureaux des préfectures et des municipalités et, bien sûr, dans le service téléphonique, ainsi que dans des entreprises privées de toutes sortes. Les employeurs signalent une amélioration constante du niveau d'intelligence et de capacité de leurs employées. Les femmes, disent-ils, font bien leur travail et se contentent généralement de petits salaires. En cherchant un emploi, ils déclarent généralement vouloir s'occuper avec profit entre la fin de leurs études secondaires et celui du mariage.

En éliminant pour l'instant la geisha, qui, en raison de sa curieuse occupation, sera discutée séparément et qui ne rentre en aucun cas dans une discussion sur le progrès de la femme, puisqu'elle y constitue dans une certaine mesure un obstacle, nous constatons que la profession médicale est probablement le domaine le plus rentable pour les travailleuses. Il existe au Japon environ sept à huit cents femmes médecins, dont près de la moitié sont diplômées de l'École des femmes de Tokyo, fondée par une femme médecin, le Dr Y. Yoshioka.

Les infirmières qualifiées sont également une profession populaire, et de nombreuses filles ont récemment quitté le travail au bureau et au téléphone pour s'y consacrer, principalement parce que les infirmières qualifiées reçoivent entre 1 $ et 1,25 $ par jour, ce qui est considéré comme un bon salaire.

Jusqu'à il y a dix ou douze ans, il n'y avait pas d'actrices au Japon, les rôles féminins étant invariablement joués par des hommes, mais le baron octogénaire Shibusawa (récemment créé vicomte), qui a tant fait pour libéraliser la pensée du Japon dans de nombreux domaines, a fondé une école d'actrices, de sorte qu'il y a maintenant une place pour elles et que quelques-unes sont devenues célèbres, bien qu'aucune ne soit encore aussi populaire que les acteurs les plus connus. Les acteurs occupent au Japon une position sociale similaire à celle des acteurs occidentaux il y a un siècle ou plus. Ils appartiennent nettement à une caste inférieure et, s'ils sont admirés pour leur art et adorés par les jeunes filles comme le sont chez nous les idoles du matinée, ils sont considérés comme appartenant à une couche sociale dans laquelle figurent les geishas et les lutteurs.

Il y a maintenant peut-être une douzaine de femmes ou plus qui travaillent comme reporters et rédacteurs spéciaux dans les différents journaux de Tokyo. Miss Osawa , qui a commencé à travailler sur le *Jiji* Il y a vingt et un ans, *Shimpo était, je crois, la doyenne des femmes journalistes japonaises.*

Il existe plus de vingt magazines mensuels célèbres destinés aux femmes, dont beaucoup sont édités par des femmes et largement contribués par des écrivaines. Au Japon, la paternité est une profession traditionnelle pour les femmes, les noms féminins étant parmi les plus importants de la littérature ancienne du pays. À cet égard, il est intéressant de noter le fait que certaines des auteurs d'autrefois étaient des courtisanes.

On entend beaucoup parler de la « femme nouvelle » au Japon, et l'indication la plus sûre de sa naissance est peut-être le fait que des cartes postales prétendument humoristiques sont vendues dans les rues de Tokyo, dans lesquelles la nouvelle femme est représentée sous diverses formes. attitudes dictatoriales devant un mari grinçant. Un jour, lors d' un dîner auquel j'ai assisté à Osaka, une femme qui dirige une école de commerce pour filles s'est levée et a prononcé un bref discours. J'ai remarqué que pendant qu'elle parlait, de nombreux hommes souriaient avec pitié. A partir de ce point, les Américaines suffisamment âgées pour se souvenir des débuts du mouvement féministe dans ce pays n'auront aucune difficulté à estimer le chemin que la femme japonaise a encore à parcourir.

Les femmes japonaises qui ont le temps et l'envie de mener des activités caritatives accomplissent beaucoup. La WCTU est active au Japon, Mme Yajima , sa présidente, une dame qui, en 1920, à l'âge de quatre-vingt-huit ans, se rendit en Angleterre pour la Convention internationale de la WCTU, étant peut-être la leader parmi les femmes progressistes du pays. La Croix-Rouge compte un grand nombre de membres et le YWCA, tout comme le YMCA, occupe un lieu solidement établi et utile, exerçant une grande variété d'activités. Parmi eux, des cours destinés à enseigner aux jeunes filles les voies du monde des affaires qui s'ouvre si rapidement à elles. Pour illustrer la nécessité d'une telle instruction, une dame qui travaille au YWCA de Tokyo m'a parlé d'un cas dans lequel une jeune fille japonaise venue suivre une instruction a déclaré qu'elle avait l'habitude d'embrasser son employeur étranger pour lui dire bonjour et bonne nuit. , dans la croyance – une croyance que nous devons supposer avoir été inculquée par lui – que telle était la coutume générale des affaires.

On dit souvent que les Japonais ne s'embrassent jamais. S'incliner est la forme nationale de salutation, même si ceux qui ont l'habitude de rencontrer des étrangers leur serrent la main. Le fait est qu'on ne le voit jamais, même entre la mère et l'enfant, et que cela est interprété comme signifiant que le baiser est inconnu. Ce n'est pas le cas. Je possède une gravure ancienne d' Utamaro qui montre un homme et une femme s'embrassant avec le plus grand zèle. Les Japonais ne s'embrassent tout simplement pas sans discernement ni dans les lieux publics.

Le sentiment contre les démonstrations d'affection en public est si fort que lorsque les films américains ont été transportés pour la première fois au Japon, le public huait ces passages tendres tant appréciés par certaines personnes dans ce pays. Mais depuis plusieurs années, toutes ces représentations ont été supprimées des films américains destinés à être projetés là-bas. Ce travail est réalisé par un Américain qui vit au Japon et qui a composé ce qui est probablement l'un des films les plus étranges au monde en assemblant tous les montages en une horrible bobine de luxure et d'osculation, dans laquelle figurent la plupart des personnages les plus connus. Des stars du cinéma américain. Il tourne parfois ce film en privé pour ses amis, et on dit qu'il laisse ceux qui en sont témoins dans un état d'esprit de voter en embrassant, un crime capital.

Dans une liste plutôt pitoyable de dix demandes adressées par une épouse japonaise à son mari, et exposées sous forme d'affiche à l'école industrielle pour filles de Tokyo, se trouvait l'appel suivant : « S'il vous plaît, arrêtez de dire « *Oi, kora* » lorsque vous m'appelez. "

Oi, l'expression utilisée par la plupart des maris japonais lorsqu'ils appellent leur femme, est à peu près équivalente à notre « Hallo ! » ou "Hé!" Parfois, un mari appelle sa femme par son nom, mais on entend plus souvent « *Oi* » ou « *Oi, oi* », même parmi les personnes de position. *Oi* est plus familier que grossier. Un homme le dirait à son ami proche. Mais une femme ne le dirait jamais à son mari. *Kora* est vraiment répréhensible, étant une exclamation adressée uniquement aux inférieurs. Naturellement, les femmes n'aiment pas cela, qu'elles aient ou non l'audace de le déclarer. Car une femme ne peut même pas appeler son mari par son prénom, mais doit l'appeler *anata*, qui est une forme respectueuse pour « vous ».

On a déclaré que la paysanne qui travaille aux côtés de son mari dans les champs ou dans les villages de pêcheurs, ou qui l'aide à pousser une charrette ou à naviguer sur un bateau sur les rivières et les canaux, est la femme la plus heureuse du Japon, étant une véritable compagne de lui. Quoi qu'il en soit, il y a encore beaucoup à faire dans l'attitude du Japonais moyen de la classe moyenne à l'égard de sa femme. Il monte dans les automobiles et les trains devant elle et a l'air de l'ignorer en public.

Il convient toutefois de préciser que l'attitude de ces maris ne signifie pas nécessairement qu'ils ne se soucient pas de leur femme. Cela signifie plutôt qu'ils sont démodés – que l'ancienne notion de la position de la femme, basée sur les enseignements du bouddhisme et du confucianisme, s'y est accrochée. Mais surtout, je pense, cela révèle leur peur du ridicule. Car si un homme faisait preuve à sa femme de ce que nous devrions appeler une civilité ordinaire, les Japonais de la vieille école le considéraient comme un pic.

Curieusement, la position occupée par les femmes à l'époque de l'Antiquité japonaise était bien plus élevée qu'elle ne l'est devenue depuis. Autrefois, les femmes prenaient part à la guerre, avaient leur mot à dire en politique et, d'une autre manière, se disputaient leur position face aux hommes. Au huitième siècle, les impératrices successives occupèrent le trône impérial, et l'influence de certaines femmes capables se fit fortement sentir à la cour ; deux siècles plus tard, nous trouvons une grande époque de femmes littéraires dont beaucoup de noms sont encore célèbres aujourd'hui.

Mais peu de temps après l'introduction du bouddhisme et du confucianisme, tout cela a changé. La doctrine bouddhiste qualifiait les femmes de créatures de péché, de traîtres et de cruelles ; et dit Confucius : "Quand un garçon naît, qu'il joue avec des bijoux ; quand une fille naît, qu'elle joue avec des tuiles." C'est ainsi que la position de la femme déclina jusqu'à ce qu'il soit possible à un moraliste célèbre d'écrire un traité sur le devoir de la femme, contenant des maximes telles que celles-ci :

Une femme doit considérer son mari comme s'il était le Ciel lui-même, et ne jamais se lasser de penser à la manière dont elle peut céder à lui et ainsi échapper au châtiment céleste. Qu'elle ne rêve jamais de jalousie. Si son mari est dissolue, elle doit lui faire des reproches, mais ne jamais nourrir ni exprimer sa colère. Si son mari se met en colère, elle doit lui obéir avec crainte et tremblement et ne pas s'opposer à lui avec colère et impertinence .

Une quantité infinie de citations de ce genre peuvent être extraites des écrits des professeurs de morale, et elles témoignent de la dette des femmes du Japon envers les doctrines chinoises. Au vu de cela, il semble en effet étrange de visiter un temple bouddhiste et d'y voir des bobines d'épaisse corde noire qui ont été utilisées dans la construction du bâtiment et qui ont été entièrement fabriquées à partir des cheveux de femmes pieuses qui ont sacrifié leurs précieuses tresses pour cela. but, étant trop pauvre pour donner autre chose.

Ainsi, tandis que l'Occident apprenait aux hommes à être chevaleresques envers les femmes, l'Orient apprenait aux femmes à être, pourrait-on dire, chevaleresques envers les hommes. Mais dans les deux cas, la tendance moderne est au changement. La croissance de l'indépendance économique de la femme dans ce pays, qui en fait une concurrente de l'homme, tend à rendre l'homme moins poli dans ses contacts informels avec elle. Ayant choisi d'être son égale, elle doit tenter sa chance avec lui dans la ruée vers le métro et dans la bousculade pour les places dans le tramway.

Dans cinquante ans, le Japon aura peut-être atteint ce stade, mais la grossièreté actuelle des hommes envers les femmes n'est pas celle d'égaux à égaux, mais de supérieurs à inférieurs ; c'est la chose qu'il faut changer.

Et cela sera changé. Lentement, très lentement, l'attitude de l'homme japonais envers la femme japonaise s'améliore. J'ai découvert que des cours du soir étaient organisés au YWCA de Tokyo dans le but d'enseigner aux jeunes maris et femmes comment profiter de la vie sociale ensemble, et il ne fait aucun doute que dans la société à la mode, le meilleur type de jeune mari moderne traite sa femme avec beaucoup de respect. plus de considération et de courtoisie, et fait d'elle une compagne bien plus que ce qui était habituel ou même possible sous l'ancien régime. Il y a vingt-cinq ans, il suffisait qu'un homme marche dans la rue avec une geisha, mais l'homme qui se promenait en public avec sa femme était raillé et pouvait même devenir la cible de missiles. Bien que ce ne soit plus le cas, la tradition selon laquelle l'homme doit adopter un air supérieur survit encore dans une certaine mesure parmi les masses, de sorte que pour un mari, traiter sa femme avec une parfaite courtoisie devant des étrangers exige, aussi singulier que cela puisse paraître, une réelle moralité. courage.

CHAPITRE IX

Bien que l'emprise du jeu national américain sur le Japon soit suffisamment forte pour avoir amené une équipe universitaire japonaise dans ce pays et pour avoir emmené une ou deux équipes universitaires américaines au Japon pour des matchs retour, il n'y a pas encore de baseball professionnel au Japon, et le type de lutte connu sous le nom de *sumo* conserve toujours son ancien prestige de sport national.

Ayant été à Tokyo au moment d'une élection et à nouveau pendant la saison annuelle de lutte du printemps, je n'ai pu qu'être frappé par le fait que la foule dans les rues qui regardait les tableaux d'affichage pour connaître les résultats des compétitions physiques était plus nombreuse et plus enthousiaste que la foule. foules qui se rassemblaient pour connaître les résultats de la lutte politique.

Le Japonais moyen en sait, je crois, à peu près autant et aussi peu sur la politique intérieure que l'Américain moyen. Il a une idée vague de la structure du gouvernement et de l'appareil politique ; il suit les dirigeants politiques plutôt que les causes, et comme nous, il a tendance à lire de riches significations dans les banalités désinvoltes des politiciens.

La lutte, il comprend beaucoup mieux. Il en connaît toutes les subtilités. Ses enthousiasmes à ce sujet sont des enthousiasmes informés et, contrairement au fan de baseball, il en hérite d'une longue lignée d'ancêtres — car comparé à la lutte, le baseball est un sport tout nouveau. Lorsque les Grecs et les Romains luttaient, les Japonais luttaient aussi. Au IXe siècle, le trône japonais était en lutte. Un Mikado mourut et laissa deux fils, et ceux-ci, au lieu de se faire la guerre, laissèrent leurs revendications réglées par un match de lutte.

Le sport est par ailleurs associé, de manière plus ou moins diaphane, au shintoïsme. Certaines traditions shinto y sont liées, et les matchs se déroulaient autrefois dans l'enceinte des temples shinto — comme d'ailleurs les matchs amateurs se déroulent souvent aujourd'hui dans les campagnes.

Depuis de nombreuses années, il est de coutume d'organiser des compétitions de lutte à Tokyo deux fois par an, en janvier et en mai. Avant la construction du Kokugikwan , ou National Game Building, la grande structure en acier et en béton dans laquelle se déroulent aujourd'hui les compétitions, celles-ci se déroulaient dans l'enceinte du temple Eko -in. Janvier est un mois froid à Tokyo et même mai est souvent froid, c'est pourquoi le public n'était pas très à l'aise lors de ces matchs en plein air. De plus, le Japon est un pays pluvieux ; les anciens matches en plein air devaient souvent être annulés en raison du mauvais temps ; il fallait parfois vingt jours pour terminer une rencontre de dix jours. Mais le Kokugikwan a mis fin à ces difficultés. Les fans de lutte japonaise modernes restent au chaud et au sec, ce qui fait que ce sport compte désormais plus de passionnés que jamais.

Durant la saison de lutte, Tokyo est profondément excitée. Les hommes aux affaires importantes ont tendance à disparaître mystérieusement de leurs bureaux. Des responsables de banques et de grandes entreprises seraient vaguement « absents de la ville pour quelques jours ». Le prince Tokugawa, président de la Chambre des pairs, devient soudain un gentleman difficile à trouver – à moins que, par hasard, vous ne sachiez où le chercher. Il en va de même pour de nombreux hommes de moindre importance. S'il en a les moyens – souvent qu'il en ait les moyens ou non – il abandonne son travail et disparaît. Mais il ne disparaît pas toujours ; car si son enthousiasme pour la lutte confine à la démence, il peut se parer de manière excentrique et se faire remarquer dans la salle par ses pitreries et ses cris. Ainsi certains amateurs de lutte de Tokyo sont devenus considérés comme des personnages privilégiés, comme par exemple celui qui apparaît toujours aux grands matches dans un habit de soie écarlate que son père portait avant lui, et dont l'habitude est de caracoler. l'allée devant les lutteurs alors qu'ils marchent en procession solennelle vers le ring.

Lorsque j'ai demandé des billets pour l'un des jours de la grande compétition, cela m'a fortement rappelé nos matchs de baseball des World Series. Il semblait que les billets n'étaient pas disponibles. Finalement, cependant, j'ai réussi à les sécuriser de la même manière que de telles choses sont sécurisées dans le monde entier : au moyen du « pull ». J'ai trouvé un ami qui avait un ami sportif qui connaissait un lutteur qui pouvait obtenir des places.

L'attitude du sportif japonais envers les lutteurs ressemble à celle du sportif américain ou anglais envers les pugilistes et les jockeys. C'est *chic* de les connaître, mais pas comme des égaux. On est très sympathique avec eux et en même temps un peu condescendant, alors qu'on attend d'eux qu'ils adoptent une attitude légèrement déférente. Peut-être que l'attitude du sportif japonais à l'égard de ses lutteurs préférés ressemble davantage à celle du sportif espagnol à l'égard des toreros, car dans les deux pays, il est d'usage que le riche mécène offre des cadeaux coûteux au héros. Mais alors qu'en Espagne de beaux bijoux sont parfois jetés aux toreros sur le ring, il est de coutume au Japon que l'éventail jette son chapeau, son manteau, son portefeuille, son étui à cigarettes, etc. à l'idole populaire, qui envoie ensuite le le trophée est restitué au propriétaire, recevant en échange un cadeau de valeur, souvent un cadeau en argent.

Par conséquent, bien que le salaire réel des lutteurs soit faible, les avantages sociaux rendent la profession profitable à ceux qui y réussissent assez bien, et les parents pauvres, ayant un fils aux proportions inhabituellement grandes, sont susceptibles de considérer avec résignation la théorie japonaise selon laquelle une grande taille est généralement accompagnés de bêtise, et de se réjouir des dimensions de leur progéniture en raison du fervent espoir qu'il puisse devenir un champion de lutte et s'enrichir.

Mon ami, le sportif japonais (qui, soit dit en passant, était diplômé de l'Université du Michigan) a fait plus que m'obtenir des billets. Il est venu avec son automobile et m'a emmené à l' amphithéâtre .

"Notre façon de lutter n'est pas du tout comme la vôtre", dit-il, "et je veux vous l'expliquer."

Il était environ onze heures du matin quand, après avoir parcouru plusieurs rues bordées de rangées de lanternes japonaises et remplies d'une foule pressée, nous atteignîmes le grand bâtiment circulaire en béton dans lequel une foule enthousiaste se précipitait par de nombreux portails - un public qui, bien que fait composé pour la plupart d'hommes, il contenait de nombreuses femmes et quelques enfants. Beaucoup, mais en aucun cas toutes les femmes étaient des geishas, car les lutteurs ont à peu près le même rang que les geishas dans l'échelle sociale, et ils sont souvent les héros aussi bien que les intimes des amuseurs de la foire.

En approchant de l' amphithéâtre, l'idée m'est venue qu'il existe une curieuse similitude dans l'atmosphère qui entoure les grands événements sportifs du monde entier, même si les différents sports eux-mêmes se ressemblent peu. S'approcher de ce grand bâtiment de Tokyo pendant la semaine de lutte, c'est un peu comme s'approcher de la Plaza de Toros à Madrid, ou du bâtiment dans lequel se joue *le jai alai* à La Havane, ou du Polo Grounds à New York, ou du Yale Bowl, ou du stade Harvard. .

Le Kokugikwan est un bâtiment circulaire couvert de verre et pouvant accueillir quatorze ou quinze mille personnes. Au centre se trouve un monticule de terre à sommet plat sur lequel l'anneau est marqué d'une bordure de paille tressée. Au-dessus de l'anneau se trouve un kiosque soutenu par quatre poteaux lourds qui sont respectivement de couleur rouge, verte, noire et blanche et sont considérés comme symbolisant les quatre coins de la terre. Le kiosque a un toit qui ressemble un peu à celui d'un temple et est orné de rideaux de soie violette et blanche qui pendent à quelques pieds sous l'avant-toit.

Le rez-de-chaussée de l' amphithéâtre est incliné vers l'arrière. Les places au bord du ring sont réservées aux lutteurs participants ; derrière ceux-ci se trouvent des rangées de chaises qui sont probablement occupées par les fans les plus frénétiques, et derrière les chaises se trouve un grand espace de loges, chacune pouvant accueillir de quatre à six personnes. Ces loges, comme celles d'un théâtre japonais typique, ne contiennent pas de chaises, mais sont recouvertes d'épaisses nattes de paille sur lesquelles se trouvent des coussins sur lesquels les occupants peuvent s'accroupir. La seule séparation entre les boîtes est une balustrade d'environ un pied de haut. Au-dessus du rez-de-chaussée se trouvent deux galeries qui font tout le tour du bâtiment. La loge Impériale est dans la première galerie. Les gens dans les galeries sont assis sur des chaises, devant lesquelles se trouvent d'étroites tables en forme d'étagères sur lesquelles on peut déjeuner - car les matchs de lutte, comme les représentations théâtrales à l'ancienne , durent pratiquement toute la journée.

Pendant la première partie de la matinée, des combats entre de nombreux lutteurs mineurs se déroulent, mais vers onze heures, le bâtiment se remplit, car tout le monde souhaite voir défiler les deux groupes de champions. L'un représente le Japon de l'Est, l'autre le Japon de l'Ouest ; chaque groupe contient une vingtaine d'hommes et leurs sièges se trouvent respectivement sur les côtés est et ouest du ring. Cette représentation de l'Est et de l'Ouest n'est pas littérale, mais constitue la division traditionnelle. Un homme originaire d'une province de l'Est peut être le champion de l'Ouest, et vice versa.

Créatures d'apparence grossière, nues jusqu'à la taille, elles entrent en file indienne, chacune portant un long tablier de velours, richement brodé et orné de pompons . Ces tabliers, qui leur sont offerts par leurs patrons, sont retirés avant les concours, un pagne et une jupe courte à franges étant portés en dessous.

En entrant sur le ring, les champions forment un cercle et effectuent une série d'exercices prédéfinis, frappant dans leurs mains à l'unisson, levant les jambes bien haut et frappant violemment leurs pieds sur le sol pour montrer leur flexibilité musculaire. Après ces exercices, ils repartent.

Viennent ensuite les champions suprêmes du groupe oriental et du groupe occidental – les deux grands lutteurs du Japon – idoles populaires qui, du fait d'être restées invaincues au cours de trois compétitions de lutte successives ou plus, ont le droit de porter non seulement le tablier de velours élaboré. , mais une corde blanche très épaisse s'enroulait plusieurs fois autour de leurs tailles et nouée d'une certaine manière.

Chacun de ces super-champions est accompagné dans sa marche vers le ring par deux autres lutteurs. Celui qui le précède est connu sous le nom de *tsuyu harai* , ou brosseur de rosée. En théorie, il ouvre la voie, effaçant la rosée de l'herbe imaginaire devant les pieds du puissant. Le préposé qui ferme la marche est le *tachi mochi* , ou porteur d'épée ; car selon l'ancienne coutume japonaise, aucun lutteur, à l'exception d'un super-champion, n'était autorisé à porter une épée, et bien que l'épée ne soit plus qu'un symbole, la coutume survit toujours et l'épée du super-champion doit être portée derrière lui.

Pour quelqu'un qui est habitué au type de lutte pratiquée dans le monde occidental, beaucoup de ces champions ne ressemblent pas à des athlètes, car ils sont en général si gros que leur ventre se gonfle comme un balcon au-dessus de leurs tabliers et de leurs pagnes. et leurs bras et leurs cuisses tremblent comme de la gelée quand ils marchent. Cependant, selon la méthode de lutte japonaise, chaque match est rapidement réglé, c'est pourquoi l'endurance n'est pas aussi importante que le poids et la puissance au premier moment de l'attaque. C'est pour cette raison que les gros lutteurs sont généralement ceux qui réussissent le mieux. Certains d'entre eux pesaient jusqu'à trois cent cinquante livres. Mais de temps en temps arrive un super-champion comme Tachiyama , qui n'est pas très gros et qui conquiert par la force, la vitesse et l'allonge plutôt que par le simple poids.

Lorsque les super-champions se sont exhibés, les deux groupes de petits champions reviennent et occupent leurs places autour du ring. Les quatre arbitres, lutteurs à la retraite, prennent place sur des coussins, un à chaque coin du kiosque, et l'arbitre, vêtu de belles soieries flottantes et d'un étrange petit chapeau pointu comme celui d'un prêtre bouddhiste, entre sur le ring et, brandissant le chapeau laqué. L'éventail en bois, qui est son insigne de fonction, annonce sur des tons impressionnants les noms des deux hommes qui vont se rencontrer.

Les adversaires entrent alors sur le ring et enchaînent la même vieille série d'emboutissages et de flexions . Chacun prend une poignée de sel dans une boîte située à son côté du ring, en met un peu dans sa bouche et jette le reste par terre devant lui. Ceci est censé avoir un effet purifiant, non pas dans le sens antiseptique, mais d'une manière occulte. Le sel est ainsi souvent utilisé au Japon.

Ces préliminaires terminés, les deux hommes prennent position face à face, à quatre pattes. Mais cette apparente volonté n'indique en aucun cas que la compétition commence. Au lieu d'attaquer immédiatement, ils restent souvent ainsi posés pendant des minutes, s'observant attentivement. Ensuite, l'un d'eux se lèvera et prendra un verre, ou ira chercher un peu plus de sel et le jettera dans le ring. Aussi l'un ou l'autre fera souvent un faux départ, attaquant alors que son adversaire n'est pas prêt à accepter le combat ; après quoi les deux reprennent leurs attitudes accroupies, les orteils tendus, les mains au sol. Ce genre de chose peut durer dix ou vingt minutes, accompagné des hurlements des fans, qui crient les noms de leurs favoris et hurlent des équivalents japonais pour des américanismes tels que "Allez-y !" et "Atta Boy!"

Mais alors que le temps de préparation peut souvent être mesuré en fractions d'heure, la lutte elle-même ne prend généralement que quelques secondes. Les hommes se jettent les uns sur les autres comme une paire de chiens de combat sauvages et la lutte est réglée avant que vous vous en rendiez compte. Il n'y a aucun effort pour obtenir une certaine prise ou pour la briser, qui est si caractéristique de notre style de lutte, et on ne voit jamais les combattants se tordre dans une étreinte mortelle sur le sol. Le vaincu n'a pas nécessairement besoin d'être jeté, même si c'est souvent le cas. Si une partie de son corps, autre que la plante de ses pieds, touche le sol, ou si (qu'il soit projeté ou non) une partie de son corps touche le sol à l'extérieur du ring, cela signifie une défaite. Dans le cas où les deux hommes tombent ou sont forcés de quitter le ring ensemble, celui qui entre en premier en contact avec le sol ou qui quitte le ring en premier est vaincu.

Souvent, un homme est battu en étant penché jusqu'à ce qu'il soit obligé de s'appuyer sur une main, et il y a eu des cas dans lesquels des décisions ont été rendues simplement parce que la tête d'un homme était penchée jusqu'à ce que son chignon touche le sol. Un lutteur gagnera parfois d'un seul coup, faisant sortir son adversaire du ring ; mais en cela il y a toujours le danger que celui qui est poussé se retire au dernier moment, provoquant le propre élan de l'adversaire à l'emporter au-delà de la frontière, appliquant ainsi un principe sous-jacent du *jiu-jutsu* , ou *jiudo* , comme il le dit. est appelé sous sa forme améliorée, dans laquelle la propre force d'un homme est utilisée pour le vaincre. Cependant, il y aura souvent un lancer spectaculaire ; et parfois, lorsque cela se produit, les places au bord du ring, si convoitées dans les matchs de lutte et de boxe dans ce pays, ne sont pas très désirables. J'ai vu d'immenses lutteurs projetés dans les airs pour atterrir s'étalant sur leurs camarades assis sur leur siège.

Lorsqu'une décision serrée doit être prise, l'arbitre s'entretient avec les arbitres, et à ce moment-là, le public et les deux groupes de lutteurs opposés soutiennent avec véhémence le compétiteur qu'ils favorisent .

Il faut cependant reconnaître que les Japonais ne crient pas : « Tuez l'arbitre ! » lorsqu'ils sont mécontents d'une décision rendue en relation avec leur sport national ; qu'on ne jette pas de bouteilles sur l'arbitre, et qu'il ne devient jamais nécessaire de donner une protection policière à un arbitre dont le jugement ne s'est pas accordé avec celui de la foule. Les Japonais, voyez-vous, n'ont pas adopté tous les détails de la civilisation occidentale.

J'ai dû voir vingt-cinq ou trente combats ce jour-là. Mais même si j'étais intéressé, je ne peux pas prétendre trouver dans la lutte japonaise les qualités d'un très grand sport. Les lutteurs possèdent des compétences, mais l'endurance n'est pas nécessaire. Leur style de lutte me semble se déclencher là où commence le nôtre.

La vie japonaise fonctionne à une pression inférieure à la nôtre. Il n'y a pas de sensation de nervosité à ce sujet. Les choses évoluent à un rythme plus confortable et les gens semblent faire preuve de plus de patience. Une foule américaine deviendrait agitée par les interminables préliminaires de chaque combat de lutte japonaise et trouverait le combat lui-même insatisfaisant en raison de sa brièveté et du manque d'effort soutenu. Les Japonais, en revanche, semblent toujours prêts à attendre que quelque chose se passe. On le remarque d'innombrables manières. Les films réalisés au Japon sont susceptibles, de notre point de vue, d'être d'une lenteur intolérable dans leur action. Il en va de même pour les pièces de théâtre typiques japonaises qui durent toute la journée.

L'habitude de l'homme d'affaires japonais de prendre un jour de congé quand cela lui convient est sans doute due en partie au fait que jusqu'à récemment, le dimanche au Japon était un jour comme n'importe quel autre. Il n'y avait pas de jour de repos régulier. Un jour par mois était généralement désigné comme jour férié pour les travailleurs du commerce et de l'industrie ; plus tard, c'est devenu deux jours par mois ; et finalement se développa une coutume de faire de ces jours les premier et troisième dimanches du mois. Car bien que le dimanche n'ait, bien sûr, aucune signification religieuse aux yeux de la grande majorité des Japonais, il semblait être le jour le plus pratique à choisir, ne serait-ce que parce que c'était un jour où les bureaux des résidents américains et européens étaient fermés. .

CHAPITRE X

Cela m'a amusé d'apprendre, il y a peu de temps, qu'un groupe de nos membres du Congrès, en voyage au Japon, avait été imploré par certains pieux Américains là-bas, d'éviter des choses aussi pécheresses que les salons de thé et les geishas. Il ne fait aucun doute que les pauvres diables de membres du Congrès avaient imaginé qu'ils seraient capables de mener leur propre vie à cinq mille milles de chez eux et de leurs électeurs. Et évidemment, ils proposèrent de le faire, car ils répondirent avec une audace peu commune que celle d'un membre du Congrès que les salons de thé et les geishas faisaient partie des choses qu'ils désiraient le plus voir. Cela m'a plu non seulement parce que cela montrait qu'un membre du Congrès peut être courageux — même s'il doit se rendre dans un autre hémisphère pour le faire — mais aussi parce que cela montrait un intérêt humain normal pour ce qui est assurément une phase très curieuse de la vie.

Moi aussi, j'étais intéressé par les maisons de thé et les geishas, et je me faisais un devoir d'en savoir le plus possible sur elles.

Les premières geishas que j'ai vues assistaient à un déjeuner pour une quarantaine de personnes, dont environ la moitié d'Américains, offert par un gentleman de Tokyo dans le but de nous montrer à quoi ressemblait un déjeuner purement japonais. Elle s'est tenue au Maple Club, un grand bâtiment décousu de style japonais situé dans de charmants jardins au milieu de l'un des parcs de Tokyo - un équivalent extrême-oriental de restaurants parisiens tels que le Café d'Armenonville ou le Pré Catélan .

Alors que nous descendions de nos rickshas, un groupe de servantes souriantes apparut dans l'embrasure de la porte pour nous saluer, nous indiquant que nous devions nous asseoir sur le seuil élevé de la porte et nous faire enlever nos chaussures par les coolies vêtus de bleu qui étaient présents... chacun avec l'insigne du Maple Club dans un grand dessin sur le dos de son manteau. (Si vous souhaitez que le coolie qui dessine votre ricksha ou qui effectue d'autres travaux pour vous porte votre écusson, vous fournissez son costume et lui payez quelques centimes de plus par jour.)

Une fois nos chaussures vérifiées et nos pieds enfilés dans de douces pantoufles de laine comme des chaussons, nous fûmes inclinés dans le bâtiment et escortés à travers une série de pièces aux sols en paille douce et aux murs de bois et de papier. Débouchant sur une galerie extérieure en bois très poli, nous la suivions, regardant le joli jardin au fur et à mesure que nous avancions, et atteignîmes finalement un escalier, également en bois au poli satiné, qui menait à la salle de banquet. Nos escortes pendant ce voyage étaient plusieurs petites servantes japonaises vêtues de jolis kimonos, qui, bien qu'elles ne parlaient pas anglais, nous parlaient avec de doux sourires internationaux. Personne sans une nature douce ne pourrait sourire comme l'une de ces servantes japonaises. On les appelle *nesan* , ce qui signifie littéralement « sœur aînée ». Cette appellation familière est généralement utilisée pour parler à une servante dont on ne connaît pas le nom, et ce terme révèle une allusion à la belle relation qui existe au Japon entre maître et serviteur, que ce soit dans une maison privée ou dans une auberge japonaise. Dans les grandes villes, cette relation ancienne se brise dans une certaine mesure à mesure que le Japon s'occidentalise, mais dans les hôtels et auberges de campagne japonais, ainsi que dans les foyers prospères, on la voit encore. Le service est rendu avec une grâce et une convivialité qui font tout son charme. Même parmi les domestiques dans les maisons des riches, il n'y a rien de l'esprit laquais. Le domestique japonais porte généralement des robes de soie qui lui confèrent une belle dignité et rendent parfois difficile sa différenciation des membres de la famille. Il est extrêmement poli, mais pas rigide. On sent que c'est un *homme qui se respecte* . Quant aux servantes, elles sont comme autant de papillons de compagnie. L'une des revendications démocratiques les plus fortes du Japon, me semble-t-il, repose sur l'attitude existant entre maître et serviteur.

Personne sans une nature douce ne pourrait sourire comme l'une de ces servantes de salon de thé. On les appelle *nesan* – « sœur aînée »

Ceux qui ont visité le Japon, mais qui ne sont pas d'accord avec moi quant à la courtoisie exquise du domestique japonais, seront ceux dont les lieux préférés ont été les hôtels de style européen dans les grandes villes. Dans ces hôtels, le service est souvent médiocre et on rencontre parfois un domestique hargneux et mal élevé. J'en ai rencontré un à Kobe, considérée comme la ville la plus grossière du Japon. Mais au moment où je l'ai croisé, j'avais suffisamment vu le vrai Japon pour savoir ce que signifiait une telle grossièreté. Cela montrait simplement que, dans ce cas particulier, la courtoisie indigène avait été érodée par le contact avec d'innombrables étrangers mal élevés.

Mais revenons à notre déjeuner.

En guise de concession à la coutume américaine, notre hôte nous a accueillis avec une poignée de main, et ses invités japonais sont entrés et se sont serrés la main au lieu de se mettre à genoux en entrant et de s'incliner jusqu'au sol, selon l'ancienne coutume nationale.

La pièce, qui était grande, illustrait bien l'élasticité du style de construction japonais. Cinq ou six salles à manger privées occupaient habituellement cette partie de la maison, mais pour les besoins de l'occasion, les murs formant ces pièces avaient été supprimés, transformant ainsi toute la zone en une seule pièce spacieuse. Il est simple d'enlever de tels murs, puisqu'ils sont constitués uniquement d'une série d'écrans en bois et en papier qui glissent dans des rainures et peuvent facilement être soulevés et rangés dans des placards. Et permettez-moi d'ajouter que, bien que le climat du Japon soit très humide, les Japonais utilisent du bois si soigneusement séché et travaillent le bois si admirablement, que je n'ai jamais trouvé une seule fois un écran coulissant coincé dans ses rainures.

Cocons : cinq mille vers à soie mangent 125 livres. de feuilles de mûrier et donnent huit écheveaux de soie, qui forment un kimono

Pour le repas, nous nous agenouillions sur des coussins de soie disposés à deux ou trois pieds de distance autour des trois murs de la pièce. Comme le temps était frais, il y avait à côté de chacun de nous un brasier, ou hibachi, constitué d'un pot de charbon de bois vivant placé dans une boîte en bois. L'amour des Japonais pour la finition en toutes choses se manifeste dans la manière prudente qu'ils ont de mettre les cendres dans un hibachi et de créer des motifs soignés par-dessus.

Devant chacun de nous était placée une petite table de laque rouge d'environ un pied de haut, avec un bord semblable à celui d'un plateau, et sur cette table se trouvaient divers bols couverts de laque et de porcelaine, et de petits plats contenant des cornichons aigres et un sauce brune piquante et aqueuse. Devant chaque ou deux convives était agenouillé un nesan , présidant une cuve couverte laquée, contenant du riz bouilli, qui se mange avec presque tout, et même mélangé avec du thé vert et bu avec lui dans le bol à riz.

De plus, une geisha accompagnait chaque invité. Certaines des geishas étaient des femmes d'une vingtaine d'années environ, vêtues de beaux kimonos sombres qu'elles portaient généralement avec beaucoup de style, mais d'autres étaient de petites *maiko* , des danseuses, vêtues de kimonos aux couleurs brillantes et aux manches longues d'un mètre de la jeunesse. Le plus jeune d'entre eux avait peut-être douze ans, tandis que le plus âgé en avait peut-être seize.

Comme je l'ai appris par la suite, il existe une grande différence entre les différentes qualités de geisha. Les personnes présentes à ce déjeuner étaient parmi les plus populaires de Tokyo. C'étaient des créatures vraiment charmantes, au visage doux, aux yeux doux et doux, avec de belles manières et beaucoup plus d'assurance que ce que montre la dame japonaise moyenne. Car les dames japonaises ne sont généralement pas habituées à notre sorte de vie sociale mixte, à laquelle maris et femmes participent ensemble, tandis que les geishas ont pour mission de divertir les hommes et comprennent probablement les hommes comme les femmes le font rarement.

Étant donné que peu de geishas parlent anglais et que très peu d'Américains parlent japonais, nous, les voyageurs étrangers, sommes plutôt des étrangers avec les geishas, et notre appréciation d'elles doit être largement oculaire. Mais une geisha peut s'approcher autant que n'importe quelle femme d'une conversation sans paroles. Le mien me souriait, remplissait de temps en temps ma petite tasse peu profonde de saké tiède et me montrait comment utiliser mes baguettes. J'ai trouvé la leçon très agréable et j'ai été bientôt récompensé en me faisant dire, par l'intermédiaire de l'ami japonais à mes côtés, que pour un débutant, je m'en sortais très bien.

Si vous voulez savoir ce que c'est que de manger avec des baguettes, essayez de vous asseoir par terre et de manger dans un bol placé devant vous, avec une paire de crayons ou de grosses aiguilles à tricoter. C'est une affaire dangereuse, et le risque est encore plus grand du fait que les Japonais ne portent pas de serviettes sur leurs genoux, et que salir des nattes impeccables est le plus grand péché qu'un étranger barbare puisse commettre. La serviette japonaise est une petite serviette moelleuse que l'on apporte tiède et humide, dans un petit panier. Il s'utilise sur le visage et les mains comme gant de toilette puis s'enlève.

Déjeuner familial à la Japonaise . La servante est agenouillée dans le coin du fond. Si vous souhaitez essayer de manger avec des baguettes, essayez-le avec une paire d'aiguilles à tricoter lourdes.

Actuellement, ma geisha a appelé une de ses sœurs du métier pour être témoin de mes progrès avec les baguettes. La nouvelle arrivée s'appelait Jitsuko – autrement dit « la fille véridique » – et elle semblait être la plus à la mode de toutes. Son kimono, avec ses décorations teintes et ses cinq écussons de cérémonie, était très beau et se portait avec beaucoup de *chic* , son obi était un objet magnifique richement décoré de brocart doré, et j'ai remarqué qu'elle portait dessus une épingle contenant un très un beau gros diamant, une sorte de bibelot des plus inhabituels au Japon. Elle portait également une bague contenant un gros diamant. Cette note étrangère n'était pas non plus purement superficielle. Car, pour mon plus grand plaisir, Jitsuko m'a parlé en anglais. Elle était l'une des deux geishas anglophones de Tokyo et, comme je l'ai appris plus tard, elle a eu l' honneur d'être nommée geisha pour divertir le duc de Connaught lors des dîners auxquels il assistait lors de sa visite dans la capitale japonaise.

Jitsuko et les autres geishas parlèrent de moi ensemble. Puis Jitsuko m'a fait le compliment de me dire qu'ils étaient d'accord pour penser que je ressemblais un peu à un Japonais. Je l'ai remerciée et lui ai rendu le compliment en lui disant que je trouvais aussi qu'ils ressemblaient à des Japonais et qu'ils étaient très jolis, ce qui les faisait rire tous les deux.

A cette époque, nous avions établi une *entente* si cordiale qu'il semblait approprié que nous buvions ensemble. Aidé par le monsieur à mes côtés et par Jitsuko , j'appris les formalités propres à cette cérémonie. J'ai d'abord rincé ma tasse de saké dans un bol en laque prévu à cet effet, puis je l'ai passée à Jitsuko . Le rinçage préliminaire indiqua qu'elle devait maintenant remplir la tasse et boire. Si je le lui avais passé sans le rincer, cela aurait signifié qu'elle devait le remplir à nouveau pour moi – car une geisha ne « remplit » jamais de saké mais attend qu'on lui passe la tasse. Après avoir bu le saké, elle rinça à son tour la tasse, la remplit à nouveau et me la tendit à boire. Ainsi le rite amical était achevé.

J'avais entendu dire que le saké était extrêmement enivrant, mais ce n'est pas le cas. C'est du vin de riz, de couleur presque blanche , et il est servi tantôt à température normale, tantôt légèrement tiède. Il ressemble plus à un sherry pâle et léger qu'à toute autre boisson occidentale, mais il lui manque toute la saveur du sherry, ayant une saveur douce et pas désagréable qui lui est propre. Dans l'ensemble, j'ai plutôt aimé le saké et j'ai pu déceler la différence entre le saké ordinaire et le saké particulièrement bon. A ce sujet, je puis ajouter que les boissons alcoolisées de toutes sortes circulent librement au Japon. Le saké est la seule boisson alcoolisée généralement servie avec les repas de style japonais, mais lors des déjeuners et dîners de style européen auxquels j'ai assisté, deux ou trois sortes de vins étaient généralement servies, et il y avait des cocktails avant et parfois des liqueurs après. Les Japonais se sont également mis, dans une certaine mesure, à boire du whisky. Ils importent du whisky écossais et fabriquent également leur propre whisky écossais de mauvaise imitation. Mais le saké règne toujours en maître en tant que boisson alcoolisée nationale, et quand vous voyez un Japonais ivre, vous pouvez être presque sûr que c'est le saké – beaucoup de saké – qui l'a fait.

Lors de mes promenades du soir, notamment dans le quartier gay et bondé d' Asakusa Park à Tokyo, une Coney Island japonaise, pleine de théâtres, de salles de cinéma, de spectacles d'animaux, d'expositions de prestidigitation, de salons de thé, de bazars, etc., entourant un grand temple bouddhiste. — J'ai vu beaucoup d'hommes ivres, mais je n'en ai jamais rencontré un qui soit laid ou gênant. Que ce soit en raison de quelque qualité dans la nature japonaise, ou dans le saké , cette boisson ne semble que rendre gai, bavard et parfois tapageur ceux qui en ont trop bu. Je ne serais pas surpris si les Japonais ont davantage besoin de stimulants alcooliques que les autres races. D'une part, le climat du Japon, sauf dans les montagnes, est énervant ; et d'autre part, la nature japonaise est généralement réprimée, et le saké tend à la libérer.

J'ai remarqué cela lors d'un autre divertissement à Tokyo : un dîner de rédacteurs en chef de journaux. Étant le seul étranger sur place et extrêmement intéressé par les problèmes liés aux relations entre les États-Unis et le Japon, je me suis lancé en leur faisant part de mes vues dans l'espoir de connaître les leurs. Mais même si j'avais l'impression qu'ils n'étaient pas d'accord avec tout ce que je disais, leurs réponses ne témoignaient que du genre de tolérance polie dont un hôte courtois ferait preuve à l'égard d'un invité quelque peu tapageur. Pendant un certain temps, j'ai eu l'impression de m'être comporté comme un mauvais garçon lors d'une fête. Mais après que la geisha ait rempli nos tasses de saké à plusieurs reprises, j'ai eu ce que je cherchais : une dispute. C'était une dispute polie, mais nous étions devenus suffisamment amicaux pour parler franchement. *En saké vérité* .

Il s'agissait d'un cas de saké juste assez , mais autant que j'ai pu l'observer, même trop de saké ne produit pas de résultats très répréhensibles. Je n'oublierai jamais le jeune homme, illuminé par ce breuvage, qui s'approcha de moi un soir dans la rue, dans une petite ville. Il était plein d'envie de pratiquer l'anglais sur moi et de m'aider. Il ne se souciait pas de ce qu'il m'aidait à faire. Il m'aidait à acheter tout ce que je voulais, à aller où je voulais ou à rester là où je voulais rester.

Je lui ai expliqué que je ne faisais que flâner en attendant un train et qu'il était maintenant temps pour moi de regagner la gare.

"Attendez!" il pleure. "Tu me plais bien. Je suis attiré par toi. J'ai été en Amérique. Je peux te parler. Nous sommes amis. Attends!" Il regarda précipitamment autour de lui, puis se précipita dans un magasin voisin.

Au bout d'un moment, il émergea et courut vers moi, portant dans sa main tendue un objet d'apparence curieuse, ressemblant, autant que je pouvais le voir dans la pénombre, à une boule de pop-corn un peu sale. Il le pressa dans ma main avec un empressement généreux qui ne pouvait manquer de me faire comprendre que son cœur était favorable à ce cadeau.

"C'est un cadeau. C'est pour toi. Tu te souviendras de moi. Un autre type serait peut-être mieux, mais tu es pressé."

Mes doigts saisirent quelque chose de lourd mais souple et gluant. Tout en remerciant mon nouvel ami, je l'ai examiné. C'était une boule de riz un peu plus grosse qu'une balle de baseball. Il y avait là des objets bruns dont je ne parvenais pas à déterminer la nature précise. J'aurais très bien pu dire au donateur que j'étais « coincé sur » son cadeau, puisque la masse dans ma main était maintenue en forme non seulement par la cohésion du riz, mais aussi par une substance de la nature de la mélasse.

Nous nous sommes quittés. Je me dirigeai vers la gare où m'attendaient ma famille et mes amis avec Yuki, notre précieuse servante. Tout en marchant, j'ai étudié l'objet. Il était évidemment destiné à être mangé. Pourtant, il y avait d'autres objectifs auxquels il pourrait être destiné. C'était une chose qu'un Sinn Feiner aimerait avoir dans la main au passage du Premier ministre britannique coiffé d'un chapeau de soie. Charley Chaplin aurait su quoi en faire. C'était plus lourd qu'une tarte à la crème et tout aussi dramatique.

Mon premier réflexe fut de le laisser tomber dès que je pouvais le faire sans me faire remarquer ; mais l'idée m'est venue que c'était probablement un mets japonais et que Yuki pourrait l'apprécier ; c'est pourquoi je l'ai porté à la gare.

Quand je l'ai proposé à Yuki, elle a eu l'air surprise. Son refus fut courtois mais déterminé.

"Où M. Street a-t-il trouvé ça ?" » a-t-elle demandé.

"C'est un homme qui me l'a donné. Tiens, tu le prends."

Yuki rigola et recula.

"Mais pourquoi cet homme l'a-t-il donné à M. Street ?"

"Un cadeau. Qu'est-ce qu'il a ? C'est pas bon à manger ?"

"Oui, c'est bon à manger."

"Pourquoi tu ne le prends pas, alors ?"

En riant, elle secoua la tête.

"Mais Yuki, je ne comprends pas. C'est quoi la blague ?"

Tremblante de joie, elle murmura à ma femme. Il s'est avéré que les Japonais inspirés du saké m'avaient présenté une friandise spécialement préparée pour les futures mamans.

Tout bien considéré, il semblait opportun de s'en débarrasser immédiatement. Je l'ai jeté sur la voie ferrée.

CHAPITRE XI

Un repas japonais - Les autres repas - Le tabagisme et le devoir sur les cigares - La musique japonaise - La danse des geishas - Qu'est-ce qu'une geisha ? - Leur raffinement - Les feuilles d'automne - La piété filiale et certaines horreurs qui en découlent

Comme le déjeuner au Maple Club était mon premier repas à la japonaise, je n'avais pas réalisé le volume d'un tel repas. J'ai trop mangé des premiers plats et je me suis retrouvé par conséquent incapable de participer aux deux derniers tiers du festin. La quantité de nourriture était tout simplement prodigieuse. J'aurais pu m'en rendre compte à l'avance et me gouverner en conséquence si j'avais regardé le menu. Mais je n'ai pas réussi à le faire jusqu'à ce que j'y sois poussé par ma surprise alors que plat après plat était servi. Voici le menu :

PREMIER TABLEAU

Hors -d'œuvre —Légumes

Soupe de tortue aux œufs de caille et aux oignons

Poisson au four avec pâte de hérisson de mer

Poisson cru au raifort et racine d'eutrema

Crevettes frites et anguilles des grands fonds

Canard, croquettes de poisson et légumes dans une soupe aux œufs, cuits à la vapeur

Canard rôti aux condiments

Quand tout cela fut servi, les nesans prirent les petites tables devant nous et sortirent en troupe de la pièce. Comme j'avais déjà mangé environ trois dîners normaux, j'en ai conclu que le repas était terminé, mais ce n'était pas le cas. Ils revinrent portant d'autres petites tables laquées du même modèle que la première, mais un peu plus petites ; sur quoi, me semble-t-il, un deuxième déjeuner entier fut servi. Le menu était le suivant :

DEUXIÈME TABLEAU

Hors -d'œuvre —Légumes

Consommé de poisson

Anguilles grillées

Riz

Légumes marinés

Des fruits

On me dit que l'indigestion est une maladie répandue chez les Japonais, et en ce qui concerne les personnes prospères qui ne font pas de travail physique pénible, je peux facilement le croire. Le coolie travailleur est le seul homme au Japon dont on peut raisonnablement s'attendre à ce qu'il digère un repas japonais élaboré, et, bien sûr, il n'en mange jamais, mais vit presque entièrement d'un régime de riz et de poisson.

Bien que certains plats japonais soient appréciés des Américains, il y a beaucoup de choses qui nous manquent dans la cuisine japonaise. Cela manque de variété. Le petit-déjeuner, le déjeuner et le dîner sont composés à peu près des mêmes plats. Les divers légumes bien cuits qui constituent une part si importante de notre alimentation sont totalement absents du leur, pas plus qu'ils n'ont de compotes, de salades, de friandises ni les nombreuses viandes auxquelles nous sommes habitués.

Parmi leurs délices de table les plus connus, on peut dire que les anguilles grillées avec du riz sont très bonnes ; que le poisson rose, dont la chair est consommée crue, est agréable à l'œil et en aucun cas désagréable lorsqu'il est trempé dans le *shoyu qui l'accompagne* , une sauce brune qui n'est pas sans rappeler le Worcestershire, à base de graines de soja ; que bien qu'ils n'aient pas de veloutés, certaines de leurs soupes sont agréables au goût, quoiqu'elles aient la particularité d'être soit fines et aqueuses d'une part, soit d'avoir la consistance d'une crème anglaise de l'autre ; que les pousses de bambou sont plutôt coriaces, les racines de lys sucrées et succulentes et les œufs de caille délicieux. Les Japonais, d'ailleurs, domestiquent la caille pour ses œufs, considèrent la vache non comme un animal laitier mais comme une bête de somme, et cultivent le cerisier non pour ses fruits mais pour sa fleur.

Le régime alimentaire du Japon ancien était encore moins varié que celui d'aujourd'hui, car il y a plus de mille ans, les Japonais sont devenus végétariens et, pendant quelques siècles, ils ont scrupuleusement respecté l' injonction bouddhique interdisant de tuer des créatures vivantes. Pendant plusieurs centaines d'années, ils ont même abjuré le poisson, mais peu à peu ils ont abandonné l'observance stricte de la doctrine végétarienne, jusqu'à ce qu'aujourd'hui un Japonais un peu sophistiqué apprécie pleinement un dîner à la européenne, avec du bœuf et tout. En effet, nombre de ceux qui ont voyagé à l'étranger et ont acquis le goût de la cuisine étrangère se font un devoir de préparer au moins un de leurs repas quotidiens à la mode étrangère.

Les fonctionnaires gouvernementaux ou les riches cosmopolites qui reçoivent à grande échelle le font généralement à la manière européenne. Un banquet à l'Imperial Hotel de Tokyo ressemble beaucoup à un banquet à New York, et celui au Bankers' Club l'est encore plus, sauf que le repas lui-même sera probablement meilleur que lors de nos banquets. Dîner en grand nombre au Club des Pairs, c'est comme dîner dans un grand club ou une résidence officielle à Paris ; quant à l'apéritif au Tokyo Club, je ne peux rien imaginer au monde de plus complètement et délicieusement international.

Une partie importante de l'équipement pour un repas dans le plus pur style japonais est un équipement de fumeur, composé d'un plateau sur lequel est posée une petite urne de charbon de bois et d'un vase en bambou avec un peu d'eau dedans, le premier pour allumer le feu. tabac, ce dernier étant un réceptacle pour les cendres. La fumée indigène est une petite pipe, appelée pipe à deux bouffées et demie, avec un bol aussi petit qu'un dé à coudre d'enfant. Du tabac japonais finement râpé est fumé dans cette pipe, qui est utilisée aussi bien par les hommes que par les femmes, et le remplissage et le rallumage constants semblent faire partie du plaisir de fumer. Les Japonais fument aussi des cigarettes et des cigares, mais l'industrie du tabac au Japon, comme celle de la France, est un monopole d'État, de sorte que, comme en France, il est difficile de se procurer de bonnes cigarettes et de bons cigares.

Une visite dans une usine de tabac gouvernementale m'a laissé l'impression que, du point de vue de la direction, de l'équipement mécanique et peut-être aussi des conditions de travail , l'usine ne serait pas défavorablement comparable à certaines grandes manufactures de tabac de nos propres États du Sud ; mais quant aux produits de cette usine, dont j'ai goûté les meilleurs, je ne peux prétendre à aucun enthousiasme. Le tabac japonais se marie assez bien dans les petites pipes indigènes, mais il ne fait pas de bonnes cigarettes ni de bons cigares, et même les cigarettes faites de tabacs mélangés, ou de feuilles pures de Virginie ou d'Egypte, ne satisferaient guère un goût critique. Les cigares fabriqués au Japon sont uniformément pauvres, comme les cigares fabriqués par le gouvernement français, mais alors qu'en France il est possible d'acheter un bon Havane importé, je n'en ai trouvé aucun à vendre au Japon. L'une des raisons à cela est que le droit sur les cigares est de 355 pour cent, de sorte que seul un millionnaire peut s'offrir de bons Havanes .

Que ce soit parce que l'énorme déjeuner au Maple Club m'a laissé dans un état de stupeur, ou parce que mon esprit n'a pas pu s'adapter rapidement à l'appréciation d'un art inconnu et extrêmement curieux, je n'ai pas été enchanté par le chant de fausset aigu des musiciennes geishas, ou les sons étranges qu'ils évoquaient du samisen, du fifre et des tambours, lorsqu'ils accompagnaient les danseurs.

La musique japonaise, avec sa gamme rudimentaire de cinq tons, est manifestement inférieure à celle des peuples occidentaux. Pour l'oreille étrangère, il est peu mélodieux, voire barbare, et pourtant je dois dire que plus je l'entendais, plus j'y ressentais une sorte d'appel étrange – un appel non à l'oreille mais à l'imagination. Même maintenant, lorsque je suis loin du Japon, une ou deux notes frappées sur une guitare, une mandoline ou un ukulélé, à l'imitation du samisen, évoquent des images vives dans mon esprit. Je vois une rue étroite de geishas, avec un musicien assis à une fenêtre supérieure, ou j'ai la vision d'une danseuse de geisha vêtue de soieries brillantes, se tenant, un éventail à la main, sur fond d'écrans dorés, dans la simplicité délicieusement chaste d'un Salon de thé japonais. Le son qui évoque l'image n'est pas harmonieux, mais l'image elle-même est harmonieuse au-delà de toute expression.

Une chose qui fait parfois que l'étranger au Japon tarde à apprécier la danse des geishas, c'est le fait même qu'on l'appelle danser ; car le terme nous suggère une image de Pavlowa en équilibre comme un oiseau volant rapidement, ou de Genée ressemblant à une poupée en biscuit et tournant sur un orteil. Pour nous, danser signifie avant tout le rythme. Nous cherchons le rythme dans une danse des geishas, et à défaut de le trouver – du moins dans le sens où nous comprenons le sens du mot – nous sommes déconcertés. Ce n'est qu'un cas supplémentaire de préconception comme obstacle à une juste appréciation.

De nombreux voyageurs , et au moins un auteur ayant écrit un livre sur le Japon, ont commis l'erreur de confondre geisha et prostituées. C'est une erreur gigantesque. L'erreur est entretenue par les coolies ricksha qui, comprenant qu'il s'agit d'une erreur courante chez les étrangers, utilisent souvent le terme « maison de geisha » pour désigner un établissement de caractère tout à fait différent. Une maison de geisha est en fait simplement une maison dans laquelle les geishas vivent sous la garde du maître ou de la maîtresse avec qui elles sont liées par contrat ou acte de fiducie. Les geishas sont réservées via des échanges et rencontrent leurs clients dans des restaurants ou des salons de thé. Lorsqu'ils ne sont pas en service, ce sont des citoyens privés, et il serait considéré comme le comble de la vulgarité pour un homme de rendre visite à une geisha dans la maison des geishas, aussi innocent que soit le but de son appel.

Une autre raison de l'idée erronée de ce qu'est une geisha réside dans le fait que la civilisation occidentale n'a pas de classe équivalente. Les geishas correspondent plus aux artistes de cabaret qu'à toute autre classe que nous ayons, mais même ici, il n'y a pas de véritable parallèle. Il n'est pas d'usage au Japon, sauf dans les hôtels de style étranger, de dîner en public. Si un homme est seul dans un hôtel, il dîne seul dans sa chambre, sauf que les petits nesans qui le servent tâcheront de se rendre agréables et que le propriétaire pourra faire de même. Ou si un homme donne un déjeuner ou un dîner dans un restaurant, il aura une salle privée. Ainsi, dans le système japonais, il n'y a jamais d'assemblée générale de personnes, étrangères les unes aux autres, qui puissent se divertir en corps pendant qu'elles dînent. Ainsi, la geisha est un artiste privé, et afin que la geisha la plus désirable puisse être obtenue, il est d'usage de prendre des dispositions pour un déjeuner ou un dîner plusieurs jours à l'avance. Cela se fait généralement par l'intermédiaire du propriétaire du restaurant, à qui l'on communique les noms des geishas que l'hôte souhaite invoquer et qui les informe via l'échange de geishas local.

Les hommes qui déjeunent et dînent fréquemment au restaurant font naturellement la connaissance de nombreuses geishas et ont leurs préférences ; et si un hôte sait qu'un de ses invités aime particulièrement une certaine geisha, il essaiera généralement de s'arranger pour qu'elle soit présente à sa fête.

Il existe trois classes de geisha. Ceux des meilleures classes ont souvent de bons revenus. Leurs riches clients leur offrent souvent de gros cadeaux, et beaucoup d'entre elles sont les maîtresses d'hommes aisés, qui les emmènent parfois lors de sorties le week-end et dépensent beaucoup d'argent pour elles.

Quoi qu'il en soit, une geisha de première classe est une créature d'un raffinement exquis dans ses manières, et il n'y a chez elle aucune trace de grossièreté. Elle se montrera amicale, voire agréablement familière, mais jamais, en public, elle ne se rendra coupable de la moindre irrégularité. J'ai assisté à de nombreuses soirées gays au Japon, mais je n'ai jamais vu une geisha ou son patron se comporter d'une manière qui choquerait la dame américaine la plus exigeante. Naturellement, la situation est quelque peu différente parmi les Japonais de classe inférieure et les geishas qu'ils fréquentent. Il existe des geishas vulgaires pour divertir les hommes vulgaires. Mais même une geisha de classe inférieure, si elle est appelée en urgence pour divertir un homme de goût, sera souvent suffisamment intelligente pour s'adapter à la situation.

Pendant le repas, la geisha s'assiéra devant ou à côté du monsieur qu'elle est désignée pour divertir, discutant avec lui, l'amusant et lui servant du saké . Ensuite, elle se joindra à l'autre geisha pour donner un divertissement, le rôle qu'elle y prendra en fonction de son talent particulier, qui peut être celui de chanter, de jouer ou de danser. Les jolies jeunes geishas sont le plus souvent des danseuses, tandis que celles qui sont plus âgées sont généralement des musiciennes. Il y a aussi des geishas qui sont simplement brillantes et agréables et qui réussissent sans autres réalisations. L'hôte, qui organise une fête, sélectionne sa geisha en tenant compte de ces différentes exigences, afin que toute sa compagnie de geisha soit bien équilibrée.

Les étrangers sont généralement plus fascinés par les petites danseuses, ou maiko , qui ne sont que des enfants et qui, avec leurs petits visages doux, brillants et joyeux, et leurs costumes en soie fleurie d'un éclat envoûtant, sont tout à fait fascinants. Un jour, lors d'une fête dans une grande maison de Tokyo, j'ai vu une vingtaine de ces petites créatures dévaler un large escalier en courant, créant une image qui ne ressemblait en rien à une masse de feuilles d'automne soufflées par un vent violent.

Ces enfants sont en effet des apprentis scolarisés dans les arts de la geisha. Souvent, ils exercent ce métier parce que leurs parents les y ont vendus pour gagner de l'argent. Avec les geishas plus âgées, c'est souvent la même chose. L'enseignement japonais de la piété filiale oblige une fille à devenir geisha, voire prostituée, pour soulager la détresse financière de ses parents. Dans les deux cas, elle est sous contrat pour une durée de plusieurs années, généralement trois.

Une fille raffinée, jolie et talentueuse peut récolter une somme d'environ mille dollars en devenant une geisha, mais si elle n'est pas suffisamment talentueuse ou attirante pour être une geisha, sa prochaine ressource est la « ville sans nuit ». L'ouverture aux femmes des opportunités professionnelles et commerciales devrait tendre à améliorer cette situation.

On me dit que les geishas et les petites danseuses sont généralement bien traitées par les maîtres geishas, et la gaieté dont elles font preuve m'amène à conclure que cela est vrai. Les petits danseurs, en particulier, n'ont besoin que d'un léger encouragement pour devenir aussi joueurs que des chatons.

CHAPITRE XII

" C'est agréable d'être instruit dans une langue étrangère Par des lèvres et des yeux étrangers..." —Byron

La meilleure façon de voir les geishas et les maiko est de participer à de petites fêtes où les invités se connaissent bien et où les formalités peuvent être dans une certaine mesure abandonnées. J'ai été très heureux d'avoir appris suffisamment sur les coutumes des salons de thé et des geishas pour pouvoir organiser une telle fête.

Mon premier essai en tant qu'hôte lors d'un dîner japonais n'a cependant pas été entièrement indépendant, puisque j'ai bénéficié de l'aide d'un ami japonais. Cela s'est produit dans le charmant salon de thé Maruya , dans l'ancienne ville de Nara.

La rue des théâtres de Kyoto est l'une des autoroutes les plus intéressantes au monde

C'est au Maruya que j'ai commencé à ressentir une réelle compréhension et appréciation de la danse des geishas, et je pense que ce qui m'a le plus aidé était le fait que la petite maiko exécutait plusieurs danses folkloriques japonaises dont l'action, contrairement à celle de la plupart des danses de geisha, était dans une large mesure explicite. L'une de ces danses représentait la pêche aux palourdes. Dans celui-ci, les danseurs tenaient de petits plateaux qu'ils utilisaient dans la pantomime comme des pelles, en extrayant les palourdes du sable et en les jetant dans un panier. La danse était accompagnée d'un chant, ainsi qu'une autre danse folklorique dans laquelle deux maiko jouaient le rôle d'amants obligés de se séparer parce que la mère de la jeune fille la forçait à épouser un homme riche. J'ai été intéressé de remarquer dans cette danse que le geste pour indiquer les pleurs - le fait de tenir une main devant les yeux à une distance de deux ou trois pouces d'eux - n'est pas tiré de la vie, mais est copié du geste des poupées. au théâtre de marionnettes. C'est le geste d'un homme. Lorsqu'une femme pleure, elle tient le revers de sa manche devant ses yeux, car c'est une tradition que les femmes sèchent leurs larmes avec leurs manches. Lorsque dans la poésie japonaise on parle de manches humides, la figure de style signifie qu'une femme a pleuré.

Creuser des palourdes à marée basse dans la baie de Tokyo

Les filles qui exécutèrent cette dernière danse folklorique avaient respectivement treize et quinze ans, et elles étaient évidemment très amusées par les paroles passionnées qu'elles étaient obligées de prononcer. Celle qui jouait le rôle du jeune, une charmante petite créature au visage espiègle, ne pouvait parfois retenir sa gaieté en récitant les vers tragiques et romantiques, et son interprétation était ponctuée de petites explosions de rires, qui même si on ne peut pas dire qu'ils ont accru l'effet dramatique de la triste histoire, son public a trouvé le plus contagieux. Puis, avec un grand effort, elle se ressaisissait et essayait de contenir cet éclat de joie, en baissant la voix, pour imiter celle d'un homme, et en prenant une attitude tragique qui, chez une créature si douce et si enfantine, portait des robes de soie qui la faisait ressembler à un papillon, c'était encore plus amusant.

Les gens qui suivent les arts, ou qui ont des sentiments pour eux, manquent rarement d'apprécier la danse des geishas après en avoir vu suffisamment pour comprendre de quoi il s'agit. Ceci, je pense, est dû au fait qu'ils ont généralement un sens de la forme, et comme la danse des geishas est une sorte de *tableau vivant animé*, le sens de la forme est la chose la plus essentielle pour l'apprécier.

En fait, j'irai plus loin et proclamerai ma conviction que, pour un visiteur qui veut vraiment comprendre le Japon, le sens de la forme est une nécessité vitale.

Le Japon est tout en forme. Dans l'art japonais, même la couleur passe au second plan. Le sentiment japonais de la forme ne s'arrête pas non plus là où s'arrête l'art. Cela imprègne tout le tissu de la vie japonaise. La courtoisie formelle de l'ancienne société française n'était rien comparée à la courtoisie formelle des Japonais. La vie entière du Japonais moyen est tellement réglée par la forme que son existence semble progresser selon une sorte de schéma géométrique. La nation elle-même est organisée de manière à suggérer une composition artistique compacte. Non seulement chaque classe, mais chaque famille et chaque individu a une place exacte dans la structure. Un de mes amis, qui connaît le Japon comme peu d'étrangers, va jusqu'à dire que les nuances entre les individus sont si finement dessinées qu'il n'y a pas deux personnes au Japon qui soient exactement du même rang social, et que la position précise de chacun chaque homme du pays peut être établi selon les codes du formalisme japonais. Bien que cela puisse paraître exagéré, cela exprime ce que je crois être essentiellement une vérité. Je visualise la structure sociale et politique du Japon comme une grande pyramide dont les blocs sont des familles. Au bas de l'échelle se trouvent les classes submergées – parmi elles, dans la boue de la fondation, la classe *éta* ou paria. Viennent ensuite des couches de familles représentant les masses sans droit de vote , parmi lesquelles la classe marchande était considérée à l'époque féodale comme la plus basse. Viennent ensuite les petits contribuables qui votent, et ceux-ci s'amoncellent jusqu'à ce que se superposent à eux les classes les plus élevées, car au Japon on peut dire qu'il n'y a pratiquement pas de classe moyenne. On me dit qu'il existe aujourd'hui environ un million de familles descendant des samouraïs. C'est ici que commence l'aristocratie. Ainsi la pyramide monte. Couches de fonctionnaires inférieurs ; des couches de hauts fonctionnaires, des couches d'anciens fonctionnaires, hauts et bas ; des couches de ceux qui ont des décorations du gouvernement ; des couches de familles de l'armée et de la marine, et ainsi de suite jusqu'à l'endroit où, tout près du sommet, sont placés les *Genro* , ou hommes d'État plus âgés. Au-dessus d'eux se trouve un bloc massif représentant la famille impériale, et tout en haut se trouve l'empereur, chef de tous les chefs de famille.

Ma soirée à Nara m'ayant mis en confiance, j'ai donné un déjeuner dans le charmant salon de thé Kanetanaka qui surplombe un canal dans le quartier Kyobashi de Tokyo.

Je ne peux pas vraiment revendiquer le mérite du succès de cette soirée, puisque Jitsuko , la geisha anglophone que j'ai rencontrée lors de mon premier déjeuner japonais, était là pour m'aider. L'anglais de Jitsuko , je dois l'admettre, n'était pas parfait. Je ne l'aurais pas non plus vécu ainsi, car j'aimais lui enseigner et apprendre d'elle.

"Vilain garçon!" C'est une expression que je lui ai apprise, et je lui ai montré comment accompagner la phrase d'une poignée de doigt réprimande, avec des résultats qui ont complètement charmé les messieurs américains à mon déjeuner.

L'un de ces messieurs, nouvellement arrivé au Japon et par conséquent totalement inconnu de la cuisine japonaise, a interrogé Jitsuko sur un certain plat qui lui était présenté.

"Qu'est-ce que c'est?" » demanda-t-il en le regardant d'un air dubitatif.

"Ces oreilles frites", dit Jitsuko .

"Oreilles frites !" il pleure. "Pas vraiment?"

"Oui."

Mais ce n'étaient pas des oreilles grillées. Jitsuko avait les problèmes habituels avec ses *l* et ses *r* . Elle avait voulu dire « anguilles frites ».

En plus de Jitsuko, j'ai mangé à mon déjeuner six adorables petites maiko . L'un d'eux, un enfant intelligent appelé Shinobu (« sur la pointe des pieds »), apprenait un peu d'anglais. Elle fit venir de l'encre et un pinceau et écrivit pour moi les noms de ses compagnes. Plus tard, j'ai fait traduire les noms, pour en comprendre la signification en anglais, car les geishas prennent généralement des noms fantaisistes. Il s'agissait de : Kokinoyou — « petit alligator » [1] Akika — « parfum d'automne » ; Komon — « petite porte » ; Shintama — « nouveau bal » ; et Kimi-chiyo , dont le nom ne m'a pas été traduit, mais qui était la plus jolie petite danseuse que j'ai vue dans tout le Japon.

1 "Quel drôle de nom!" un ami japonais m'écrit. Et il ajoute : "Votre traduction ne peut pas être exacte. Un petit alligator pourrait être pris pour une mascotte en Amérique, mais cela ne pourrait jamais être le nom d'une délicate petite geisha."

Bien que l'idée japonaise de la beauté féminine ne concorde généralement pas avec la nôtre, je pense que Kimi-chiyo était une exception et était aussi belle aux yeux des autochtones qu'à ceux des Américains, car elle semblait très populaire et était à presque tous les styles de style japonais. fête à laquelle j'ai assisté à Tokyo. De plus, même si elle ne devait pas avoir plus de seize ans, elle se comportait avec la confiance placide d'une belle établie. J'ai rencontré beaucoup de femmes deux ou trois fois plus âgées qui n'avaient pas son aplomb.

La petite danseuse à droite, Kimi-chiyo , était présente à presque toutes les soirées de style japonais auxquelles j'ai assisté à Tokyo. Elle se comportait avec la confiance placide d'une belle établie

Après le déjeuner, la maiko a dansé pour nous pendant que Jitsuko et une autre geisha jouaient. Puis, comme mon invité d' honneur n'avait pas encore pris goût à la danse des geishas, le programme fut modifié et Jitsuko fit jouer la petite maiko . Ils nous ont d'abord montré comment jouer à leur grand jeu de *ken* , mais même si nous l'avons appris, nous ne pouvions pas rivaliser avec eux en y jouant. Ils ont été trop rapides pour nous. Nous avons lancé des palet avec eux et avons été battus. Nous avons joué à la bouteille et au gobelet et avons été battus. Et enfin, ils nous ont présenté une version japonaise de « Going to Jerusalem », qu'ils jouent avec des coussins au lieu de chaises, avec le samisen pour la musique. Bien sûr, ils nous ont battus. Qui peut s'affaisser sur un coussin avec l'agilité d'une petite japonaise ? Dans l'ensemble, les Américains ont été battus sur tous les points – et ont pleinement apprécié cette raclée.

Je pourrais raconter l'histoire du président de l'une des plus grandes sociétés d'Amérique. Il était à mon déjeuner. C'est un homme très digne et formidable, et il est considéré comme capable. Mais il ne peut pas jouer à Ken pour un centime. Kimi-chiyo elle-même l'a dit. Elle l'a dit à Jitsuko et Jitsuko me l'a dit.

"En Amérique, c'est un grand homme", dis-je.

"Il est très lent au ken", insista Kimi-chiyo , peu impressionné.

"En affaires, il n'est pas lent", lui dis-je.

"Peut-être. Mais quiconque est vraiment intelligent saura deviner."

J'ai décidé d'éviter le jeu de Ken à l'avenir. Il en montre un.

Entre les geishas des différentes grandes villes existe une douce rivalité. Kyoto, par exemple, concède une certaine vivacité aux geishas des cinq ou six principaux arrondissements de Tokyo, mais elle insiste sur le fait que les geishas de Kyoto ont un teint sans égal, et que les célèbres geishas Gion de Kyoto sont plus parfaites dans leur grâce et leur charme que celles de Kyoto. d'autres au Japon. Cela s'explique par le fait que les geishas de Gion ont une histoire longue et distinguée et qu'il existe une école de geishas à Kyoto, alors que les geishas de Tokyo n'ont pas d'école mais sont formées par des geishas plus âgées sous la supervision du maître de l'individu. maison de geisha à laquelle ils sont rattachés. De même, les geishas de Tokyo considèrent celles de Kyoto plutôt « lentes » et considèrent la geisha de Yokohama comme nettement inférieure. Un jour, j'ai demandé à une geisha de Tokyo de donner une danse dont j'avais entendu parler, mais elle a répondu avec une sorte de haussement d'épaules que la danse en question avait été donnée par la geisha de Yokohama, c'est pourquoi elle et ses associés ne l'ont pas exécutée.

Autant que je sache, il n'existe pas à Tokyo ou à Yokohama de grands spectacles de geishas ressemblant à un divertissement théâtral, comme on peut en voir à Kyoto pendant la saison des cerisiers en fleurs, ou au théâtre Embujo d'Osaka chaque mois de mai. Ces expositions sont des choses agréables à voir, la danse des cerises de Kyoto, en particulier, étant célèbre dans tout le Japon. Les bâtiments dans lesquels ils se déroulent sont impressionnants. Celui de Kyoto a été construit spécialement pour la danse des cerises, et son intérieur, bien que d'une manière générale semblable à un grand théâtre, est calqué sur le style d'un vieux palais japonais. Les danseurs et musiciens de geisha sont magnifiquement formés et les costumes sont magnifiques.

Des changements rapides de décor sont effectués dans ces théâtres par des moyens peu familiers aux amateurs de théâtre américains. Comme dans nos salles de spectacle, les mouches et les gouttes sont parfois hissées vers le haut lors d'un changement de scène, mais tout aussi fréquemment elles descendent à travers des fentes dans le sol de la scène. Aussi, dans l'obscurité d'un « changement sombre », on voit des décors entiers subir des contorsions extraordinaires, se replier d'une manière inconnue dans nos théâtres, ou se retourner, ou se retourner. On sent que leur scène est généralement équipée de dispositifs mécaniques et d'éclairage moins parfaits que la nôtre, mais qu'il y a beaucoup d'ingéniosité dans la construction même du décor. L'une des choses les plus étonnantes que j'ai jamais vues dans un théâtre a été la disparition soudaine d'un décor à l' Embujo à Osaka. Le fond de cette goutte commença tout à coup à se contracter ; puis toute la masse en forme d'entonnoir descendit par une petite ouverture pratiquée dans le sol, comme un mouchoir de soie passant rapidement à travers un anneau.

L'illusion de profondeur et de distance la plus parfaite que j'ai jamais vue sur scène se trouvait dans une scène de la Danse des cerises de Kyoto. Depuis le devant de la maison, la scène semblait aller et venir de façon incroyable. Je ne parvenais pas non plus à distinguer l'endroit où le fond rencontrait la scène, tant le tableau peint était habilement mélangé au décor construit. Une fois la représentation terminée, j'ai inspecté ce décor et j'ai constaté que l'artiste scénique avait atteint son résultat grâce à une contraction très élaborée et complète des lignes de perspective, non seulement dans le décor peint mais dans les objets sur scène. Une rangée de tables allant de la rampe à l'arrière de la scène avait été construite à une échelle décroissante, et des rangées de lanternes japonaises, apparemment exactement identiques, devenaient en réalité de plus en plus petites à mesure qu'elles s'éloignaient de l'avant-scène, de sorte que toute la perspective était exagéré. La scène de ce théâtre n'était en fait pas aussi profonde que celle de l'Hippodrome de New York ou du Century Theatre.

Lors du bal des geishas à Osaka, j'ai demandé quel salaire recevaient la centaine de musiciens et de danseurs de geishas, et on m'a répondu qu'ils n'étaient pas payés du tout. Il y a deux raisons à cela. Premièrement, il est considéré comme le devoir de toutes les geishas de célébrer le printemps avec de la musique et de la danse ; et deuxièmement, elles considèrent comme un honneur d'être sélectionnées pour ces festivals, puisque seuls les membres les plus habiles de leur confrérie sont choisis.

Les geishas, voyez-vous, ne sont pas entièrement mercenaires. Quand deux ou trois d'entre eux partent faire une petite promenade ensemble, ou quand ils font du shopping, ils dépensent librement ; et il y a des histoires de geishas qui paient leurs propres honoraires pour rencontrer leurs amants impécunieux dans les salons de thé.

Dans les romans japonais, la geisha est un personnage favori . Un thème populaire pour les histoires la concernant est celui de son histoire d'amour avec un étudiant dont la famille l'a renié à cause de son engouement. La geisha chérie le soutient alors pendant qu'il termine ses études. Il obtient son diplôme avec brio, obtient une nomination importante au sein du gouvernement et récompense le dévouement de la jeune fille en faisant d'elle son épouse. Ou si l'histoire est tragique — et les Japonais ont un goût prononcé pour la tragédie — la famille de l'étudiant s'efforce de le forcer à s'engager dans un mariage brillant, c'est pourquoi la geisha qui se sacrifie, qu'il aime vraiment, se suicide, pour qu'elle ne peut pas faire obstacle à sa réussite.

Il fut un temps, il y a une génération ou deux, où les aristocrates japonais prenaient occasionnellement des geishas pour épouses, un peu comme les jeunes nobles anglais épousaient des filles de chœur. Mais les choses ont changé au Japon et cela faisait bien longtemps qu'un homme de position n'avait pas réalisé un tel match. La pure vérité est que, à juste titre ou injustement, la classe des geishas n'est pas respectée. Ils sont victimes de la curieuse loi qui opère partout dans le monde pour nous rendre toujours un peu méprisants à l'égard de ceux dont le métier est de nous amuser. De plus, les geishas ne sont généralement pas très instruites, ce qui, dit-on, leur rend difficile l'adaptation à une place élevée dans l'échelle sociale.

Ainsi, lorsque les geishas se marient, leurs maris sont en général des hommes d'affaires ou des marchands modestes.

Yuki, notre précieuse servante, avait une amie devenue geisha, mais qui a pris sa retraite de la profession par le portail matrimonial.

"C'est une fille intelligente", dit Yuki. "Elle aussi veut être une geisha."

"Pourquoi en est-elle devenue une, alors ?" J'ai demandé.

"Sa famille a de gros problèmes. Son père a besoin de mille cinq cents yens tout de suite. Ce doit être le cas. Alors elle est une geisha. Mais après un moment, elle rencontre un homme riche dans un salon de thé, et il paie pour elle, donc elle n'a plus besoin d'être une geisha. plus, et ils se marient.

Certaines personnes excellentes que j'ai rencontrées au Japon – des Américains imprégnés de l'esprit de réforme – se sont fermement opposées au système des geishas, affirmant qu'il constituait un obstacle à une vie domestique heureuse. Ils pensaient que tant qu'il y aurait des geishas au Japon, le mari japonais moyen les inviterait à ses fêtes et continuerait sa pratique actuelle consistant à laisser sa femme à la maison lorsqu'il sort pour passer un bon moment. Je suppose que c'est vrai. Sans aucun doute, pour l'épouse japonaise, la geisha est « l'autre femme ». Et comme c'est si souvent le cas avec « l'autre femme », quel que soit le pays où elle se trouve, la geisha possède certains avantages stratégiques sur l'épouse. Comme toutes les bonnes épouses du monde entier, l'épouse japonaise s'occupe des choses banales – les enfants, le ménage, les finances familiales – des choses qui irritent et ennuient souvent un mari si on les répète. Mais les circonstances dans lesquelles un mari rencontre une geisha sont géniales et gaies. Son rôle est de lui faire oublier ses soucis et de s'amuser.

Les dépenses liées au système des geishas sont également mises en avant. Dîner dans un salon de thé de première classe, avec une geisha, coûte autant, voire plus, que dîner richement dans les hôtels les plus chers de New York. Il est bon que les étrangers au Japon comprennent cela, car ils sautent souvent à la conclusion que le salon de thé japonais, qui semble si simple – si délicieusement simple ! – en comparaison avec la grandeur d'or et de marbre d'une grande salle à manger d'hôtel américain, doit forcément moins cher. Je me souviens d'un cas où des Américains nouvellement arrivés à Tokyo furent reçus à la manière indigène par un gentleman japonais et pensèrent qu'ils leur rendaient la politesse avec un style royal lorsqu'ils l'invitèrent à dîner avec eux à leur hôtel. Pourtant, en réalité, leur dîner à l'hôtel coûtait moins de la moitié du prix par assiette de son dîner japonais. Même si l'on ne valorise pas la courtoisie en fonction de ce qu'elle coûte, il est important de ne pas la sous-évaluer sous quelque forme que ce soit.

Il existe bien sûr de grandes variations dans le prix des repas dans les salons de thé et les restaurants, et le fait que ceux qui sont bon marché ressemblent exactement à ceux qui sont chers contribue à semer la confusion chez l'étranger. On peut économiser beaucoup si l'on se passe des geishas. Il existe également des restaurants très agréables dans lesquels le client peut cuisiner lui-même sa nourriture dans une poêle posée sur un brasero amené dans la salle à manger.

Ce style de cuisine à base de réchaud aurait été introduit par un missionnaire qui en avait assez de la cuisine japonaise et avait pris l'habitude de préparer ses propres repas au cours de ses voyages. Aujourd'hui, cependant, il est considéré comme typiquement japonais.

Il existe deux noms pour cuisiner de cette manière simple. Le mot *torinabe* est dérivé de *tori*, un oiseau, et *de nabe*, une marmite ou une bouilloire ; et *gyunabe* d'une combinaison du mot pour pot avec *gyu*, qui signifie vache ou bœuf. Les restaurants Suyehiro, qui ont trois succursales à Tokyo, sont célèbres pour *leur torinabe* , ainsi que pour leur affectation d'élégante simplicité et de crudité dans la porcelaine. Un bon endroit pour le *gyunabe* est le restaurant Mikawaya dans la section Yotsuya , non loin du palais du prince héritier.

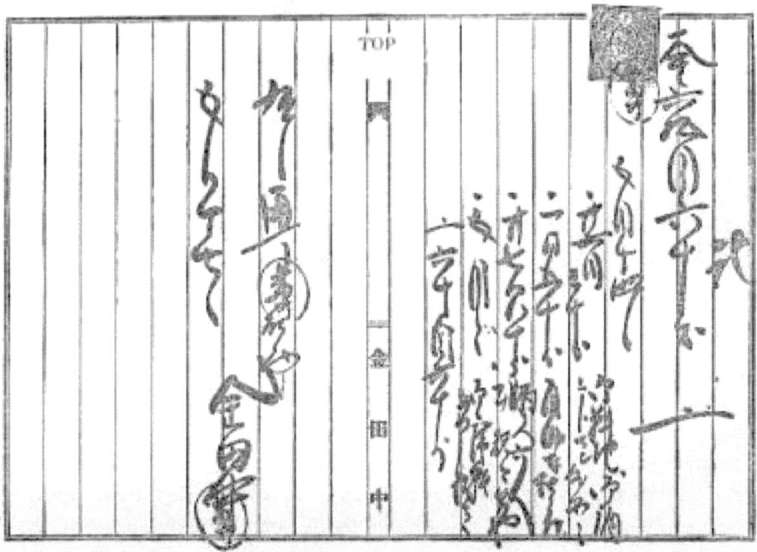

Une facture du salon de thé Kanetanaka , avec des articles de 26,30 ¥ pour la nourriture, le saké , etc., et 27,80 ¥ pour « six serveurs de saké (geisha) pourboires aux geishas et à leurs accompagnateurs ».

Pour être plus précis sur les prix, j'ai donné un excellent déjeuner de ce genre pour quatre, dans un des restaurants Suyehiro , pour un coût d'environ quatre dollars et demi, alors qu'un déjeuner pour le même nombre de personnes, avec geisha, dans un salon de thé à la mode, qui ressemblait à peu près à l'autre restaurant, coûtait trente dollars, et un dîner pour huit avec une geisha, revenait à cinquante-trois. Tous les pourboires sont cependant inclus sur la facture du salon de thé. On ne paie pas sur le moment, mais on reçoit la facture plus tard, les clients réguliers d'un salon de thé réglant généralement leurs comptes trimestriellement.

Les adversaires du système des geishas m'ont informé, d'un air scandaleux, qu'un sixième de tout l'argent dépensé au Japon allait aux geishas et aux choses liées aux geishas, c'est-à-dire vraisemblablement aux restaurants, aux salons de thé, au saké , etc.

"Un réformateur", dit Don Marquis, le sage de Nassau Street, "est un chien dans la mangeoire qui ne péchera pas lui-même et ne laissera personne d' autre pécher confortablement." C'est une chose terrible à dire. Je ne dirais pas une chose pareille. Il est toujours préférable dans de tels cas de citer quelqu'un d' autre. Mais je dirai ceci : si j'étais un réformateur, je devrais commencer à travailler chez moi, pas au Japon. Je devrais me joindre au grand mouvement, déjà si bien lancé, visant à faire des États-Unis le pays le plus pur et le plus ennuyeux du monde. Je devrais travailler avec ceux qui tentent d'atteindre ce résultat entièrement par la législation. Mais au lieu d'essayer, comme ils essaient maintenant, d'atteindre le but désiré au moyen d'une quantité de petites lois pieuses couvrant une quantité de petits sujets impies, je devrais œuvrer pour une loi générale couvrant tout — une grande et vaste loi exigeant que tous les Américains les citoyens doivent être absolument purs et bons, non seulement en action mais en pensée. Je suppose que si une telle loi était adoptée, tout le monde la respecterait, mais pour leur faciliter la tâche, je devrais abolir les restaurants, les théâtres, les cinémas, la danse, le baseball, les machines parlantes, l'art, la littérature. , tabac, bonbons et eau gazeuse. Je devrais installer des dictographes dans chaque foyer et demander à la police d'écouter toutes les conversations. Je ferais de la légèreté un délit et de la frivolité un crime.

Ensuite, lorsque notre pays tout entier aurait atteint un état de perfection absolument morbide, je considérerais mon travail ici comme terminé et je devrais déménager au Japon. Mais je ne dois pas cesser d'être un réformateur. Assurément non ! Je devrais commencer tout de suite à améliorer les choses là-bas. Prenez par exemple ce rapport selon lequel un sixième de tout l'argent dépensé va aux geishas et autres choses du genre. Je devrais d'abord essayer de remédier à cette situation. Un sixième des dépenses nationales représente une somme d'argent considérable. Pensez qu'il est consacré à de bons moments ! Beaucoup d'argent ! Pourtant, ce n'est pas tout à fait suffisant. Un quart ou un tiers vaudraient mieux qu'un sixième. Cela rendrait les choses parfaites. N'étant pas une épouse japonaise, je devrais préconiser cela.

Je ne vois qu'une objection sérieuse à ce plan. Si le Japon devenait plus attractif qu'il ne l'est actuellement, les Japonais pourraient se sentir obligés d'adopter des lois d'exclusion. S'ils le faisaient, j'espère qu'ils ne feraient aucune discrimination à l'égard des personnes d'une certaine race. J'espère qu'ils excluront tout le monde, pas seulement les Américains. Parce que s'ils nous excluaient tout en permettant à la racaille européenne d'entrer, cela pourrait nous blesser. Il n'est pas si difficile non plus de blesser nos sentiments. Nous sommes une race fière et sensible, vous savez. Oui en effet! C'est en grande partie parce que nous sommes si fiers et si sensibles que nous traitons les Japonais avec si peu de courtoisie. C'est ainsi que fonctionnent parfois la fierté et la sensibilité. Bien sûr, les Japonais sont aussi fiers et sensibles. Mais cela ne nous dérange pas. Nous n'avons pas le temps. Nous sommes trop occupés à être nous-mêmes fiers et sensibles.

CHAPITRE XIII

Certains Américains sont horrifiés parce que le vice commercialisé est officiellement reconnu au Japon. Cette pensée est désagréable. Mais je ne suis pas du tout sûr que, puisque cette forme de vice existe partout dans le monde, la politique visant à la reconnaître et à la réglementer ne soit pas la meilleure politique.

Les Japonais, apparemment, s'appuient sur la théorie selon laquelle, comme ce mal ne peut être éradiqué de l'existence, la meilleure chose à faire est de l'éradiquer le plus possible de la conscience publique. Cela se fait en séparant les femmes appelées *shogi* dans certains quartiers spécifiés et en les gardant hors des rues de la ville.

Quoi qu'on puisse dire pour ou contre ce système, il me permet de dire du Japon ce que je ne peux pas dire de mon propre pays ou de tout autre pays que j'ai visité : à savoir qu'au Japon je n'ai jamais vu un promeneur dans les rues.

On pénètre dans le quartier de Tokyo appelé Yoshiwara par une large route enjambée par un arc. À l'intérieur, les rues ressemblent beaucoup aux autres rues japonaises, sauf qu'elles sont bien éclairées et que certains bâtiments sont grands et plutôt ornés. Nous allâmes d'abord dans un salon de thé des Yoshiwara , et je pus facilement constater que les geishas de ce salon de thé étaient d'un niveau inférieur à celles que j'avais vues jusqu'alors. Leurs visages étaient moins intelligents et il leur manquait la grâce et le charme parfaits de leurs sœurs plus prospères.

D'après les bruits autour de nous, il était évident qu'un salon de thé Yoshiwara est un lieu où l'on boit et où l'on se réjouit plus ou moins sauvagement.

En descendant la rue depuis ce salon de thé, nous avons traversé une foule ordonnée et sommes arrivés à l'établissement le plus élaboré du quartier. C'était un grand bâtiment de trois étages en briques vernissées blanches, avec une cour intérieure contenant un joli jardin. Entrer dans cet endroit, c'était comme entrer dans un très bel hôtel japonais.

Dans le couloir pendait une rangée de bâtons laqués portant chacun un numéro en caractère chinois. Il y avait, je pense, une trentaine de ces bâtons, et chacun représentait un shogi. Le shogi numéro un était le plus recherché ; le numéro deux se classe ensuite, et ainsi de suite. La propriétaire et quelques femmes de chambre nous ont montré une grande pièce tapissée au deuxième étage, où du saké , des gâteaux et des fruits nous ont été servis. Puis apparurent trois geishas d'une espèce des plus inhabituelles. C'étaient des femmes de cinquante-cinq ou soixante ans, assez grandes, avec des figures gaies, amusantes et respectables. On m'a dit qu'il s'agissait de geishas jouissant d'une grande réputation locale pour leur esprit bruyant. Mes amis japonais furent ensuite maintenus dans un état de gaieté continuelle, et même si je ne comprenais pas ce que disaient les vieilles geishas, leurs manières drôles étaient si contagieuses que moi aussi, j'étais amusé. Bientôt, ils furent rejoints par un homme au visage de comédien. Il m'a été décrit comme une « geisha mâle ». Autrement dit, il était un artiste. Il chantait, racontait des histoires comiques et faisait preuve d'une réelle capacité de mime.

Ce divertissement a duré près d'une heure. Puis la maîtresse de maison entra, avec l'air de quelqu'un qui avait quelque chose d'important à révéler. Sur un mot d'elle, les animateurs se reculèrent et s'assirent sur des coussins d'un côté de la pièce. Il y eut un silence impressionnant. Lentement, une porte moustiquaire coulissante en laque noire et papier doré recula, déplacée par une main invisible. Nous avons regardé la porte ouverte.

Bientôt apparut la figure d'une femme. Elle n'a pas regardé dans notre direction, mais est sortie dans la pièce comme si c'était une scène et elle une actrice. Son pas était lent et majestueux, et elle était vêtue d'une brillante robe de satin rouge, fortement matelassée et brodée de grands motifs élaborés. C'était le shogi numéro un. Son costume et son allure étaient magnifiques, mais son visage était inexpressif et pas du tout beau.

Lorsqu'elle fut dans la pièce, le shogi numéro deux, habillé dans le même style, se plaça derrière elle et la suivit avec le même pas majestueux. En procession, ils traversèrent la pièce, se retournèrent lentement, traînèrent les ourlets de leurs kimonos ouatés sur la natte et sortirent par la porte par laquelle ils étaient entrés. Puis la porte s'est refermée.

Les bavardages reprirent, mais après quelques minutes nous fûmes de nouveau réduits au silence. Pour la seconde fois, la porte s'ouvrit et les deux femmes parurent. Ils étaient désormais vêtus de kimonos violets, matelassés et brodés comme les premiers. De nouveau, ils progressèrent dignement à travers la pièce et retournèrent ; encore une fois, ils ont disparu.

C'était la fin de l'inspection. À présent, nous aurions dû, en théorie, être fascinés par l'un ou l'autre des shogi que nous avions vus. C'était le moment d'y aller. Mais comme le gentleman japonais à qui j'avais demandé de m'amener ici était un homme important, une courtoisie particulière nous fut témoignée avant notre départ. Dans des circonstances ordinaires, nous n'aurions pas dû revoir les deux femmes, mais maintenant elles se sont dépliées jusqu'à entrer et s'agenouiller par terre à côté de nous, car nous avions vérifié nos chaussures à l'entrée et étions assis à la japonaise sur des coussins de soie. .

Mes amis japonais essayèrent de discuter avec le shogi, mais visiblement ce dernier ne brillait pas dans l'art de la conversation. La conversation fut grave et sans aucun doute superficielle, et au bout d'un moment, les deux hommes se levèrent, s'inclinèrent profondément, avec une sorte de grandeur, et traînèrent leurs merveilleuses robes hors de la pièce. C'était comme voir dans la vie une paire de courtisanes d'après une impression en couleur d' Utamaro . En chemin, je me demandais si, au début, elles s'étaient efforcées d'être des geishas plutôt que des shogi, mais qu'elles avaient été contraintes de rejoindre le Yoshiwara en raison de leur manque de talent pour la musique et la conversation.

Avant de partir, on m'a montré quelques-unes des autres pièces de cette immense maison, y compris celles de plusieurs femmes. Les boiseries étaient comme du satin brun clair et les nattes brillaient presque comme si elles étaient laquées. Il y avait quelques kakémono et de beaux paravents peints à fond vieil or, et dans les chambres des femmes se trouvaient des armoires et des coiffeuses laquées rouge et or. Les vestiaires étaient d'une hauteur qui convenait à une personne accroupie par terre. C'était comme si la partie supérieure de l'une de nos coiffeuses était posée sur le sol : un miroir avec de petits tiroirs de chaque côté.

La maîtresse et ses servantes nous accompagnèrent jusqu'à la porte de la rue lorsque nous partîmes. Ils lui rendirent de profondes hommages , et la maîtresse déclara sa gratitude pour le grand honneur que nous lui avions fait en visitant son établissement. Mes amis japonais ont répondu de la même manière. L'ensemble de l'affaire s'est déroulé avec un sens raffiné du cérémonial.

Quant aux trois geishas âgées, elles ont pris une autre manière de nous complimenter. Au lieu de faire des discours cérémonieux, elles ont continué à être gaies et amusantes, mais elles ont fait quelque chose qui, quand une geisha le fait, est considérée comme une marque de grand respect. Ils quittèrent les lieux avec nous, nous accompagnant jusqu'à la porte du Yoshiwara . L'un d'eux, une vieille créature joyeuse, au visage fin et plein d'humour, me serra les bras pendant que nous marchions et conversait avec moi en anglais. Peut-être que le mot « conversé » implique trop de choses. Tout son vocabulaire anglais était constitué des mots : « All right », mais elle répétait l'expression fréquemment et avec des intonations changeantes qui donnaient une sorte de variété.

C'était une soirée étrange, et le plus étrange était l'absence de vulgarité. Je n'avais rien vu que la femme la plus exigeante n'aurait pu voir.

Quant au traitement accordé aux shogi eux-mêmes, je ne peux pas le dire. Certes, ils n'avaient pas l'air heureux. Presque tous sont là à cause de la pauvreté, et on dit qu'ils vivent tous dans l'espoir qu'un homme les appréciera et les rachètera de la vie du *joroya* . Je crois que cela arrive de temps en temps. Il convient d'ajouter qu'en vertu de la loi japonaise, les contrats par lesquels les femmes se vendent elles-mêmes ou sont vendues par d'autres dans cette vie ne sont pas valides. On peut en outre ajouter que toutes les autorités japonaises semblent être d'accord avec Chamberlain qui dit que « les femmes déchues du Japon sont, en tant que classe, beaucoup moins vicieuses que leurs représentantes dans les pays occidentaux, n'étant ni ivres ni grossières. " Ils ont également une grande réputation d'honnêteté.

Le nom Yoshiwara n'est pas un terme générique, bien que des étrangers l'utilisent parfois comme s'il l'était, en parlant d'un « Yoshiwara ». Des quartiers similaires dans d'autres villes portent d'autres noms, comme par exemple le quartier historique de Shimabara, à Kyoto, qui date d'environ quatre siècles.

Comme le Yoshiwara , le Shimabara a été déplacé de temps en temps, dans le but de l'éloigner du cœur de la ville. L'histoire rapporte que Hideyoshi fit déraciner et transplanter le quartier, et Ieyasu , le premier shogun Tokugawa, fit de même, au motif qu'il était trop proche du palais et du centre d'affaires

.

Je trouve des éléments étranges dans un livre retraçant l'histoire du Shimabara. On raconte qu'autrefois, seuls les ronin — les samouraïs ne reconnaissant aucun suzerain — recevaient des chartes pour exploiter des centres de villégiature dans le Shimabara, et que les messieurs de la cour visitant ce quartier étaient tenus de porter des vêtements blancs. Il y a aussi l'histoire d'un fonctionnaire de la ville qui rencontrait de temps en temps dans les rues de Kyoto une belle femme chevauchant un palanquin. Il avait l'habitude de la saluer respectueusement, car il la considérait comme une dame de la cour. Mais un jour, après s'être renseigné, il apprit qu'elle était une courtisane, sur quoi il s'indigna et fit de nouveau déplacer le quartier de Shimabara, le plaçant encore plus loin du cœur de la ville.

Il existe des preuves que, dans le Japon féodal, les courtisanes les plus admirées étaient des personnes plus importantes que celles d'aujourd'hui. Autrefois, par exemple, les femmes Shimabara étaient considérées comme supérieures aux geishas, alors qu'aujourd'hui la situation est décidément inverse.

Les histoires de certaines femmes célèbres de l'ancien Shimabara sont encore connues et sont les préférées des écrivains de romans. Une histoire pittoresque raconte l'histoire d'une belle fille nommée Tokuko , la fille d'un ronin . Lorsque son père et sa mère moururent, la laissant sans le sou, elle entra dans le Shimabara. Ici, en raison de sa grâce, il est devenu connu sous le nom de « navire flottant » *Uki-fune* . Mais elle a écrit un poème sur les fleurs de cerisier du mont Yoshino, dans la province de Yamato, un endroit réputé depuis plus de dix siècles pour ces fleurs, et son poème a été tellement admiré qu'elle a fini par s'appeler Yoshino.

Le fils d'un homme riche tomba amoureux de cette fille et l'épousa, mais lorsque son père apprit quelle avait été sa profession, il renia la jeune fille. Le jeune couple était pourtant courageux. Dans une petite maison, ils menaient une vie heureuse et romantique.

Un jour, il arriva que le père, pris par une forte pluie, demanda refuge dans une petite maison au bord de la route. Ici, il trouva une belle jeune femme jouant de manière exquise sur un instrument de musique semblable à une harpe appelé *koto* . Elle l'accueillit avec charme, le mit à l'aise, lui servit du thé. Une fois la tempête passée, le vieil homme la remercia pour son hospitalité et partit. Mais il avait été tellement frappé par sa beauté et sa grâce qu'il s'était renseigné à son sujet.

"Ah", s'exclame celle à qui il a demandé, "ce n'est autre que Yoshino, épouse de ton fils déshérité !"

En entendant cela, le père a cédé. Il fit venir le jeune couple, les emmena vivre dans son propre manoir et ordonna à la belle-fille de reprendre son nom d'origine, Tokuko , qui signifie « vertu ».

Cependant, j'ai remarqué qu'au Japon et dans tous les autres pays, les histoires romantiques faisant des héroïnes de courtisanes doivent être datées assez loin. La courtisane vivante est rarement considérée comme une figure romantique. Elle est comme un morceau de verre ordinaire.

Mais un morceau de verre commun, enfoui assez longtemps dans certains types de sol, acquiert une irisation. Cette irisation n'est pas réellement dans le verre, mais existe dans une patine qui y adhère progressivement. Après quelques manipulations, il s'écaillera.

Je soupçonne que c'est à peu près la même chose avec les courtisanes célèbres du monde entier. Quand, après avoir été enterrés pendant une centaine d'années, ils sont pour ainsi dire déterrés par les romanciers et les dramaturges, y adhère une belle patine irisée .

Il est peut-être préférable de s'abstenir de rayer la patine, de peur de découvrir ce qu'il y a réellement en dessous.

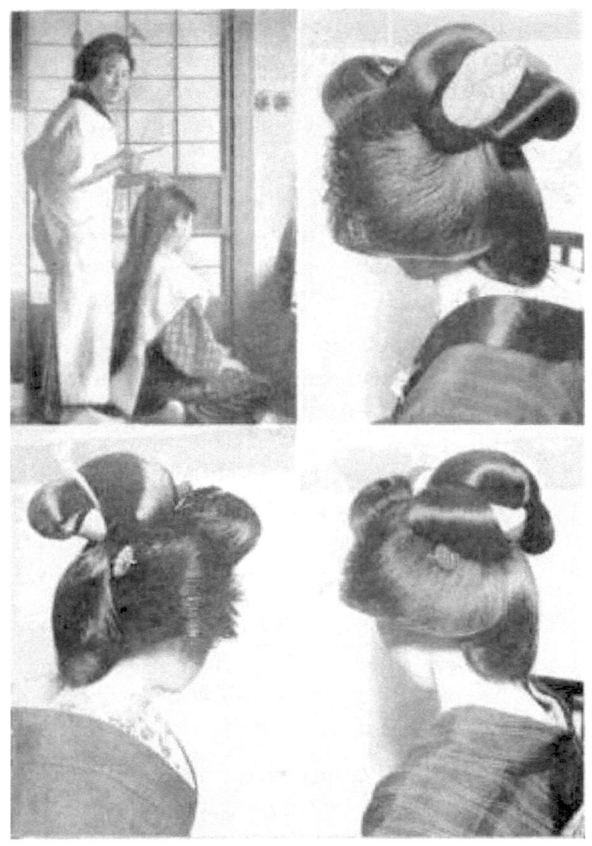

Il faut deux heures pour coiffer une geisha, mais la coiffure, une fois réalisée, dure plusieurs jours

CHAPITRE XIV

Il est intéressant d'observer que les deux races au sein desquelles le sentiment artistique hautement spécialisé est presque universel ont, malgré leurs positions antipodes sur le globe, de nombreux problèmes communs et un bien commun. Le Japon et l'Italie sont tous deux pauvres et surpeuplés, tous deux handicapés par une pénurie de terres arables et de ressources naturelles, tous deux manquent d'approvisionnement suffisant en nourriture et en matières premières pour l'industrie, tous deux sont montagneux, tous deux sont touchés par des tremblements de terre ; mais tous deux sont dotés de la beauté particulière et passionnée du paysage qui est la compensation de la nature aux pays volcaniques – une beauté évoquant celle d'une femme vivante et incontrôlée, brillante, erratique, fascinante, dangereuse.

Là où la nature se montre une grande artiste capricieuse, ses enfants sont probablement aussi des artistes. De même que presque tous les Italiens ont un sens de la mélodie très développé, presque tous les Japonais possèdent à un degré remarquable le sens de la forme de l'artiste.

Un jour, à Tokyo, je me suis mis à discuter de ces questions avec un vénérable collectionneur d'art, portant des soies et des sandales.

« Quels sont, me demanda-t-il, les exemples les plus frappants de sentiment artistique que vous ayez remarqués au Japon ?

Je lui ai raconté deux choses que j'avais vues, chacune sans importance en soi. L'une d'elles était une roue de puits. Le puits se trouvait dans une cour à côté d'une charmante petite ferme, haute d'un étage, avec des murs d'argile et de bois, et un toit de chaume épais, sur le faîte duquel poussait une rangée d'iris pourpres. Il y avait une jolie clôture en bambou autour de la cour de ferme, avec des arbustes en fleurs derrière et un cerisier en fleurs. Le puits était couvert de chaume et la poulie située sous le toit semblait concentrer toute la composition. Chez nous, une telle roue aurait été un objet en fonte brute, simplement un objet sur lequel passer une corde ; mais cette roue avait été imaginée avec tendresse avant sa création. Ses rayons n'étaient ni droits ni laids, mais ramifiés près du bord, s'y courbant gracieusement de manière à former les contours d'une fleur de cerisier. C'était une œuvre d'art.

Mon autre objet était une petite bouilloire en cuivre. Je l'ai vu dans un pénitencier. Il appartenait à un prisonnier, et chaque prisonnier de cette partie de l'établissement en possédait un semblable. Ce qui était frappant, c'était qu'il s'agissait d'une petite bouilloire extrêmement gracieuse, ornée de reliefs et d'un beau dessin. C'était aussi une œuvre d'art, et il y avait pour moi quelque chose de pathétique dans le témoignage qu'elle donnait que même dans cet endroit sinistre, les exigences de beauté n'étaient pas entièrement ignorées.

Ces observations insignifiantes parurent plaire à mon ami collectionneur d'art.

"Mais", dit-il, "je pense que notre amour national du beau s'exprime peut-être le plus fortement dans notre sentiment de la beauté du plein air : nos pèlerinages vers des endroits célèbres pour leurs paysages, notre plaisir dans la saison des fleurs de cerisier, la saison des glycines , la saison des chrysanthèmes, et notamment dans nos jardins."

Sans aucun doute, il avait raison. Le sentiment de la nature chez ses compatriotes est général, mystique, poétique. Presque tous les Japonais écrivent de la poésie. Les poèmes de nombreux empereurs, impératrices et hommes d'État sont largement connus ; et parmi les poèmes japonais les plus célèbres, ceux consacrés à la nature sous ses divers aspects sont de loin les plus nombreux.

Permettez-moi ici de faire une brève digression pour mentionner la coutume intéressante de *O Uta Hajime* , ou Ouverture des poèmes impériaux, une fonction de cour datant du IXe siècle.

Chaque mois de décembre, la Maison Impériale annonce des sujets de poèmes qui peuvent être soumis anonymement au Bureau Impérial des Poèmes, à l'occasion de la célébration du Nouvel An. Les poèmes sont examinés par les experts du bureau, qui sélectionnent les meilleurs, pour être lus à la famille impériale.

Le choix pour l'année 1921 fut fait parmi dix-sept mille poèmes envoyés de toutes les parties de l'Empire, et lorsqu'on annonça les noms de ceux dont les poèmes étaient lus à la Cour, on découvrit que parmi eux se trouvait une dame américaine, Frances Hawkes Burnett, épouse du colonel Charles Burnett, attaché militaire de l'ambassade américaine à Tokyo. Mme Burnett obtient ainsi la distinction unique d'être la seule femme étrangère à avoir jamais gagné l'approbation impériale avec un poème en langue japonaise.

Mme Charles Burnett dans un costume de cour japonaise du XVe siècle. Les poèmes de Mme Burnett écrits en japonais ont reçu une reconnaissance impériale

Il est intéressant, à ce propos, de remarquer que cette dame est la petite-nièce de feu le Dr Francis Lister Hawkes, de New York, qui accompagna le commodore Perry au Japon et qui fut la collaboratrice de Perry dans la rédaction du procès-verbal officiel de le voyage, publié sous le titre « Le récit de l'expédition d'un escadron américain ».

Mais revenons à mon ami collectionneur d'art.

« A propos de poésie et d'amour de la nature, dit-il, avez-vous remarqué le kimono de la fille de notre hôte ?

(Nous nous promenions dans un joli jardin privé pendant que nous parlions.)

Je l'avais remarqué. C'était un beau costume de soie noire et douce, dont l'ourlet, sur le devant, était orné d'un motif de fleurs de cerisier et d'une inscription en caractère chinois, toujours décoratif.

« Savez-vous quelle est l'inscription ? Il a demandé.

Je n'ai pas.

"C'est un poème à elle", expliqua-t-il; et bientôt, lorsque, dans notre promenade, nous retrouvâmes la jeune dame, il me fit une traduction littérale, qui pourrait être transposée en vers anglais comme suit :

Adieu, ô Capitale ! Je pleure
le départ de tes belles fleurs de cerisier.
Mais maintenant je dois aller à
Kioto Pour y admirer les fleurs de cerisier.

Nous nous sommes mis à parler de jardins japonais.

« Vous devez visiter quelques-uns de nos beaux jardins, dit-il, avant de quitter le Japon.

J'en ai mentionné quelques-uns que j'avais déjà vus : les jardins du prince héritier, du Premier ministre, du marquis Okuma, du vicomte Shibusawa, du baron Furukawa et d'autres.

"Mais comprenez-vous notre théorie du jardin ?"

Je lui ai dit le peu que je savais alors : que les fleurs ne sont pas essentielles à un jardin au Japon ; que, lorsqu'on les utilise, ils sont généralement mis à part dans des plates-bandes et enlevés lorsqu'ils ont cessé de fleurir ; que grâce à l'habileté des Japonais à transplanter de grands arbres, un jardin d'apparence ancienne peut être créé en quelques années ; que les limites sont astucieusement plantées, de sorte que certaines maisons, situées sur quelques arpents de terrain dans les grandes villes, semblent entourées de forêts ; que les petits lacs de jardin sont parfois disposés de manière à suggérer qu'ils ne sont que des bras de grands plans d'eau cachés à la vue par des promontoires boisés ; et que les illusions d'optique sont souvent utilisées pour donner l'impression que les jardins sont beaucoup plus grands qu'ils ne le sont, ceci étant accompli par une réduction astucieuse de la taille des collines, des arbres et des arbustes les plus éloignés, augmentant ainsi la perspective.

Aussi, j'avais vu des exemples de *kare école sensui* de jardinage paysager : lacs et ruisseaux sans eau, leurs lits délimités par du sable, du gravier et des galets sélectionnés, et leurs berges soulignées par de grosses pierres usées par l'eau apportées d'ailleurs, et par des arbres et des arbustes soigneusement dressés pour s'abaisser vers l'imaginaire. l'eau – l'eau est d'autant plus suggérée par les tremplins et les ponts en arc s'étendant vers de petites îles, avec des lanternes de pierre dressées parmi les pins nains.

Je connaissais aussi l'affection des Japonais pour les petites constructions dans leurs jardins. Ainsi, dans le jardin du vicomte Shibusawa, se trouve une ancienne maison de thé coréenne à l'architecture très frappante ; dans celui du Dr Takuma Dan, directeur général des vastes intérêts Mitsui, une ferme vieille de plusieurs siècles ; dans celui du Baron Okura, célèbre musée d'antiquités et d'œuvres d'art chinoises et japonaises ; et dans les jardins du baron Furukawa et du baron Sumitomo, de plus petits musées privés. Niché dans le coin d'un jardin près de Kobé, j'avais même vu une petite usine dans laquelle on fabriquait le plus beau cloisonné sans fil, le propriétaire de ce jardin ayant un profond intérêt pour cet art et utilisant les productions de ses artistes-ouvriers pour donner comme cadeaux à ses amis. Et bien sûr, dans de nombreux jardins, j'avais vu des maisons construites spécialement pour le *cha-no-yu* , ou la cérémonie du thé.

En outre, j'avais assisté à des garden-parties, au cours desquelles les déjeuners étaient servis sous des chapiteaux de bambou et de toile rayée, tandis que dans d'autres, des spectacles de danses de geisha et de jonglerie étaient proposés. Lors de telles fêtes, des souvenirs sont toujours offerts : des éventails et des kakémono peints par des artistes sur place, ou des morceaux de poterie qui, après avoir été peints, sont vernissés et cuits, et encore chauds du four, présentés aux invités.

"Oui, oui," dit mon vénérable ami, "vous avez vu beaucoup de choses ; mais quant à l'histoire et à la théorie de nos jardins, que savez-vous ?"

"Très peu", admis-je et lui demandai de m'éclairer.

Le jardinage paysager japonais a commencé il y a mille deux cents ans, lorsque l'empereur Shomu , en résidence à Nara, a envoyé chercher un moine chinois célèbre pour son talent artistique et lui a ordonné d'embellir l'ancienne capitale. C'est ce que le moine accomplit principalement en ouvrant des avenues parmi les arbres élevés qui font encore aujourd'hui de Nara un lieu non seulement d'une beauté suprême, mais riche en arômes d'antiquité. Ainsi vint la première période de jardinage paysager au Japon, la période Tempyo .

Il y a cinq siècles et demi, commençait la deuxième période lorsque, sur le terrain entourant le temple Kinkakuji à Kyoto, des jardins contenant des lacs, des rochers et des îles aux pavillons d'or furent construits, ressemblant au paysage naturel près de l'embouchure du fleuve Yangtsé en Chine. .

La troisième période est mieux représentée par les jardins de l'arsenal de Tokyo. Celles-ci ont été fabriquées il y a trois cents ans par un maître chinois nommé Shunsui , amené au Japon à cet effet par le seigneur de Mito, frère du shogun qui dirigeait alors le Japon. Afin d'alimenter ce parc en eau, un canal de trente milles de long fut construit, et ce même canal alimenta plus tard en eau la ville de Yedo , comme on appelait alors Tokyo.

La période actuelle est la quatrième, et le but des maîtres actuels est de combiner dans leur œuvre toutes les subtilités des périodes précédentes . Ce développement est dû en grande partie à la facilité des transports modernes, qui ont permis aux paysagistes de notre époque de voyager beaucoup et de se familiariser avec les meilleurs travaux de leurs distingués prédécesseurs et les plus beaux paysages naturels. Par exemple, la région de Shiobara , au nord du Japon, un district célèbre pour ses jolis petits coins, a inspiré de nombreux jardins modernes.

" Et maintenant, " dit mon savant ami tandis que nous nous arrêtions dans un petit abri de bambous et de chaume, dominant le coin d'un lac bordé de rochers aux formes curieuses et d'arbustes fleuris, " je vais vous révéler le grand secret de cet art ; car de Vous comprenez bien sûr que chez nous le jardinage paysager se place définitivement parmi les beaux-arts." Il s'arrêta un instant, puis poursuivit : « Le seul principe valable pour faire un jardin partout où l'on utilise de l'eau est ce qu'on peut appeler le principe volcanique. C'est-à-dire que l'artiste paysagiste devrait orienter ses thèmes vers des lieux volcaniques. origine; car c'est dans de tels endroits que se trouve la plus grande beauté naturelle.

"Et pourquoi ? Tout d'abord, vous avez des collines aux contours intéressants, formées par des éruptions. Ensuite, vous avez des lacs de montagne qui se forment dans les lits de volcans éteints. Notre célèbre lac Chuzenji , au-dessus de Nikko, par exemple. De ces lacs l'eau déborde. , formant de splendides chutes, comme celles de Kegon , qui se jettent dans le lac Chuzenji . Au-dessous des chutes, vous avez un torrent dévalant une vallée rocheuse, comme la rivière Daiya , qui coule des chutes de Kegon jusqu'à Nikko, où elle est enjambée par la rivière. célèbre pont laqué rouge. Il constitue la base de toute la composition de votre jardin.

"Mais il faut aussi se rappeler que les effusions volcaniques font la richesse du sol. Cette terre, projetée dans l'air par les explosions volcaniques, se dépose dans les anfractuosités des rochers. Les pins y prennent racine. Mais en certains endroits la poche de terre est petite ; c'est pourquoi le les racines du pin ne peuvent pas s'étendre et l'arbre devient nain, noueux et pittoresque. De plus, sur les flancs des collines, le sol riche fait pousser de grands arbres, avec de riches arbustes et de la verdure sous eux. Le torrent complète l'effet du paysage en sculptant les rochers. formes fascinantes. Dans cette combinaison, vous avez tous les éléments nécessaires. Reproduisez-le en miniature et votre jardin est créé.

CHAPITRE XV

La théorie du jardin de mon ami collectionneur d'art, si japonaise dans son intégralité, m'a charmé et satisfait.

"Maintenant," me suis-je dit, "je *sais* ."

Dès lors, j'ai regardé les jardins non pas avec l'enthousiasme non éclairé de l'amateur occasionnel, mais avec un œil critique. Ici et là, je faisais une réserve mentale, en me disant que l'homme qui avait fait ce jardin avait raté quelque chose sous un rapport ou sous un autre ; que le seul grand principe, le principe volcanique, n'avait pas été pleinement réalisé.

Le temps passa ainsi jusqu'à ce que je me retrouve à Kyoto, la ville cultivée du Japon, assis à une table (sur laquelle se trouvaient des verres et une bouteille) à côté de l'un des Japonais les plus intéressants que j'aie jamais rencontrés, un homme mûr, expérimenté et d'une tournure d'esprit philosophique. Il aimait l'histoire, les légendes et la psychologie de son pays natal et aimait les passer au crible à travers l'écran interprétatif de sa propre intelligence.

Je l'ai écouté avec un vif intérêt.

« Se vanter, dit-il, est, selon notre point de vue, un des péchés cardinaux. Nous détestons tellement la vantardise que nous allons à l'autre extrême, dépréciant tout ce qui se rapporte à nous-mêmes. Ainsi, quand quelqu'un dit à moi : « Votre frère a amassé une fortune ; ce doit être un homme de grande capacité », je répondrai : « Il n'est pas très capable. Peut-être a-t-il seulement de la chance. En fait, il se trouve que mon frère est un homme d'une capacité exceptionnelle. Mais je ne dois pas le dire ; ce n'est pas une bonne manière pour moi de vanter ses qualités.

"En parlant de nos femmes et de nos enfants, nous faisons de même. Nous disons 'ma pauvre épouse' ou 'ma femme insignifiante', même si elle peut réaliser notre idéal de tout ce qu'une femme devrait être.

"L'inverse de cette proposition est également vrai. Nous signifions parfois notre désapprobation ou notre aversion envers quelqu'un en parlant de lui en termes d'éloges trop élevés.

" Entre nous, nous comprenons parfaitement ces choses. Ce n'est qu'un code que nous suivons. Mais je crains que cette pratique amène parfois les étrangers à nous mal comprendre. Etant eux-mêmes habitués à parler littéralement, ils ont tendance à nous prendre ainsi. De plus, ils ne le sont pas. Nous sommes susceptibles de réaliser que nous sommes les plus critiques à l'égard de ceux pour qui nous avons une profonde estime. Pourquoi devrions-nous perdre notre temps ou notre considération critique envers des personnes qui ne signifient rien pour nous ou que nous n'aimons pas ?

"Pourtant, après tout", poursuivit-il avec un petit clin d'œil, "la nature humaine est à peu près la même partout dans le monde. Il y avait un jour un Américain ici à Kyoto qui interdisait à sa femme et à sa sœur de fumer des cigarettes, mais J'ai remarqué qu'il passait volontiers son étui à cigarettes à d'autres dames.

Il a ensuite abordé une discussion plus approfondie sur les différences entre le point de vue du Japon et celui de l'Occident.

« Pendant vingt-cinq siècles, dit-il, nos empereurs n'ont jamais vécu derrière une fortification. Ils n'en avaient pas besoin. L'actuel palais impérial de Tokyo est, certes, protégé par des douves et de grands murs de pierre, mais cela a été construit à l'origine pour les shoguns et n'a été repris par la Maison Impériale qu'au moment de la Restauration.

"Notre vieille idée japonaise est que l'Empereur est le père de son peuple. Il y a un certain respect, mais aussi une certaine démocratie, dans nos sentiments sur ce sujet. Nous qui avons les vieilles idées regrettons que l'Empereur apparaisse maintenant dans un Cela ressemble trop à l'uniforme militaire ou naval. Cela ressemble trop à l'abandon du sentiment qu'il est le chef de famille, car un uniforme semble faire de lui seulement une partie de l'armée ou de la marine.

"Mais nous avons dû modifier nos coutumes pour les adapter à celles des autres nations. Les ambassadeurs ont commencé à venir de pays étrangers. L'Empereur ne voulait pas les voir, mais il était obligé de le faire car ils représentaient de grandes puissances à qui nous ne pouvions pas dire non. .

« Au début, lorsque l'empereur recevait des ambassadeurs, il portait ses anciennes robes impériales et était assis sur des coussins, à la mode japonaise. Mais les ambassadeurs étaient vêtus d'uniformes brillants recouverts de décorations et, conformément à leurs coutumes intérieures, ils *se tenaient* en présence impériale. Ils se tenaient devant un roi européen ou un président américain. Il leur semblait donc respectueux de se tenir devant notre empereur.

"Mais, selon nos coutumes, c'est la pire chose qui puisse arriver. Nous devons toujours être plus bas que l'Empereur ; nous ne devons même pas regarder par une fenêtre du deuxième étage quand il passe. La salle d'audience de l'Empereur était ainsi construite qu'il était assis dans un endroit élevé au sommet d'un escalier. Mais même ainsi, on n'entrait jamais en sa présence debout. L'idée de déférence était visiblement indiquée par une position penchée, et lorsque l'on montait les marches vers l'Impérial. Personne, on se penchait de plus en plus, jusqu'à ce qu'en arrivant à l'avion sur lequel l'Empereur était assis, on s'agenouillait, la tête baissée, de manière à être toujours au-dessous de lui.

« Un étranger, au contraire, désireux de montrer le respect qu'il mérite à un personnage élevé, ferait une révérence à partir de la taille, puis adopterait une attitude raide et droite, presque comme un soldat au garde-à-vous. Pouvez-vous imaginer un amiral ou un amiral occidental ? général, avec son uniforme serré, son lourd galon et son épée, s'approcher de quelqu'un à quatre pattes ? Ce serait étranger à sa nature et à son entraînement, pour ne pas dire ruineux à son costume ?

2 Un récit extrêmement intéressant de la première audience donnée par l'empereur à un ambassadeur étranger est contenu dans "Mémoires", par feu Lord Redesdale , qui était présent. Lord Redesdale était alors M. Mitford et était occupé à préparer un volume qui devint plus tard largement connu sous le titre « Contes du vieux Japon ».

"De plus, les étrangers importants qui sont venus au Japon au début de la période de transition étaient magnifiques, ornés de dentelles d'or et de bijoux . Jusqu'à cette époque, nous n'avions aucune décoration, ni uniformes modernes ni ornements de rang. Même notre empereur, dans son de magnifiques robes, n'était pas orné de galons d'or et aucun joyau ne brillait de sa poitrine.

" Naturellement, nous avons donc dû changer. Nous avons créé de nouveaux ordres de noblesse ; des décorations ont été imaginées, des uniformes ont été conçus, le tout selon le plan européen. Autrefois, nous avions des shoguns, des daimyos et des samouraïs. Aujourd'hui, nous avons des princes de le sang, les princes non du sang, les marquis, les comtes, les vicomtes et les barons. Nous avons des décorations pour briller des décorations étrangères. Nous avons des feld-maréchaux et des amiraux pour rencontrer les feld-maréchaux et amiraux étrangers.

Il soupira et regarda par la fenêtre ouverte le jardin scintillant au clair de lune.

"Parfois", dit-il d'un ton réfléchi, "il me semble que le seul endroit où l'esprit du vieux Japon peut se sentir chez lui est lorsqu'il se promène dans nos anciens jardins. Ils restent inchangés."

Il s'arrêta, regardant toujours par la fenêtre ouverte, puis reprit :

"C'est une autre chose dont je dois vous parler. Nous, Japonais, avons un sentiment profond pour les jardins. La structure d'un jardin est une question de première importance. Vous devez voir certains de nos jardins."

"Je l'ai déjà fait", répondis-je. "J'ai pris la peine de rendre visite à beaucoup d'entre eux, et je..."

"Mais," l'interrompit-il, "je ne parle pas uniquement de vision au sens de la vue. Il faut avoir une compréhension de ces choses. Je parle des principes de base sur lesquels chaque jardin devrait être construit."

"C'est exactement de cela dont je parle", répondis-je avec enthousiasme. "Il se trouve que j'ai fait toute une étude sur votre théorie des jardins."

Jardin d'une maison de thé, Tokyo. — "L'artiste paysagiste devrait chercher ses thèmes dans des lieux d'origine volcanique."

Je dois avouer que je n'ai pas parlé sans une certaine complaisance. J'ai eu ce sentiment de confort qui vient toujours à celui qui entend un sujet abordé et se sent bien armé pour en discuter.

"C'est très gratifiant", dit poliment le philosophe.

C'était effectivement très gratifiant. Ma mémoire était bonne. J'ai mentionné avec désinvolture les quatre périodes de l'aménagement paysager japonais, faisant facilement référence à l'empereur Shomu , aux paysages proches de l'embouchure du fleuve Yangtsé et au maître chinois Shunsui . Puis j'ai commencé à déposer ma déclaration de détails.

"Bien sûr," dis-je, "le seul grand secret de cet art est d'appliquer le principe volcanique. Il faut choisir des thèmes vers des lieux d'origine volcanique - des endroits comme le lac Chuzenji et Nikko, des endroits où des lacs se sont formés dans les lits de des volcans éteints débordent, créant de belles cascades et des torrents qui se précipitent à travers des vallées rocheuses. C'est là, bien sûr, la base de toute la composition de votre jardin.

Il était assis à me regarder. Ses yeux brillaient. De toute évidence, je lui faisais une profonde impression.

"Bien sûr," repris-je, "les explosions volcaniques jettent de la terre riche dans..."

"Arrêt!" s'écria-t-il en se levant à moitié de sa chaise. "Qui t'a donné ces théories ? Où as-tu appris tout ça ?"

"A Tokyo," répondis-je fièrement, "il m'est arrivé de rencontrer——"

"Peu importe qui vous avez rencontré," l'interrompit-il, sa voix tremblante d'intensité. "Ces choses que vous dites sont terribles, terribles ! De telles idées ruinent l'art et la beauté au Japon. Un jardin de ce genre est une abomination."

Je restai assis, abasourdi, alors qu'il se tenait au-dessus de moi.

"La chose à éviter par-dessus tout", a-t-il poursuivi avec véhémence, "est tout ce qui est volcanique. Cela devrait être évident pour tout le monde - pour tout le monde ! La cause même de la structure volcanique est la violence. C'est l'incarnation de l'agitation, des troubles. ". Il fit un geste sauvage avec ses bras. "Un volcan explose, il explose... *bang* ! Il bouscule tout en désordre. C'est horrible. C'est un jardin pour une maison de fous ou le palais d'un *narikin* , un nouveau millionnaire."

"Mais tu ne penses pas——"

« Si une chose est plus essentielle qu'une autre dans un jardin, poursuivit-il en ignorant mes efforts pour l'interrompre, c'est la paix, la tranquillité , une atmosphère propice à la méditation. Imaginez un gentleman cultivé, un philosophe, essayant de méditer parmi les volcans. , cascades et torrents rugissants ! Un jardin ne devrait pas avoir de cascades. L'eau, s'il y en a, devrait couler aussi placidement que la pensée philosophique. Il ne devrait pas y avoir de poissons qui s'élancent, pas de fontaines bruyantes, pas de pivoines criardes ou autres. des choses frappantes et distrayantes. Le but d'un jardin ne doit pas être un spectacle. Son but propre n'est pas d'exciter le spectateur, mais de le remplir d'un riche contentement. Un jardin doit être un lieu de baignade pour l'âme. souhaite plonger l'âme plutôt que le corps dans un torrent rugissant. Non ; il y a déjà dans la vie trop de stress et d'agitation. L'âme réclame du repos dans une piscine de cristal, curative et rafraîchissante.

Il fit une pause, essoufflé.

"Mais tu ne penses pas——"

"N'en dis pas plus ! Il est tard. Je dois rentrer à la maison."

J'ai marché avec lui jusqu'à la porte du jardin. Une nouvelle lune suspendue dans un ciel bleu et argenté se reflétait dans un bassin immobile, ses bords doux avec des arbustes sombres ressemblant à des nuages. Près du portail, quelques lys calla se dressaient comme des fantômes gracieux et silencieux. L'air nocturne était parfumé par l'odeur du sol riche et humide et des choses en croissance.

"Mais ne pensez-vous pas," plaidai-je en ouvrant la porte pour le laisser passer, "qu'il y a, après tout, quelque chose de poétique dans la conception volcanique d'un jardin ?"

"Non, non," cria-t-il. "Poétique ? Non. Bonne nuit. Bonne nuit. Je ne comprends pas ce nouveau Japon. Il n'y a plus de repos. Ce ne sont que des volcans, tout explose. C'est l'autorité du calme que nous perdons. Calme ! Oui, ça y est, calme-toi ! calme-toi !

Sa voix agitée, criant : « Calme ! calme ! calme ! est revenu vers moi comme un typhon, il s'est envolé dans l'obscurité, me laissant dans le doux calme du jardin pour méditer.

PARTIE III

CHAPITRE XVI

Malgré les convulsions, les renversements et les transitions par lesquels tant de nations sont passées récemment, le Japon détient toujours le record mondial de changements rapides et prodigieux. Ce qui est arrivé au Japon stupéfie l'imagination. L'histoire n'offre aucun parallèle. Le parallèle le plus proche se trouve dans la fiction d'un grand écrivain imaginatif. Un Américain ou un Européen se rendant au Japon à peu près à l'époque de la Restauration impériale de 1868 se retrouvait en fait ramené en arrière à travers les siècles à la manière du « Yankee du Connecticut » de Mark Twain ; et les Japonais qui vécurent la transition qui commença alors, vécurent une expérience semblable à celle décrite dans le fantasme de Mark Twain comme étant arrivée aux habitants de la cour du roi Arthur lorsque la connaissance moderne leur fut soudainement imposée.

La véritable histoire du Japon, cependant, surpasse dans son émerveillement l'invention de Mark Twain ; car alors que les faits de l'histoire ont contraint l'auteur de "Un Yankee du Connecticut à la cour du roi Arthur" à laisser l'ancienne Grande-Bretagne retomber dans sa semi-barbarie après la disparition des Yankees du Connecticut, le Japon a non seulement complètement changé, mais a conservé ses acquis et a continué à progresser.

.

Le début de la période de transition est habituellement daté de l'année 1853, lorsque le commodore Perry arriva pour la première fois, ou de 1854, lorsqu'il négocia son traité ; mais bien que ce traité ait ouvert la porte par laquelle l'esprit de changement allait bientôt entrer, la modernisation réelle de la nation ne commença qu'en 1868, lorsque Yoshinobu Tokugawa, quinzième de sa lignée et dernier shogun à gouverner le Japon, renonça à son pouvoir. à l'Empereur.

Les hommes capables de se souvenir des événements de la Restauration sont à peu près aussi rares au Japon que ceux qui, dans ce pays, se souviennent de la destitution d'Andrew Johnson, survenue la même année ; et les hommes qui ont joué un rôle important dans la Restauration sont bien sûr encore plus rares – aussi rares, par exemple, que les Américains qui ont joué un rôle important dans la guerre civile. Quant aux Japonais qui se souviennent de la visite de Perry, ils correspondraient en années à ceux qui, avec nous, peuvent se souvenir du début de la lutte pour le Free Soil au Kansas. Dans aucun des deux pays, hélas, il ne reste plus qu'une poignée de ces personnes âgées.

Il se trouve cependant qu'au Japon plusieurs hommes très remarquables ont survécu jusqu'à un âge avancé.

Les trois personnalités politiques les plus puissantes au moment de ma visite étaient les nobles octogénaires connus sous le nom de Genro , ou hommes d'État âgés : le maréchal Prince Yamagata, le marquis Matsukata et le marquis Okuma. Le prince Yamagata, en tant que soldat, prit une part active à la guerre civile qui suivit la Restauration. Lui et le marquis Okuma sont nés en 1838, c'est-à-dire sept ans avant que le Texas ne soit admis dans l'Union en tant que vingt-huitième État. Le marquis Matsukata est né en 1840.

Parmi ces vénérables hommes d'État, le prince Yamagata et le marquis Matsukata figuraient, à mon avis, comme de grandes influences invisibles ; mais le marquis Okuma, bien qu'il ne soit peut-être pas plus actif que ses collègues du Genro , apparaissait fréquemment devant le public et était plutôt une idole populaire, étant souvent appelé le « Grand Vieil Homme » du Japon. En politique, il était connu depuis longtemps comme un grand combattant et un tacticien astucieux ; il était également considéré avec sympathie parce qu'il avait été, il y a de nombreuses années, victime d'un attentat à la bombe au cours duquel il avait perdu une jambe.

Je savais qu'il était ainsi infirme, mais par quelque illusion de mémoire, je ne parvins pas à m'en souvenir quand, un jour, je me trouvai membre d'un petit groupe d'Américains reçus par le marquis chez lui. Nous sommes restés avec lui pendant plus d'une heure ; peut-être deux heures. Pendant ce temps, il se levait et faisait un discours, se déplaçait dans la pièce et sortait même dans le jardin, mais je ne me suis pas souvenu une seule fois de son handicap physique. Je n'ai jamais vu quelqu'un d'aussi gravement mutilé qui, dans ses mouvements, le révélait si peu. Et cela à quatre-vingt-trois ans !

J'aurais dû le deviner vingt ans plus jeune. Mince, grand, nerveux, alerte, avec des cheveux blancs coupés court et des yeux noirs vifs, il semblait être au sommet de ses pouvoirs.

Qu'il était polyvalent, je le savais. Tous les trois Genro ont été à plusieurs reprises Premier ministre et ont occupé d'autres hautes fonctions sous le gouvernement, mais les positions du marquis Okuma ont été extrêmement variées, appelant à la démonstration d'un large éventail de connaissances et de talents. On m'a dit qu'il avait organisé le Parti nationaliste, publié un magazine, édité un certain nombre d'ouvrages littéraires et historiques importants, fondé et présidé l'Université Waseda et qu'il était depuis longtemps célèbre comme horticulteur.

C'était une chose curieuse de l'entendre parler dans une langue que je ne comprenais pas, et pourtant de ressentir si fortement son don pour influencer les hommes par son oratoire.

Cette expérience m'a rappelé celle d'un journaliste que je connais, qui accompagnait William Jennings Bryan lors d'une de ses tournées de discours politiques il y a longtemps.

"J'étais un républicain pur et dur", m'a-t-il dit en racontant son expérience, "et je ne croyais pas en Bryan ni en ses mesures, et pourtant je me trouvais continuellement emporté par son discours. Pendant qu'il parlait, il m'a fait croire à des choses auxquelles je *ne* croyais pas. Je voulais l'applaudir et l'encourager comme le reste du public.

"Après, je retournais au train et je me dégrais. J'avais envie de m'en vouloir de l'avoir laissé me tordre le doigt comme ça. Mais la prochaine fois que je l'entendrais, la même chose se produirait. Ce n'était pas ce qu'il disait ; c'était sa voix, son phrasé et son magnétisme.

Je n'ai aucun doute qu'un Japonais ne connaissant pas l'anglais ressentirait le pouvoir élocutoire de Bryan exactement comme moi celui du marquis Okuma ; en effet, je ne suis pas sûr qu'un étranger, peu familier avec la langue de l'orateur, ne soit pas en un sens l'auditeur qui puisse le mieux mesurer sa puissance.

Les traits du marquis Okuma indiquaient une pugnacité extraordinaire, mais je dois dire que sa pugnacité était parfaitement maîtrisée. Il pouvait faire preuve à la fois de passion et de fraîcheur glaciale, et je crois qu'il pouvait allumer l'un ou l'autre à volonté, comme on allume de l'eau chaude ou froide. S'il était William Jennings Bryan, il était aussi Henry Cabot Lodge.

Il convient de remarquer que ces anciens hommes d'État sont sans exception des hommes autodidactes. Aucun d'eux n'est né avec un titre ; tous étaient membres de modestes familles de samouraïs ; tout s'est élevé grâce à la capacité.

À cet égard, comme à bien d'autres, les comparaisons entre le système gouvernemental du Japon impérial et celui de l'Allemagne impériale ne tiennent pas. Le Japon n'est pas gouverné par une classe dirigeante héréditaire. La fonction publique est ouverte à tous les hommes, selon un système de concours, et la promotion ne se fait pas par famille ou par faveur , mais est dans presque tous les cas une reconnaissance des capacités démontrées dans des fonctions mineures. Les jeunes hommes du service consulaire sont en lice pour les postes d'ambassadeurs et peuvent raisonnablement espérer, s'ils font preuve de grands talents, atteindre finalement les plus hautes fonctions.

Il semblerait d'ailleurs qu'au Japon comme dans d'autres pays, les familles aristocratiques et riches ne produisent pas, en règle générale, les hommes les plus forts. Ainsi j'ai été informé que, de tout le cabinet du Premier Ministre Hara, un seul membre était un homme de famille noble, celui-là ayant été le Comte Oki, Ministre de la Justice. Et même le comte Oki n'appartenait qu'à la deuxième génération de noblesse.

Dans le monde des affaires, la même règle s'applique. Les hommes d'affaires titrés du Japon ont grandi, pratiquement sans exception, depuis des débuts modestes. On m'a dit que l'un d'eux, que j'ai rencontré, avait commencé sa vie comme colporteur et en était fier. En recherchant un autre génie des affaires dans le « Who's Who » national, je trouve la déclaration suivante, dont on peut supposer qu'elle a été fournie par le monsieur auquel elle se réfère :

Arrivé à Tokyo en 1971, le sac à main vide ; se rendit à Yokohama, subvenant à ses besoins en vendant des viandes bon marché.

Si le titre honorifique de « Grand Vieil Homme du Japon » n'avait pas déjà été conféré et si j'avais été invité à présenter des candidatures, j'aurais dû sortir du domaine politique et voter pour le vicomte Eiichi Shibusawa.

Si le vicomte avait été, à l'époque de la Restauration, membre d'un des grands clans responsables du retour des rênes du gouvernement aux mains impériales, sa carrière aurait pu ressembler davantage à celle des trois anciens nobles du Genro. . Mais alors que le prince Yamagata, le marquis Matsukata et le marquis Okuma étaient respectivement des hommes de Choshu , Satsuma et Saga – des clans qui ont jeté leur sort dans la coalition qui a ramené l'empereur au pouvoir – le vicomte Shibusawa était de l'autre côté, ayant été un serviteur de l'empereur. le dernier shogun.

Le butin revenait, bien entendu, aux vainqueurs. Les hommes forts appartenant aux clans qui avaient soutenu la Maison Impériale devinrent les hommes forts du gouvernement centralisé. Même aujourd'hui, alors que les clans en tant que tels n'existent plus, le vieux sentiment clanique survit, de sorte que les hommes d'origine Satsuma et Choshu sont les plus influents en politique. La tendance militariste parfois remarquée dans l'action du gouvernement japonais serait en grande partie due à ce fait, car le clan de Satsuma était autrefois connu pour ses penchants guerriers, et il existe des preuves démontrant que ces penchants ont, à dans une certaine mesure, ils ont survécu. Les officiers de la marine sont aujourd'hui en grande partie issus des vieilles familles Satsuma, tandis que Choshu fournit de nombreux officiers à l'armée.

A vingt-sept ans, le vicomte Shibusawa était devenu par ses capacités vice-ministre du Trésor du Shogun. Naturellement, après la chute du shogunat , il se lança dans la finance. Il a fondé la Première Banque du Japon — littéralement la première banque moderne créée là-bas — et, prospère grandement, il est devenu un homme de grandes affaires. Le portefeuille des Finances lui a été proposé à plusieurs reprises sous le gouvernement, mais il l'a toujours refusé. Il y a quelques années, il se retira des affaires actives et, comme nous l'avons déjà mentionné, consacra désormais son temps à toutes sortes de bonnes œuvres.

Quand je l'ai rencontré, il approchait de son quatre-vingt-deuxième anniversaire. Il se souvient très bien de l'arrivée de Perry au Japon et des événements qui ont suivi. Je souhaitais connaître l'histoire d'un homme représentatif qui avait vu ces choses et je lui ai donc demandé de m'accorder une interview. C'est ce qu'il a eu la gentillesse de faire, en m'accordant la majeure partie de deux jours, car un entretien par l'intermédiaire d'un interprète, même s'il est le meilleur des interprètes, est un travail lent.

Nous avons discuté dans un joli bungalow en brique dans le jardin du Vicomte. Devant la porte se trouvait une roseraie anglaise , avec des buissons dressés en forme d'arbres.

Avant cette époque, j'avais toujours vu le vicomte porter une redingote ou un tailleur, mais ici à la maison, un jour sans formalités, il était vêtu des robes de soie que les messieurs japonais enfilaient pour plus de confort - même si elles pourraient bien mettez-les aussi pour l'élégance.

Petit, trapu, énergique, avec un cou fort et une grosse tête ronde, le visage marqué de rides profondes, il était l'un des hommes les plus extraordinaires que j'aie jamais rencontrés. Il rayonnait de force, de courage et d'honnêteté. J'ai connu il y a longtemps un chef Sioux qui avait un visage comme celui-là, jusqu'à la couleur , et les profondes rides d' humour autour de la bouche et des yeux. Dans les deux cas, la promesse de ces rides n'a pas non plus été déçue.

Quand, après avoir comparé le vicomte Shibusawa à un chef indien, je le compare également à un vieil écuyer britannique au corps de tonneau, à la mâchoire carrée et aux intempéries, du type parfait de John Bull, je risque de surcharger l'imagination du lecteur ; pourtant il y avait en lui autant de l'un que de l'autre.

Il est né à la campagne, issu d'une famille bonne mais pas aristocratique. Le Japon de sa jeunesse et de sa première enfance était divisé en quelque deux cent cinquante ou trois cents districts féodaux, chacun dirigé par un daimyo, ou chef, ayant ses châteaux, sa cour, ses concubines, ses serviteurs - parmi ces derniers des soldats en armure. , équipés d'épées, de lances ou d'arcs et de flèches, et portant des masques hideux calculés pour terrifier l'ennemi.

Ces chefs avaient un pouvoir absolu sur les habitants et les terres de leurs domaines. Ils pouvaient légiférer, émettre du papier-monnaie, lever des impôts, imposer du travail et des punitions au peuple, ou lui retirer arbitrairement ses biens ou sa vie.

C'était un pays sans chemins de fer, sans vapeur, sans vitres ; un pays où les nobles voyageaient par les grands chemins en magnifiques processions, entourés de leurs soldats à cheval et à pied, de leurs palanquins laqués, de leurs porteurs de coolies ; un pays où, au passage des grands seigneurs, les humbles citoyens tombaient à genoux et touchaient leur front contre terre ; une terre de duels, de querelles, de vendettas, de guerres de clans ; un pays dans lequel les samouraïs, ou noblesse, étaient seuls autorisés à porter des épées, et dans lequel l'un des privilèges les plus prisés par les samouraïs était celui de mourir de sa propre main, s'il était condamné à mort, au lieu de mourir de sa propre main. le bourreau. Le privilège du *hara-kiri* , ou *seppuku* , était lié au droit de propriété. Les biens d'un homme décapité par le bourreau étaient confisqués, tandis que celui qui commettait un hara-kiri pouvait léguer ses biens à sa famille.

L'éducation des jeunes hommes variait à cette époque selon le rang. La jeunesse de l'aristocratie était instruite dans les classiques chinois, qui, au Japon, remplacent chez nous le latin et le grec. La médecine et l'astronomie étaient également enseignées. Les fils des samouraïs inférieurs recevaient une formation conçue pour les rendre aptes aux affaires pratiques. Tous ceux qui avaient le droit de porter l'épée étudiaient le maniement de l'épée, et le processus par lequel ils l'apprenaient était parfois sévère, car c'était l'habitude des maîtres d'attaquer l'élève soudainement par derrière, ou même pendant qu'il dormait la nuit, en pensant qu'il doit être prêt à tout moment à se défendre. Un samouraï retrouvé tué avec son épée complètement rengainée a été déshonoré. Au moins deux pouces de la lame doivent prouver que le mort avait tenté de se défendre . Le Jiu- jutsu était également enseigné à de nombreux jeunes samouraïs et, dans ce domaine, comme dans celui de l'épée, les instructeurs avaient pour habitude de lancer des attaques surprises sur leurs élèves.

Les souvenirs du vicomte Shibusawa, tels qu'il me les a racontés, feront l'objet d'un chapitre séparé, mais avant de commencer ce chapitre, permettez-moi de mentionner plusieurs points de la tradition des samouraïs, parmi lesquels le jiu-jutsu et l'art ou la science plus avancée du jiudo , développé par mon ami M. Jigoro Kano.

Alors qu'après la Restauration l'engouement pour tout ce qui est américain et européen se répandit au Japon, les arts anciens du jiu-jutsu , pratiqués depuis plus de trois siècles par les samouraïs, tombèrent en désuétude. Avant cette époque, il y avait eu de nombreuses écoles différentes de jiu-jutsu , enseignant une variété de systèmes, mais à mesure que les anciens maîtres de cet art devenaient surannés, aucun adepte ne se levait pour prendre leur place.

En 1878, lorsque M. Kano entreprit l'étude du jiu-jutsu , il réalisa que, par manque d'intérêt, bon nombre des subtilités de cet art risquaient d'être perdues. Afin d'en préserver le plus possible, il s'est donné beaucoup de mal pour devenir compétent, non seulement dans un système de jiu-jutsu , mais dans plusieurs systèmes enseignés par les nombreux grands maîtres alors en vie.

Son premier intérêt pour le jiu-jutsu est né du fait qu'il avait été un enfant faible et qu'il souhaitait devenir un homme fort. Cela m'a rappelé l'enfance maladive de Théodore Roosevelt lorsque M. Kano m'a raconté cela ; et il est intéressant de rappeler que c'est le président Roosevelt qui, le premier, a fait parler largement du jiu-jutsu aux États-Unis, et qu'il l'a étudié, alors qu'il était à la Maison Blanche, sous la direction d'un des élèves de M. Kano. J'ai également été intéressé d'entendre M. Kano dire que, lorsqu'il était jeune homme, il avait donné une exposition de jiu-jutsu devant le général Grant, dans la maison du vicomte Shibusawa à Tokyo.

Loin d'être un athlète professionnel, M. Kano est un gentleman de famille samouraï, diplômé du Collège Littéraire de l'Université Impériale, un linguiste, un voyageur , un éducateur de grande réputation, titulaire de plusieurs décorations. Entre autres fonctions, il a été directeur de la Peers' School de Tokyo.

Comme le lecteur le sait sans doute, la théorie du jiu-jutsu consistait à vaincre l'adversaire, non pas en opposant force contre force, mais en cédant devant les assauts de l'adversaire de manière à retourner sa force contre lui.

Jiudo , qui signifie « la voie ou la doctrine de la soumission », est une combinaison, créée par M. Kano, de tous les systèmes de jiu-jutsu entrelacés avec un plan d'entraînement mental, moral et physique, calculé pour élever l'art au-dessus de tout. simple considération du seul combat, bien que cet aspect ne soit en aucun cas négligé.

D'innombrables histoires, passionnantes ou amusantes, pourraient être racontées sur les aventures héroïques de célèbres jiudoistes , mais je ne connais rien qui jette plus de lumière sur les enseignements de M. Kano, dans leur aspect moral, qu'une lettre que lui a écrite le commandant Yuasa de la Marine japonaise, ancien élève du Kodokwan , l'école de jiudo créée par M. Kano à Tokyo. La lettre a été écrite par le commandant Yuasa alors qu'il était sur le point de prendre le bateau à vapeur *Sagami Maru* et de le couler à l' entrée du port lors de la troisième expédition de blocus de Port Arthur. En voici des extraits :

Nous ferons tout ce que la puissance humaine peut faire et laisserons le reste au Ciel. Ainsi nous pouvons rouler sereinement vers une mort certaine. Je suis heureux de dire que parmi les membres de cet espoir désespéré se trouvent trois de vos anciens élèves : le commandant Hirose, le lieutenant-commandant Honda et moi-même. Que ce fait soit à l'honneur du Kodokwan .

Même si je regrette profondément de ne pouvoir rendre justice à la gentillesse que vous m'avez témoignée, veuillez accepter néanmoins comme une expression de ma gratitude le fait d'avoir donné ma vie pour le bien de notre pays, comme vous l'avez si gentiment enseigné. à nous, en temps de paix, d'être prêts à le faire.

L'auteur de cette lettre a été perdu, tout comme le commandant Hirose, l'un des frères officiers dont il parle. L'autre, le lieutenant-commandant Honda, a été blessé par un obus, mais a été secouru et a survécu pour raconter l'histoire.

Les étrangers visitant le Japon et souhaitant assister à une démonstration de jiudo sont les bienvenus au Kodokwan , où, sur préavis, un interprète est mis à leur disposition. Il y a maintenant quelque vingt mille pratiquants du Jiudo qui considèrent le Kodokwan comme quartier général et M. Kano comme leur maître.

Un autre endroit où l'on peut assister au jiudo est le Butokukai – Association pour l'inculcation des vertus militaires – à Kyoto. Cette dernière est une organisation privée, semblable à un club d'athlétisme, dotée d'un beau bâtiment ressemblant à un temple et de nombreuses succursales dans tout le pays. Elle compte quelque deux cent mille membres, dont plusieurs milliers d'actifs.

L'idée première de cette organisation est de maintenir vivants certains anciens arts militaires japonais, tels que le jiudo , le tir à l'arc, l'escrime, l'usage des lances et des lances, et l'emploi de la curieuse *naginata en forme de lance* , qui, avec sa lame incurvée et long manche, n'était utilisé que par les femmes.

Des combats entre hommes armés de fausses épées et femmes utilisant une naginata en bois sont parfois observés au Butokukai et sont extrêmement intéressants car ils rappellent l'époque où les femmes de l'ancien Japon combattaient aux côtés de leurs hommes, utilisant la naginata comme arme offensive et un dague courte, portée dans le pli de l'obi, comme arme défensive correspondant à la plus courte des deux épées que portaient les hommes.

Les femmes samouraïs apprenaient à se défendre avec le poignard et à l'utiliser pour se suicider si elles craignaient la défaite et le déshonneur . Les familles dans lesquelles la tradition des samouraïs est soigneusement entretenue ont encore pour habitude d'offrir à leurs filles, au moment du mariage, des poignards de ce type, bien que ces armes soient désormais reconnues comme de simples emblèmes d'un esprit à préserver.

Le grand héros samouraï moderne du Japon était le général comte Nogi , héros de Port Arthur, à la mémoire duquel un sanctuaire a été récemment dédié à Tokyo.

Ce sanctuaire se trouve dans le parc derrière la simple maison de Tokyo où vivaient le comte et la comtesse Nogi et où ils sont morts ensemble de leurs propres mains. Nogi est canonisé au Japon et sa maison est considérée comme un lieu sacré et est visitée par des milliers de personnes chaque année.

La théorie selon laquelle l'autodestruction est pratiquée selon la vieille tradition des samouraïs et est largement approuvée dans certaines circonstances est l'une des choses qui déroutent l'esprit occidental.

J'ai donc demandé au vicomte Kentaro Kaneko, qui connaissait le général Nogi , de me raconter l'histoire de sa mort, et de m'expliquer comment il en était arrivé à commettre le seppuku.

Vicomte Kentaro Kaneko (Harvard 1978), conseiller privé de l'empereur, président de la Société Amérique-Japon de Tokyo et ami du président Roosevelt

"Lorsque Nogi reçut le commandement à Port Arthur", a déclaré le vicomte, "ses deux fils étaient officiers sous ses ordres. Il a dit à sa femme de préparer trois cercueils et de ne pas organiser de services funéraires jusqu'à ce que tous les trois soient prêts à être enterrés ensemble.

"Lors de l'assaut de Port Arthur, quelque trente mille soldats japonais ont donné leur vie. Ce sacrifice de vie a d'abord été très critiqué au Japon, mais l'opinion publique a changé face au fait que le général a perdu ses deux fils. Il est retourné au Japon. vainqueur, il est vrai, mais homme très malheureux, il pensait toujours aux familles des trente mille jeunes hommes courageux qu'il avait fallu sacrifier. Il ne voulait pas être acclamé dans les rues, mais l'être. encore moins. Il se déplaçait dans un vieil uniforme et essayait d'être aussi discret que possible.

"Un jour, lors d'une audience avec l'empereur Meiji, Nogi lui dit en partant, quelque chose à savoir qu'il ne devrait plus jamais le revoir.

"L'Empereur, comprenant que Nogi envisageait un seppuku, le rappela.

"' Nogi , dit-il, j'ai toujours besoin de toi. Je veux ta vie.'

" Le général n'exécuta donc pas son projet à cette époque, mais vécut, comme l'Empereur le lui avait ordonné, en devenant président de l'école où sont éduqués les fils des nobles.

"Tout au long des années, cependant, il fut hanté par le souvenir des trente mille soldats qu'il avait été contraint d'envoyer à la mort.

"Quand l'empereur Meiji mourut, Nogi faisait partie de la garde d' honneur , composée de pairs, qui veillaient à tour de rôle sur le cercueil impérial pendant quarante jours et quarante nuits.

"Puis vinrent les funérailles nationales. Le jour des funérailles, Nogi écrivit un poème qui déclarait en effet : 'Je suivrai les traces de Votre Majesté.' Il montra ce poème au prince Yamagata, qui comprit simplement que Nogi serait dans la procession qui suivrait la dépouille impériale jusqu'à la tombe.

"Mais lorsque les canons annoncèrent le départ du cortège funéraire du palais, Nogi n'était pas là. Comme les samouraïs d'autrefois, il désirait suivre son maître mort dans l'au-delà. Au bruit des canons, il prit son épée courte et commis seppuku, tandis que dans la pièce voisine la comtesse Nogi , sa dévouée épouse, vêtue de blanc, lui coupait les artères du cou. Ainsi les deux moururent ensemble, pour le bien de l'empereur et des trente mille soldats qui avaient sacrifié leur vie. "

À aucun moment la vision de l'Oriental n'est plus complètement en contradiction avec celle de l'Occidental que dans sa vision du suicide.

Alors que chez nous le suicide est condamné comme étant un moyen de lâcheté et d'évasion des difficultés de la vie, il y a souvent quelque chose de hautement héroïque dans un suicide japonais. Le malheur, il est vrai, pousse certains Japonais à l'autodestruction, mais dans de nombreux autres cas, le suicide représente plutôt une sorte de punition auto-infligée pour un échec quelconque. Ainsi en est-il des écoliers qui se suicident parfois parce qu'ils ont échoué à leurs examens. De même, alors que j'étais au Japon, j'ai entendu parler de deux gardiens de chemin de fer qui, en omettant de fermer leur porte à l'arrivée d'un train, étaient responsables de la mort d'un homme voyageant dans un ricksha . Quelques jours après cet accident, ces deux portiers se sont suicidés en se jetant sous un train. Pour leur négligence, ils ont payé volontairement de leur vie.

"Et," dit le vicomte, "nous avions autrefois une autre sorte de suicide, dont des exemples se produisent parfois encore aujourd'hui. Lorsqu'un homme croyait profondément en quelque chose et était incapable d'attirer l'attention sur la chose dans laquelle il croyait, il commettait parfois un seppuku pour se faire remarquer. Il laissait un document exposant ses convictions, et les gens y prêtaient attention, estimant que si un homme était prêt à mourir pour souligner un point, son point de vue était le sien. le message méritait d'être pris en considération."

Le vicomte fit une pause. Puis, pensivement, il ajouta : « C'est comme s'il voulait souligner sa protestation – en rouge.

CHAPITRE XVII

"J'avais quatorze ans", a déclaré le vicomte Shibusawa, "lorsque votre commodore Perry est arrivé au Japon. A cette époque, et pendant une période considérable par la suite, j'étais "anti-étranger", c'est-à-dire que j'étais opposé à l'abandon de notre vieil isolement japonais et à l'ouverture de relations avec les puissances étrangères.

"La majorité des hommes réfléchis pensaient comme moi. Nos problèmes avec les Jésuites, à la fin du XVIe et au début du XVIIe siècle, sont nés de la crainte qui a grandi parmi nous que les Jésuites essayaient d'obtenir le contrôle politique. Cette peur a entraîné leur expulsion du pays, ainsi qu'une certaine persécution contre eux-mêmes et leurs convertis, et c'est alors que notre politique d'isolement a commencé. Plus récemment, nous avons vu la guerre de l'opium en Chine, et cela s'est ajouté. à notre conviction que les puissances étrangères cherchaient simplement des territoires et qu'elles étaient totalement sans scrupules.

"Quand j'atteignis l'âge de vingt-cinq ans, je devins le serviteur de Yoshinobu Tokugawa, prince puissant, parent de Iyemochi Tokugawa, qui était alors Shogun. N'étant pas de famille noble, je n'appartenais pas au cercle intime du prince Yoshinobu , mais faisait partie de ce qu'on pourrait appeler le groupe intermédiaire de sa cour.

« Il servait alors d'intermédiaire entre le shogun et la cour impériale de Kyoto, car bien que le shogun dirigeait le pays, comme les shoguns l'avaient fait pendant des siècles, on racontait qu'il le faisait avec le consentement impérial.

"Quand Iyemochi mourut, les puissants daimyos nommèrent mon seigneur, le prince Yoshinobu , pour lui succéder. J'étais opposé à ce qu'il accepte ce poste, car le pays était alors dans un état très instable, et j'étais sûr que le prochain shogun, quel qu'il soit, pourrait être, aurait de sérieuses difficultés à rencontrer ; surtout avec la question importante des relations étrangères au premier plan, et avec des seigneurs aussi puissants que ceux de Satsuma, Choshu , Tosa et Hizan devenant de plus en plus hostiles au shogunat et de plus en plus favorables à l'Empire. Maison.

"Le fait que le prince Yoshinobu ait servi d'intermédiaire entre son parent, le quatorzième shogun, et la cour impériale de Kyoto, rendait plus tard délicate pour lui l'acceptation du shogunat . De plus, bien qu'il appartenait à la famille Tokugawa, sa branche de la famille, la branche Mito, avait continuellement insisté sur la suprématie impériale au Japon. Cependant, les circonstances l'ont contraint à accepter ce poste. J'ai été très déçu lorsqu'il l'a fait.

"Cela s'est produit deux ans après que je sois devenu son serviteur. J'étais maintenant vice-ministre de son Trésor, avec pour tâches supplémentaires de suivre toutes les innovations modernes et de superviser les exercices militaires de nouveau style, avec des fusils, que nous reprenons alors. .

"Peu de temps après être devenu Shogun, Yoshinobu décida d'envoyer son frère Akitaké en France pour y faire ses études, et il me nomma membre de l'entourage qui devait accompagner le jeune homme. J'avais alors vingt-sept ans.

« Nous avons navigué en janvier 1867, un groupe de vingt-cinq personnes, parmi lesquels un médecin, un officier parti étudier l'artillerie et plusieurs autres personnes, outre les sept assistants personnels d'Akitaké .

"Pour des raisons internationales, le Shogun était désormais appelé Tycoon, car le mot "shogun", signifiant "généralissime", n'avait aucune connotation de gouvernement ; alors que "tycoon" signifie "grand prince" - et bien sûr, cela semblait assez approprié pour un grand prince pour traiter avec les puissances étrangères. En tant que frère du magnat, Akitaké reçut, en Europe, le titre d'« Altesse ».

« Les choses semblaient très inquiétantes pour le shogunat au moment où nous avons quitté le Japon, mais j'ai senti que la meilleure chose à faire était d'aller à l'étranger et d'apprendre tout ce que je pouvais, en vue d'être mieux à même de servir mon pays quand je le devrais. retour.

"Les membres de notre groupe portaient le costume japonais, comprenant des chignons et deux épées. Cependant, je me suis imaginé une élégance particulière. J'ai entendu dire que le gouverneur de Saigon, où notre navire devait faire escale, avait l'intention d'accueillir officiellement notre groupe, alors j'ai fait confectionner un manteau." Le vicomte éclata de rire en se remémorant l'épisode. "Ce n'était pas un costume, juste un manteau. Et quand nous sommes arrivés à Saigon, j'ai porté ce manteau par-dessus mes soies japonaises, pendant la journée.

"Notre manque d'expérience avec les méthodes européennes a provoqué de nombreuses choses amusantes. Par exemple, alors que nous étions dans le train traversant l'isthme de Suez - il n'y avait pas de canal à l'époque - un membre du parti, peu habitué aux vitres, a lancé un une peau d'orange, s'attendant à ce qu'elle sorte par la fenêtre. La peau heurta la vitre et rebondit en tombant sur les genoux d'un fonctionnaire venu nous escorter à travers l'isthme.

"Plus tard, à Paris, une autre chose absurde s'est produite. Vous devez comprendre qu'au Japon, il est d'usage que les invités, quittant une maison où ils ont été reçus, emballent des gâteaux et autres choses de ce genre et les rapportent à la maison. Un membre de notre groupe, qui n'avait jamais vu de glace auparavant, tenta cela, en enveloppant la glace dans du papier et en la glissant devant son kimono. Inutile de dire que la glace n'était plus de la glace à son retour à l'hôtel. , et lui-même n'était pas très à l'aise.

"L'Exposition universelle de Paris de 1867 était en cours lorsque nous sommes arrivés. Une fois terminée, nous avons voyagé à travers la Suisse, la Hollande, la Belgique, l'Italie et l'Angleterre. À l'origine, il était prévu qu'après notre tournée officielle, nous nous installions pour étudier, et j'ai été Nous avions hâte que ce moment arrive. Cependant, nous n'avons pas tardé à recevoir la nouvelle de la chute du shogunat .

"La nouvelle était déroutante. Je ne parvenais pas à comprendre ce qui se passait au Japon. J'ai d'abord entendu dire que Yoshinobu , en tant que shogun, avait publiquement restitué la pleine autorité de l'empereur, mais plus tard on m'a parlé de la bataille de Toba-Fushimi, au cours de laquelle les troupes de Le parti impérial a vaincu les troupes du shogun, ce qui a donné l'impression que Yoshinobu avait joué un faux rôle, en renonçant d'abord publiquement au pouvoir du shogun, puis en luttant pour le conserver. Ces actes apparemment contradictoires m'ont intrigué, car je savais que Yoshinobu était un homme de haut rang. honneur .

« Bientôt arriva un messager du Japon annonçant qu'Akitaké était devenu chef de la branche Mito de la famille Tokugawa, ce qui nous obligea à abandonner nos projets et à revenir. Nous quittions l'Angleterre en décembre 1867 et atteignîmes le Japon en novembre 1868, onze heures plus tard. des mois plus tard.

"J'ai été abasourdi par les changements que j'ai constatés. Même si je savais que le gouvernement Shogun était tombé, je n'avais pas imaginé ce que cela signifierait. Mon seigneur, Yoshinobu , a été retenu prisonnier dans une maison de Suruga. Apprenant qu'il était autorisé à voir son Amis intimes et serviteurs, je me rendis à Suruga, où je l'entendis plusieurs fois. Je le trouvai réticent et je ne pus obtenir de lui que peu d'informations sur la voie mystérieuse qu'il avait suivie.

"Après avoir été détenu pendant un an, il fut libéré, mais il continua à résider pendant trente ans dans le quartier de Suruga, menant une vie isolée. Ce n'est que trente et un ans après sa démission du shogunat qu'il revint à Tokyo. Quatre ans plus tard, l'Empereur le créait prince du nouveau régime. Cela montrait assez clairement que l'Empereur ne s'était pas méfié de lui.

"Pendant vingt ans après mon retour au Japon, je n'ai pas pu aller au fond de cette affaire. J'ai essayé d'obtenir des explications de Yoshinobu lui-même, mais il a éludé mes questions. Pendant ce temps, la question était constamment discutée au Japon. Ceux qui étaient hostiles à Yoshinobu Il affirmait qu'il n'avait pas agi avec sincérité, ayant été amené par les fardeaux liés à l'ouverture des relations étrangères, à abandonner le shogunat , et ayant ensuite changé d' avis et s'est battu pour le conserver, cela semblait vrai à première vue. Yoshinobu fut traité de lâche et de traître, et fut sévèrement critiqué pour s'être échappé après la bataille de Toba-Fushimi .

"D'un autre côté, ceux qui soutenaient Yoshinobu affirmaient qu'il avait agi logiquement et sagement : qu'il avait vu que son gouvernement allait tomber et qu'il avait été tout à fait honnête en rendant le shogunat avant la bataille. Ces partisans ont insisté sur le fait qu'il n'avait pas voulu de bataille, mais était parti pour Kyoto pour voir l'empereur en vue d'arranger les détails, notamment en ce qui concerne le bien-être futur de ses serviteurs. « Mais lorsqu'un grand seigneur voyageait, à cette époque, il voyageait avec. une armée, et les défenseurs de Yoshinobu affirmèrent que c'était ce qui avait déclenché la bataille : que lorsque les hommes de Choshu et de Satsuma apprirent que Yoshinobu se dirigeait vers Kyoto avec ses soldats, ils sortirent et l'attaquèrent, croyant ou faisant semblant de croire, qu'il était en mission hostile.

« A cette époque, l'empereur n'avait que dix-sept ans et le gouvernement était entre les mains des hommes d'État les plus âgés du parti impérial. L'empereur lui-même n'avait probablement aucune idée de la mission que Yoshinobu approchait de Kyoto ; et si les hommes d'État les plus âgés savaient ou non non, ils appartenaient à des clans hostiles au shogunat , et préféraient se battre.

"De nombreuses années se sont écoulées avant que la vérité ne commence à devenir claire. Finalement, lorsque les vieilles blessures furent à peu près bien cicatrisées, j'entrepris la compilation d'une histoire de la vie et de l'époque de Yoshinobu . Finalement, je lui ai posé des questions directes sur les événements liés à son démission et la bataille qui a suivi. Il m'a dit qu'il était effectivement parti pour Kyoto dans le cadre d'une mission pacifique, mais que lorsque les forces envoyées par les grands clans sont apparues, il n'avait pas pu contrôler ses propres hommes. Il n'avait ni cherché ni désiré la bataille. Sentant que son plus grand devoir était envers l'Empereur, il se retira de la bataille, n'y prenant aucune part, et revint d'où il était venu, prenant sa retraite. Il savait, bien sûr, que la bataille le mettrait sous un faux jour. et il décida que la voie la plus sage et la plus honorable à suivre était de montrer, par sa vie retirée, sa soumission absolue à l'empereur.

"Pour comprendre pleinement pourquoi Yoshinobu était si prêt à abandonner son pouvoir, il faut bien comprendre la vieille doctrine japonaise de la loyauté envers le trône. Cette loyauté équivaut à une religion et imprègne toute la vie du Japon. C'est pourquoi le Les shoguns qui gouvernèrent le Japon pendant tant de siècles n'essayèrent jamais d'usurper le rang impérial, mais se contentèrent, tout en usurpant le pouvoir, de conserver toujours la forme de gouvernement en tant que vice-régents.

"Je crois personnellement que lorsque Yoshinobu Tokugawa a accepté le shogunat malgré l'opposition de ses serviteurs de confiance, il l'a fait avec la ferme intention de redonner à la maison impériale son pouvoir légitime. Je lui ai posé des questions à ce sujet, et même s'il n'a jamais Il l'a admis, il ne l'a jamais nié. C'était sa caractéristique. Il était le plus modeste et le plus effacé des hommes, le dernier à pouvoir s'attribuer le mérite d'avoir accompli un acte de patriotisme altruiste et héroïque . Pour lui, l'accomplissement de l'acte était suffisant."

Tout au long de mon entretien avec le vicomte Shibusawa, j'ai ressenti en lui la loyauté passionnée d'un serviteur envers son seigneur. Là où j'avais souhaité des souvenirs d'ordre plus personnel, le vicomte, je le voyais, pensait d'abord à lui-même dans ses relations avec la famille du prince Yoshinobu , le dernier shogun, dont il était le serviteur. Il ne souhaitait pas me parler de sa propre carrière, mais il souhaitait profondément que moi, en tant qu'écrivain, compreniez la relation du prince Yoshinobu avec la Restauration impériale. Son attitude me rappelait celle d'un noble vieux gentleman du Sud, aujourd'hui mort et disparu, qui avait été l'adjudant de Robert E. Lee, qui aimait Lee et aimait parler de lui. Quand je parlais avec lui, c'était pareil. J'ai eu beaucoup de mal à le convaincre de me parler de ses propres expériences.

La loyauté du serviteur envers la famille de son seigneur se reflète également dans la relation entre le vicomte et le jeune prince Keikyu Tokugawa, fils de Yoshinobu . Après la mort du père, le vicomte continua à agir en tant que conseiller du fils. Il devint son principal conseiller, et lorsque, quelques années plus tard, il démissionna du conseil d'administration de la Première Banque du Japon, banque qu'il fonda cinq ans après la Restauration, ce fut le jeune prince Tokugawa qui succéda à son fauteuil vide. .

Le prince, membre de la Chambre des pairs, est connu aux États-Unis pour y être venu pendant la guerre en tant que représentant de la Croix-Rouge japonaise.

Le vicomte Shibusawa est également une figure qui n'est pas étrangère aux Américains, qui ont visité ce pays à plusieurs reprises. Je lui dois une anecdote illustrant la mémoire prodigieuse du président Roosevelt.

"Il y a dix-huit ans", a-t-il déclaré, "lorsque M. Roosevelt était président, je lui ai rendu visite à la Maison Blanche. Nous avons eu une conversation agréable. Il a complimenté le comportement des troupes japonaises dans le conflit des Boxers, en disant qu'elles n'étaient pas seulement courageux, mais ordonné et discipliné. Puis il parla avec admiration de l'art du Japon.

"Je lui ai dit : "Monsieur le Président, je ne suis qu'un banquier et je regrette de devoir dire que dans mon pays, le secteur bancaire n'est pas encore aussi développé que l'art."

« Peut-être que ce sera le cas », a-t-il répondu, « au moment où nous nous reverrons. »

"Treize ans plus tard, lorsque je lui ai rendu visite chez lui à Oyster Bay, il a repris la conversation là où nous l'avions laissée.

"'La dernière fois que je vous ai vu', a-t-il dit, 'je ne vous ai pas posé de questions sur les opérations bancaires au Japon. Maintenant, je veux que vous me racontiez tout cela.'"

Alors que je quittais le bungalow dans le jardin en fin d'après-midi du deuxième jour passé à interviewer le vicomte, l'idée m'est venue que je ne devrais probablement plus jamais parler avec un homme qui avait vécu de telles transitions. Je voulais un souvenir et je souhaitais qu'il soit quelque chose d'emblématique des changements observés par ces vieux yeux astucieux et pleins d'humour.

C'est pourquoi, non sans hésitation, j'ai demandé au vicomte s'il aurait la gentillesse d'enfiler ses deux épées de samouraï et de me laisser le prendre en photo.

Il envoya un domestique qui revint aussitôt de la maison avec les armes. Le vicomte les glissa dans sa ceinture et j'ouvris le volet, espérant ardemment que la lumière de fin d'après-midi s'avérerait adéquate.

Le vicomte Shibusawa, l'un des grands vieillards du Japon, a accepté de poser pour moi, portant ses épées de samouraï.

Comme le lecteur peut le constater par lui-même, le tableau s'est bien passé. En fait, le résultat fut meilleur que je ne l'avais moi-même prévu, car outre les épées et les robes de soie du vieux Japon, on peut y voir une note très moderne.

C'est le petit-fils du vicomte qui, lorsque je lui ai montré la photographie, a attiré l'attention sur cela.

« Oui, dit-il en souriant, vous avez là les épées du vieux Japon. Mais la chaîne de montre, c'est un anachronisme.

CHAPITRE XVIII

Jamais au Japon je ne me suis senti aussi proche de chez moi qu'à plusieurs reprises, assis dans le bureau du vicomte Kentaro Kaneko, à Tokyo, écoutant ses réminiscences et regardant ses souvenirs de Theodore Roosevelt.

Aucun Japonais n'a été plus connu aux États-Unis ni plus familier avec nos mœurs que le vicomte Kaneko (Harvard 1978), conseiller privé de l'empereur, président de la commission chargée de préparer l'histoire du règne de l'empereur. feu l'empereur Meiji et président de la Société Amérique-Japon de Tokyo.

Je l'ai trouvé vivant dans une maison de bonne taille mais sans ostentation, d'architecture purement japonaise. Mais son équipement n'était pas purement japonais. Comme les maisons d'autres messieurs de Tokyo habitués à recevoir beaucoup d'étrangers, elle était recouverte de moquette, ce qui rendait inutile le retrait des chaussures, et certaines de ses chambres étaient meublées dans le style occidental.

Au Japon, ces pièces sont généralement des salles de réception rigides qui semblent être utilisées uniquement lorsque des visiteurs étrangers y font leur apparition ; mais le bureau du vicomte Kaneko dégageait une atmosphère familiale qui me faisait penser que la pièce était fréquentée par le maître de la maison lorsqu'aucun invité n'était présent.

Sur les murs étaient encadrées des photographies de notables, européens et américains, avec la famille Roosevelt au premier plan, et j'ai remarqué sous la photographie du président Roosevelt une inscription cordiale de l'écriture familière, si honnête et si enfantine - une écriture qui ne ressemble en rien à celle de tout autre grand homme comme Roosevelt lui-même ne ressemblait à aucun autre grand homme.

Après avoir traversé et lu l'inscription, le vicomte Kaneko a attiré mon attention sur le cadre.

"Ce cadre", dit-il, "est fabriqué à partir d'un morceau de pin d'Oregon qui a été apporté, entre autres cadeaux au Shogun, par le commodore Perry. L'empereur m'a offert un morceau de bois, et j'en ai fait fabriquer ce cadre et un écritoire sur lequel la scène de l'arrivée de Perry est représentée en laque dorée."

Il y avait aussi une photographie de Mme Roosevelt avec deux de ses fils, et une de Quentin Roosevelt enfant, à califourchon sur un poney, avec une inscription au fils du vicomte Takemaro , datée du 7 août 1905. Dans le coin du cadre fut insérée une photographie que le Vicomte avait fait prendre de la tombe de Quentin en France.

Le vicomte Kaneko était étudiant à Harvard lorsque Roosevelt entra à l'université, mais ils avaient deux ans d'écart et ne s'y connaissaient pas. Leur première réunion eut lieu à Washington en 1889, alors que Roosevelt était commissaire de la fonction publique et que le vicomte Kaneko retournait au Japon après avoir visité les principaux pays d'Europe dans le but d'étudier les formes parlementaires. Le premier Parlement japonais s'est réuni l'année suivante, en 1890, lorsque le Japon a adopté une Constitution.

En repensant à mes entretiens avec le vicomte, je m'émerveille aujourd'hui , comme à l'époque, de l'exactitude détaillée de sa mémoire. Il racontait les événements survenus quinze ans et plus auparavant avec une vivacité et une attention aux bagatelles extraordinaires. C'était comme s'il s'était rafraîchi la mémoire en lisant un journal.

« J'avais deux lettres d'introduction à Roosevelt, me dit-il, lorsque je suis allé à Washington en 1889. L'une m'avait été remise par James Bryce, plus tard vicomte Bryce, qui faisait alors partie du cabinet Gladstone. mon ami le Dr William Sturges Bigelow.

"Quand le docteur Bigelow m'a remis la lettre, il m'a dit : 'Cela vous présentera un homme qui sera un jour président des États-Unis.' Je m'en suis toujours souvenu et c'est pour cette raison que j'ai observé la carrière de Roosevelt avec d'autant plus d'intérêt.

"En arrivant à Washington, j'ai rendu visite à Roosevelt dans une pension privée où il vivait, et il m'a rappelé le lendemain. Naturellement, j'ai tout de suite compris que c'était un homme d'un esprit extraordinairement vigoureux. Je l'aimais beaucoup et j'étais heureux et intéressé, après mon retour au Japon, de le voir progresser progressivement. Il devint secrétaire adjoint de la Marine, colonel des Rough Riders, gouverneur de New York. « Maintenant, me dis-je en lisant qu'il avait été élu gouverneur, "Il est sur le point de réaliser la prophétie du docteur Bigelow." Puis il est devenu vice-président et j'ai pensé : "C'est dommage qu'ils l'aient mis de côté, il ne sera finalement pas président". Mais McKinley fut assassiné et Roosevelt arriva à la Maison Blanche.

"Au début de 1904, au moment de notre guerre avec la Russie, j'ai été envoyé aux États-Unis dans une ambassade non officielle. Je suis allé d'abord à New

York, où je suis resté une semaine, puis à Washington. Là, j'ai fait appel à mon ancien mon ami, le juge Holmes de la Cour suprême – « frère Kaneko », il m'appelait autrefois – lui demandant de m'emmener à la Maison Blanche pour rencontrer le président, qui, je pensais, ne se souviendrait pas de moi. Mais le juge Holmes n'était pas d'accord avec Roosevelt sur ce point. l'affaire Northern Securities, et je n'avais pas le sentiment qu'il était persona grata à la Maison Blanche à ce moment-là. C'est pourquoi j'ai organisé une réunion par l'intermédiaire de notre ministre, M. Takahira .

"Un matin de mai 1904, le ministre m'a emmené chez le président. Notre rendez-vous était pour dix heures et demie. Nous n'avons pas attendu longtemps. Je n'oublierai jamais la photo de Roosevelt alors qu'il ouvrait rapidement la porte et se précipitait dans la salle. Le Ministre n'a pas eu l'occasion de me présenter. "Je suis ravi de vous revoir Baron!" » s'est exclamé le Président avec sa façon merveilleusement chaleureuse. Et pendant que nous nous serrions la main, il a jeté son bras sur mon épaule en exigeant : « Pourquoi êtes-vous resté une semaine à New York ? Pourquoi n'êtes-vous pas venu me voir tout de suite ? '

"Au cours de notre entretien, qui a duré une heure, il m'a laissé voir qu'il était absolument neutre dans son attitude officielle à l'égard de notre guerre avec la Russie, mais m'a néanmoins fait sentir qu'il avait une grande sympathie personnelle pour le Japon. Il a déclaré franchement que le sentiment populaire dans Les États-Unis étaient favorables au Japon et ajoutaient que le gouvernement russe s'était plaint du fait que les officiers de l'armée et de la marine américaines étaient ouvertement pro-japonais. Cela l'avait obligé à publier une proclamation de neutralité. Mais en tant que président, il l'était. surtout pour être scrupuleusement juste envers les deux côtés, je n'avais aucun doute sur la gentillesse de ses sentiments privés.

"Il m'a conseillé de ne pas rester à Washington, mais d'établir mon quartier général à New York, de venir à Washington pour le voir lorsque cela était nécessaire. C'est ce que j'ai fait, et au fur et à mesure que le temps passait et que nous sommes devenus des amis plus proches, il l'a souvent fait. j'ai l' honneur de m'inviter à déjeuner *fr famille* à la Maison Blanche.

"Lors d'un de ces déjeuners, je lui parlai de la prophétie du docteur Bigelow et de la façon dont je l'avais vu monter pas à pas vers son accomplissement. Cela parut lui plaire.

« « Edith », a-t-il appelé à Mme Roosevelt à travers la table, « entendez-vous cela ? Voici un homme qui a gardé un œil amical sur moi depuis le Japon. »

"Un jour, lors d'un de ces déjeuners intimes à la Maison Blanche, il a fait remarquer qu'en tant que président, il était nécessaire de préserver un certain style. 'En venant nous voir ici', a-t-il déclaré, 'vous n'avez pas une idée précise de ce que notre vie de famille a vraiment à offrir.' C'est vrai. Vous devez venir nous rendre visite à Oyster Bay cet été lorsque nous rentrerons à la maison. Vous en saurez alors davantage sur nous.

"Il n'a pas oublié l'invitation, mais au début de juillet 1905, il l'a répétée par télégraphe. Je suis allé à Oyster Bay et j'y ai passé la nuit . Ce fut à bien des égards une expérience mémorable.

"Il a toujours été très intéressé par notre tradition de samouraï et par la doctrine que nous appelons bushid o. Je me souviens qu'il m'a demandé combien d'argent il fallait pour maintenir la position d'un samouraï. J'ai expliqué qu'il y avait différentes classes de samouraïs - que les les shoguns étaient eux-mêmes des samouraïs, avec d'autres de différents grades en dessous d'eux.

« Les samouraïs de la classe moyenne, dis-je, n'ont pas besoin de beaucoup d'argent. Ils n'en ont besoin que de suffisamment pour s'habiller lors des occasions sociales, pour l'éducation de leur famille et pour le maintien de leur position politique, quelle que soit la situation. c'est peut-être le cas. Ils n'ont pas besoin d'argent pour les plaisirs ou les extravagances.

« Tout de même, répondit le président, un homme ne veut pas prendre du retard sur ses ancêtres, matériellement ou autrement. Prenez mon cas : je veux garder ma place comme mes ancêtres ont gardé la leur. Je ne désire ni plus ni moins que ce que mon père avait. Je veux que mes enfants puissent grandir dans cette vieille maison d'Oyster Bay, tout comme les enfants de ma génération. Puis il a commencé à me poser des questions sur les détails de la vie des samouraïs.

"'Et les factures du médecin ?' » demanda-t-il. « Vous n'avez pas mentionné cet élément dans l'estimation du coût de la vie.

"Je lui ai parlé d'une curieuse coutume que nous avions autrefois. Dans chaque classe de samouraï, il y avait des familles de médecins dotés par le gouvernement, la profession se transmettant de père en fils. Ces médecins s'occupaient des familles de samouraïs du rang correspondant. deux fois par an, en janvier et en juillet, quand il est d'usage de faire des cadeaux, on faisait aussi des cadeaux aux médecins. Ils s'occupaient aussi des pauvres par charité.

"Cela l'intéressait aussi. Il a toujours été extrêmement intéressé par les samouraïs, parce que nos vertus de samouraï étaient des vertus d'un genre qu'il admirait particulièrement : le courage, le stoïcisme, l'amour du devoir et de la patrie.

"Nous nous sommes assis sur la grande véranda, surplombant la pelouse qui descendait vers Long Island Sound. Mme Roosevelt était assise avec nous, en train de tricoter. C'était en juillet, mais elle tricotait des mitaines. Bientôt, une femme de chambre est venue lui parler et elle nous a quittés. .

"Quand elle est revenue, elle m'a dit : "Baron, je veux te demander un service . Quentin a pleuré. Il a pris grand soin aujourd'hui de nettoyer son poney, de te le montrer, et nous lui avons promis qu'il devrait être autorisé à le faire. Il a parcouru la pelouse en espérant que vous le remarqueriez.

"Bien sûr, j'ai fait venir Quentin, et il est apparu fièrement sur son poney. Je lui ai demandé de faire le tour de la pelouse, ce qu'il a fait.

"'Vous roulez à merveille !' » dis-je lorsqu'il se remit devant le porche.

«   » demanda-t-il, visiblement très content.

"'En effet, je le fais!' Dis-je en lui demandant de faire à nouveau le tour de la pelouse.

"Quand il est revenu, je lui ai parlé de mon fils, qui avait justement son âge. 'Je lui ferai apprendre à monter à cheval', dis-je, 'et quand il saura monter aussi bien que toi, je le ferai prendre en photo sur un poney et je te l'envoie.

" C'est ainsi, continua le vicomte, que nous avons cette photo de Quentin sur son poney. Il l'a envoyée à mon fils, et mon fils lui a envoyé une photo. J'aime toujours penser à la bonne volonté qu'il y avait entre eux. entre ces deux garçons — un garçon américain et un garçon japonais qui ne s'étaient jamais vus.

"Cette nuit-là, nous étions assis à discuter dans le salon qui se trouve à gauche du couloir lorsque l'on entre dans la maison. Mme Roosevelt tricotait encore des mitaines pour les enfants. Tout était merveilleusement simple et familier. J'avais du mal à croire que je J'étais dans la maison du chef d'une grande nation. À cette époque, la maison était éclairée avec des lampes à pétrole, mais au Japon, j'utilisais la lumière électrique depuis quinze ans.

"Vers dix heures, Mme Roosevelt nous a souhaité une bonne nuit et s'est retirée. Avant de monter à l'étage, elle s'est déplacée, fermant les fenêtres et éteignant les lampes dans les parties de la maison où elles ne seraient plus nécessaires. Puis elle a apporté des bougies et des allumettes pour que nous les ayons au moment d'aller nous coucher.

"Après une heure de conversation sur la guerre, qui faisait toujours rage, le président se leva et alluma les bougies. Puis il éteignit les lampes restantes et me conduisit à l'étage jusqu'à ma chambre. La nuit était fraîche. Il tâta les couvertures. mon lit et j'ai décidé que j'aurais peut-être besoin d'une autre couverture. "Je t'en trouverai une", dit-il en quittant la pièce. Et au bout d'une minute ou deux, il réapparut avec une couverture sur l'épaule.

« Viens, dit-il en le posant sur le lit, et je vais te montrer la salle de bain. » Je l'accompagnai. « Voici du savon, dit-il, et voici des serviettes propres. » Puis il m'a ramené dans ma chambre et m'a souhaité une bonne nuit.

"Quant à moi, j'étais fasciné, presque abasourdi. Je n'arrêtais pas de me dire : 'Cet homme qui m'a éclairé en haut avec une bougie, qui m'a porté une couverture et qui m'a montré où trouver du savon et des serviettes, est le président de les États-Unis ! Le président des États-Unis a fait toutes ces choses pour moi. C'est le plus grand honneur qu'un homme puisse avoir.

"Plus tôt dans la même année, avant que le président ne quitte la Maison Blanche pour Oyster Bay, il partit à la chasse à l'ours. C'était juste avant la victoire de l'amiral Togo sur la flotte russe, dans la mer du Japon.

"Avant de partir, le président m'a fait venir et m'a dit, en présence de M. Taft, qui était secrétaire à la Guerre, que si quelque chose d'important survenait pendant son absence, je devais en voir M. Taft à ce sujet, et que dans le cas où il s'agirait de quelque chose d'absolument vital, M. Taft saurait comment le joindre.

"M. Taft m'a montré une photographie accrochée au mur du bureau du président, montrant le pays sauvage dans lequel le président se rendait pour son voyage de chasse.

"Je lui ai fait remarquer en plaisantant que je pensais qu'il était souhaitable, à ce moment-là, que le président s'abstienne de tuer des ours, quels que soient les autres animaux qu'il jugerait bon de tuer.

"Roosevelt, assis à son bureau, m'a entendu.

"'Qu'est-ce que tu dis ?' Il a demandé.

"J'ai répété ce que j'avais dit à M. Taft.

« Pourquoi pensez-vous que je ne devrais pas tuer des ours ? » » a demandé le président.

"'Eh bien, Monsieur le Président,' ai-je répondu, 'vous savez que les différentes nations ont leurs symboles spéciaux dans le règne animal. L'Amérique a l'aigle, la Grande-Bretagne le lion, la France le coq et la Russie, eh bien...'

"Il s'est levé en riant et est venu vers moi.

« Néanmoins, dit-il, je vais aller de l'avant et tuer des ours ! »

"Avant son départ pour cette partie de chasse, je suis allé le voir et je lui ai demandé, en guise de faveur spéciale , de me donner la peau d'un des ours qu'il devait tuer.

"Il a refusé, affirmant que s'il commençait à remettre des trophées à ses amis,
ils s'en prendraient tous à lui.

" Alors je lui ai dit : 'Si je demandais cela pour moi-même, Monsieur le
Président, je n'irais pas plus loin dans cette affaire, mais je ne le demande pas
pour moi-même. Je veux cette peau d'ours pour notre Empereur.'

« – Très bien, alors, dit-il. Vous l'aurez.

"Il partit à la chasse et revint. Puis vinrent les négociations pour la cessation
des hostilités entre le Japon et la Russie et la Conférence de paix de
Portsmouth, par laquelle Roosevelt amena la fin de la guerre.

"En août de la même année 1905, j'ai reçu de lui cette lettre."

Le vicomte m'a remis la lettre à lire. C'était le suivant :

Oyster Bay, N, Y,.
30 août 1905.

Personnel

MON CHER BARON KANEKO :

Je ne saurais trop exprimer mon appréciation de la sagesse et de la
magnanimité du Japon, qui couronnent dignement les prouesses de ses
soldats. Voulez-vous dire à l'Empereur que je me permettrai de lui envoyer
par vous une peau d'ours ? Je veux que tu viennes bientôt ici et que tu prennes
le déjeuner.

Cordialement,
THÉODORE ROOSEVELT .

"Plus tard", poursuivit le vicomte, "le président m'a demandé de venir à
Oyster Bay et de sélectionner l'une des peaux. Cependant, je ne souhaitais
pas faire la sélection, alors le président l'a fait, en choisissant la plus grande
peau de tout cela et me le donne pour l'empereur Meiji.

"Sa Majesté était très satisfaite de la peau, non seulement parce qu'il s'agissait
d'un trophée du président lui-même, mais aussi en raison du caractère
emblématique du cadeau. Cette peau d'ours était dans sa bibliothèque au
palais impérial de Tokyo aussi longtemps qu'il vivait. "

L'une des lettres les plus importantes que le vicomte Kaneko m'a montrées
à Roosevelt concernait les relations nippo-américaines. Comme cette lettre
n'est pas incluse dans le recueil en deux volumes de la correspondance de
Roosevelt compilé de façon si magistrale par Joseph Bucklin Bishop,

l'exécuteur littéraire de Roosevelt, j'ai demandé la permission de Mme Roosevelt et de M. Bishop de la citer ici.

C'était le suivant :

LA MAISON BLANCHE

WASHINGTON

23 mai 1907.

Confidentiel
Mon CHER BARON KANEKO :

J'apprécie beaucoup votre pensée pour Archie. Le petit garçon était très malade mais il va maintenant bien. Sa mère et moi venons de l'emmener faire un petit voyage à la campagne.

J'ai été ravi de rencontrer le général Kuroki et l'amiral Ijuin avec leurs états-majors. Le général Kuroki est, bien entendu, l'un des hommes les plus illustres du monde. Par l'intermédiaire de son interprète, un jeune officier d'état-major très compétent, je lui ai parlé un peu de nos ennuis sur le versant du Pacifique.

Rien au cours de ma présidence ne m'a plus préoccupé que ces troubles. L'histoire enseigne souvent par l'exemple, et je pense que nous pouvons mieux comprendre quelle est la situation et comment y faire face en prenant en compte l'évolution des relations internationales générales au cours des deux ou trois derniers siècles.

Durant cette période, toutes les nations civilisées ont fait de grands progrès. Au cours de la première partie de ce développement, le Japon n'a pas figuré dans le progrès général, mais au cours du dernier demi-siècle, il a progressé tellement plus vite que n'importe quelle autre nation que je pense que nous pouvons dire avec justesse que, en prenant ensemble les trois derniers siècles, son progrès a été dans l'ensemble plus grand que celui de toute autre nation. Mais tous ont progressé, et notamment dans la manière dont les habitants de chacun traitent les personnes d'autres nationalités. Il y a deux siècles, la plus grande méfiance et la plus grande malveillance étaient manifestées par tous les peuples, hauts et bas, de chaque pays européen, envers tous les peuples, hauts et bas, de tous les autres pays européens, à quelques rares exceptions près. Mais les gens cultivés des différents pays avaient déjà commencé à traiter entre eux en bons termes. Mais lorsque, par exemple, les huguenots furent exilés de France et qu'un grand nombre d'ouvriers huguenots se rendirent en Angleterre, leur présence excita l'hostilité la plus violente, se manifestant même par la violence de la foule parmi les ouvriers anglais. Les hommes étaient étroitement liés par la race et la religion, ils avaient pratiquement le même type de culture ancestrale, et pourtant ils ne parvenaient pas à s'entendre. Deux siècles se sont écoulés, le monde a progressé et de telles hostilités ne peuvent désormais plus se répéter. De la même manière, des progrès merveilleux ont été réalisés dans les relations du Japon avec les nations occidentales. Il y a cinquante ans, vous, moi et ceux comme nous n'aurions pas pu voyager l'un dans l'autre. Nous aurions dû vivre des expériences très désagréables et peut-être très dangereuses. Mais le même progrès qui s'est produit entre les nations d'Europe et leurs descendants d'Amérique et d'Australie s'est également produit entre le Japon et les nations occidentales. A notre époque donc, messieurs, tous les gens instruits, les membres des professions libérales, etc. , s'entendent si bien ensemble que non seulement ils voyagent les uns dans les autres pays, mais qu'ils s'associent dans les termes les plus intimes. Parmi les amis que j'apprécie particulièrement, je compte un certain nombre de messieurs japonais. Mais le demi-siècle a été trop court pour que le progrès puisse inclure les classes laborieuses des deux pays, entre elles.

Exactement comme les classes instruites d'Europe, parmi les différentes nations, sont devenues capables de s'associer entre générations avant qu'une telle association ne soit possible entre des hommes qui ne bénéficiaient pas de tels avantages en matière d'éducation, il est évident que nous ne devons pas insister. trop rapide pour rapprocher les classes laborieuses du Japon et de l'Amérique. Déjà au cours de ces cinquante années, nous avons complètement atteint l'objectif entre les classes instruites et intellectuelles des deux pays. Nous devons nous contenter d'attendre une autre génération avant d'avoir fait suffisamment de progrès pour permettre la même intimité entre les classes qui ont eu moins de possibilités de culture et dont la vie est moins facile, de sorte que chacune doit ressentir, en gagnant sa vie quotidienne. le pain, la pression de la concurrence de l'autre. Je suis convaincu que tenter d'aller trop loin d'un seul coup risque d'entraîner des ennuis. Cela est tout aussi vrai d'une nation que d'une autre. Si des dizaines de milliers de mineurs américains allaient à Saghalin , ou des mécaniciens américains au Japon ou à Formose, des problèmes s'ensuivraient presque certainement. De la même manière, des dizaines de milliers de travailleurs japonais , qu'ils soient agricoles ou industriels, sont certains, principalement en raison de la pression qu'ils provoquent, d'être une source d'ennuis s'ils viennent ici ou en Australie. Je mentionne l'Australie parce qu'elle fait partie de l'Empire britannique, parce que les Australiens ont fait preuve de discrimination à l'encontre de l'immigration continentale en faveur de l'immigration en provenance des îles britanniques et ont effectivement fait preuve d'une certaine discrimination en faveur de l'immigration en provenance d'Angleterre et d'Écosse par rapport à l'immigration. d'Irlande.

Mon cher baron, la tâche des hommes d'État est d'essayer constamment de maintenir de meilleures relations internationales, d'éliminer les causes de friction et d'assurer une justice aussi idéale que le permettent les conditions réelles. Je pense qu'avec cet objectif en vue et face aux conditions non telles que je voudrais qu'elles soient, mais telles qu'elles sont, la meilleure chose à faire est d'empêcher les classes laborieuses de l'un ou l'autre pays de se déplacer en nombre vers l'autre. Dans une génération, je crois que tout besoin d'une telle prévention aura disparu ; et en tout cas cela laisse libre la possibilité à tous ceux qui sont aptes à profiter des relations sexuelles, d'aller chacun dans le pays de l'autre. Je viens de nommer une commission sur l'immigration générale qui demandera très probablement des mesures restrictives à l'égard de l'immigration européenne et qui, j'espère, pourra mettre au point une méthode par laquelle le résultat que nous visons sera obtenu avec le minimum de frictions. .

Cordialement à la Baronne, croyez-moi,

Cordialement,
THÉODORE ROOSEVELT .

Baron Kentaro Kaneko,

Tokyo, Japon.

La lettre qui précède pourrait très bien être étudiée à l'heure où, faute du sens politique dont Roosevelt a fait preuve, la situation californienne s'est aggravée au lieu de s'améliorer.

Une autre lettre que m'a montrée le vicomte Kaneko était écrite au crayon sur une grande feuille de papier jaune arrachée d'un bloc. Il venait de la jungle africaine et se déroulait comme suit :

Moyenne Afrique , 10 septembre 1909.

MON CHER BARON , [3]

Je n'ai aucune facilité pour écrire ici ; mais je dois juste vous envoyer une ligne de remerciement pour votre mot de bienvenue. J'ai fait un voyage des plus intéressants ; mon fils Kermit s'en est particulièrement bien sorti. Il a l'esprit d'un samouraï ! J'espère grandement visiter le Japon; mais quand cela sera possible, je ne peux pas le dire.

Cordialement à la Vicomtesse , [3] croyez-moi,

Cordialement,
THÉODORE ROOSEVELT .

3 Bien que Roosevelt savait que Kaneko avait été nommé vicomte, il s'adressait à lui dans cette lettre par son ancien titre.

La dernière lettre de la série a été écrite sur le papier à lettres du Kansas City *Star*, dont Roosevelt était rédacteur associé avec un bureau à New York. La lettre disait :

New York, 21 août 1918.

MON CHER VICOMTE KANEKO :

Je vous remercie de votre lettre ; et Mme Roosevelt en fut autant touchée que moi. N'oubliez pas de nous remettre une lettre à votre fils lorsqu'il viendra ici pour aller à Harvard. L'un de nos journaux, le Chicago *Tribune*, lorsqu'on a appris que Quentin était mort et deux de ses frères blessés, a qualifié mes quatre fils de « samouraïs américains ». J'étais fier de la référence ! Comme vous le dites, tous ceux qui naissent sont condamnés à mourir. Aucun homme n'est apte à vivre s'il a peur de mourir pour une grande cause. Mon chagrin pour Quentin est contrebalancé par ma fierté à son égard.

Fidèlement votre ami,
THÉODORE ROOSEVELT.

Ce qui précède, écrit moins de cinq mois avant la mort du colonel Roosevelt, était la dernière lettre de la série que m'a montrée le vicomte Kaneko.

En le lisant, je me suis souvenu de ce que le colonel Roosevelt m'a dit alors qu'il était allongé sur son lit à l'hôpital la dernière fois que je l'ai vu.

Parlant de ses quatre fils pendant la guerre, il a déclaré :

"Nous avons été une famille exceptionnellement unie. Quoi qu'il arrive, nous avons de nombreuses années ensemble absolument satisfaisantes sur lesquelles nous pouvons nous tourner en arrière."

CHAPITRE XIX

J'ai dit ailleurs que les Japonais sont généralement de gros travailleurs ; c'est pourquoi il peut paraître paradoxal d'ajouter qu'ils sont aussi des travailleurs occasionnels. Mais le paradoxe n'est pas aussi grand qu'il y paraît. Les heures de travail sont plus longues au Japon que dans la plupart des autres pays, mais le travail n'est pas aussi vigoureusement sollicité.

Sans être paresseux du tout, les Japonais prennent leur temps pour tout. Il en est à peu près de même pour les maîtres et les serviteurs, les employeurs et les ouvriers. Ils semblent placides. Ils tiennent *des sodans* , conférant et arrangeant les choses avec une terrible précision. Si vous essayez d'utiliser le téléphone, vous vous préparez à un long combat et à une longue attente. Les employés du bureau du câble agissent comme si le câble venait juste d'être posé, comme si votre télégramme était le premier qu'ils étaient appelés à envoyer, et qu'ils ne savaient pas vraiment comment le gérer ni combien facturer. . Souvent, ils sont incapables d'apporter des changements. Parfois, même les agents des billets de chemin de fer n'ont pas de monnaie. Les conférences d'affaires se déroulent autour de tasses successives de thé vert pâle, et on me dit qu'il est d'usage de les commencer par une discussion sur n'importe quel sujet autre que le sujet principal. Dans le lexique du commerce japonais, le mot « vif » n'existe pas.

L'homme d'affaires américain qui tente de précipiter les choses éveille souvent les soupçons de l'homme d'affaires japonais. Que cherche-t-il ? Pourquoi est-il si pressé ? Il doit y avoir quelque chose derrière tout ça. Il faut être particulièrement prudent face à un tel homme. Les négociations s'éternisent jusqu'à ce que l'Américain, s'il est de nature nerveuse, soit rendu presque fou. Et parfois, cela l'amène à conclure une mauvaise affaire simplement pour le plaisir de s'en sortir.

"Je suis désolé d'être venu en Extrême-Orient!" déclarera-t-il avec amertume. "J'ai l'impression que je n'accomplis rien ici, rien !" Ensuite, il vous dira quel est le problème avec les Japonais :

"Ils ont l'habitude de jouer uniquement avec des jetons blancs !"

La gouvernante américaine au Japon, si elle sait ce que sont les nerfs, pourrait rencontrer des difficultés similaires. Ses domestiques japonais dirigeront assez bien son ménage si elle les laisse le faire à la manière japonaise, mais si elle tente de gérer sa maison comme elle le ferait aux États-Unis, elle est perdue. Cela ne peut pas être fait. Je connais une Américaine qui n'a pas pu trouver de cuisinier parce que ses efforts pour américaniser sa maison lui avaient valu une mauvaise réputation auprès de la Cook's Guild. Un autre ne pouvait pas faire de couture, pour la même raison. Car tous les domestiques et les travailleurs ont leurs corporations et leurs nouvelles voyagent. Ainsi, au Japon, de nombreuses femmes de ménage américaines sont devenues une épave nerveuse.

D'un autre côté, de nombreux hommes d'affaires américains et leurs épouses apprécient la vie japonaise et ne reviennent au pays que lorsqu'il est nécessaire de donner à leurs enfants une éducation américaine. Les hommes réussissent et leurs foyers sont confortables et bien gérés. Mais vous constaterez toujours que ce sont des gens au caractère calme : des gens ayant suffisamment d'équilibre pour s'adapter aux coutumes du pays.

Le point essentiel semble être que les Japonais envisagent la vie dans une perspective plus longue que nous. Alors que nous nous considérons comme des individus ayant certaines choses à accomplir au cours d'une vie plutôt courte, ils se considèrent comme de simples maillons d'une chaîne familiale sans fin. Nous avons conscience de nos parents et de nos enfants mais eux ont conscience d'ancêtres, remontant aux nuits de l'Antiquité, et d'une postérité destinée à peupler les voûtes nébuleuses d'un futur lointain.

Mais même si, d'un point de vue philosophique, cette façon de voir la vie peut être aussi bonne que la nôtre, voire meilleure, je crois néanmoins qu'elle tend à handicaper les Japonais dans la résolution des problèmes matériels urgents auxquels ils sont confrontés. Et même si ces problèmes ne sont pas aussi terribles que ceux de l'Europe ravagée par la guerre, ils sont, si on les mesure selon d'autres critères, suffisamment terribles.

Le problème fondamental du Japon – celui à l'origine de tous les autres problèmes japonais qui intéressent le monde – est, comme je l'ai déjà dit, celui d'une grande densité de population associée à un approvisionnement insuffisant en nourriture et en matières premières. Il y a cinquante ans, la population du Japon proprement dit était inférieure à 33 000 000 d'habitants. Aujourd'hui, ils sont plus de 57 000 000. Il y a eu une augmentation de plus de 75 pour cent en cinq décennies, mais il n'y a pas eu d'augmentation correspondante des terres arables du pays.

Le film n'était pas assez grand pour raconter la famille de ce jeune pêcheur de Nabuto . Neuf enfants ! Il y a cinquante ans, le Japon comptait 33 000 000 d'habitants. Aujourd'hui, ils approchent les 60 000 000.

Au Japon même, diverses théories ont été émises quant à la manière de résoudre ce problème. Les militaristes, qui sont encore très puissants, ont sans doute favorisé dans le passé ce que nous avons appelé ces derniers temps le système prussien, le système d'accaparement : le système qui a été suivi en Extrême-Orient non seulement par le Japon mais par l'Angleterre, la Russie, La France et l'Allemagne – et par les États-Unis (sous une forme un peu plus modérée) dans les îles Hawaï et aux Philippines.

"Si les autres le font", ont soutenu les militaristes japonais, "pourquoi pas nous ? Pourquoi nous, qui avons bien plus besoin qu'eux de territoires supplémentaires, ne devrions-nous pas nous emparer du continent asiatique pour y approvisionner nos surplus de terres ? population peut être envoyée et d'où nous pouvons obtenir de la nourriture et des matières premières ?

Ce à quoi les autres nations répondent : « Malheureusement pour vous, vous êtes arrivé trop tard. Le bon vieux temps de l'accaparement est révolu. Le monde rayonne d'une nouvelle morale internationale, et malheur à ceux qui l'offensent ! L'Allemagne l'a essayé... voyez ce qui lui est arrivé ! »

Le Japon a vu ce qui est arrivé à l'Allemagne et la leçon n'a pas été perdue pour elle. La partie la moins frappante de la leçon n'était pas non plus contenue dans la démonstration de puissance militaire de l'Amérique. Et à vrai dire, le Japon avait besoin d'une telle leçon ; car ses victoires sur la Chine et la Russie avaient donné l'ascendant à ses militaristes et les avaient rendus, ainsi que peut-être la majeure partie de leurs compatriotes, trop confiants, de sorte que le Japon faisait parfois trembler le sabre en Extrême-Orient, un peu comme l'Allemagne. je n'ai pas l'habitude de faire en Europe.

Mais bien qu'on ne puisse nier que les militaristes japonais aient fait preuve d'une agressivité excessive en Chine et en Sibérie au cours de la dernière guerre, et bien que leurs actions depuis n'aient pas été tout à fait satisfaisantes pour le reste du monde, il y a de bonnes raisons de supposer que leur ancienne politique Le rêve d'un vaste agrandissement territorial a diminué, même s'il n'a peut-être pas complètement disparu de l'esprit de certains d'entre eux.

Cette nouvelle tendance à la modération est due aux leçons de la guerre et à la croissance marquée du sentiment libéral et antimilitariste au sein du peuple japonais. Les militaristes, bien qu'ils contrôlent toujours le gouvernement, sont moins agressifs qu'avant, à la fois parce que l'opinion publique japonaise proteste lorsqu'on fait preuve d'une trop grande agressivité, et parce que les membres les plus intelligents du groupe militariste réalisent maintenant que si le Japon devait apporter dans une grande guerre, elle serait inévitablement ruinée. Ainsi, tandis que la puissance et l'agressivité de cet élément dangereux diminuent lentement, l'élément libéral, dirigé par certains des hommes les plus sensés et les plus compétents du Japon, gagne progressivement en force.

L'issue de cette lutte entre les partisans de la force et ceux de l'équité sera, à mon avis, largement déterminée par la voie suivie par les autres nations. Si, comme nous l'espérons tous, un nouvel ordre de choses doit naître de la dernière guerre, alors, je crois, d'ici quelques années, nous verrons le groupe libéral diriger le Japon. Mais si, au contraire, le monde recule et que le vieux système égoïste revient, alors les militaristes japonais diront au peuple : « Eh bien, vous voyez que nous avions raison après tout !

Mais quelle que soit l'issue de ces questions, je ne crois pas que le Japon parviendra jamais à résoudre complètement son problème de population excédentaire par le biais de l'émigration, que ce soit vers les territoires annexés ou vers d'autres pays. Les Japonais n'aiment pas quitter leur domicile. Il n'y a qu'environ 300 000 Japonais en Chine, par exemple, et ils n'ont pas colonisé autant qu'ils auraient pu le faire en Sibérie. S'ils quittent leur pays, ils recherchent des climats doux, mais il leur est désormais interdit de coloniser les États-Unis, le Canada et l'Australie et même lorsqu'ils s'installent au Mexique ou en Amérique du Sud, on assiste à des protestations dans notre presse. Pourtant, si l'on veut que la population du Japon reste stable, des centaines de milliers d'habitants doivent quitter les îles chaque année. Tout bien considéré, il semble plus qu'improbable qu'ils émigrent un jour de manière aussi massive.

Par quels moyens, alors, le problème doit-il être résolu ?

Apparemment, les dirigeants du petit groupe qui gouverne le Japon sont arrivés, il y a quelques années, à la conclusion que le meilleur moyen de résoudre leurs difficultés consistait à faire du Japon un pays industriel. Ils décidèrent de fabriquer des marchandises, de les exporter et, avec le produit de la vente, de payer les importations de matières premières et de denrées alimentaires, bref d'adopter le plan que l'Angleterre a commencé à suivre il y a près d'un siècle et que la Belgique a également suivi. La situation de l'Angleterre ressemblait à bien des égards à celle du Japon, car il y avait certaines matières premières essentielles qu'elle ne possédait ni chez elle ni dans ses possessions ; et comme le Japon, elle est incapable de se nourrir. Avec la Belgique, la situation était encore pire qu'avec l'Angleterre. Pourtant, grâce à leur industrialisation, les deux pays ont grandement prospéré. N'est-il pas alors logique de supposer qu'en suivant une voie similaire, le Japon prospérerait également ? Des statistiques récentes semblent d'ailleurs indiquer qu'avec l'industrialisation, le taux de natalité tend à diminuer.

En tentant un grand programme industriel , le Japon a deux avantages : il dispose d' une main-d'œuvre abondante et bon marché et d'une courte distance vers les grands marchés d'Asie. Géographiquement, nous sommes son concurrent le plus proche pour le commerce asiatique, et pourtant nous avons au moins quatre mille milles de plus pour transporter nos marchandises. Il s'agit évidemment pour nous d'un immense désavantage, auquel s'ajoute le coût élevé de notre main-d'œuvre .

Étant donné que nous sommes si désavantagés dans le commerce avec l'Asie, il semblerait que le Japon n'aurait aucune difficulté à s'assurer la part du lion dans le commerce asiatique.

Mais il ne faut pas croire que le Japon soit encore suffisamment industrialisé pour résoudre son problème. Elle doit devenir une nation manufacturière et exportatrice bien plus grande qu'elle ne l'est actuellement. Et pour y parvenir, elle doit grandement s'améliorer sur un point particulier : elle doit maîtriser bien plus complètement qu'elle ne les a maîtrisés jusqu'à présent, les horribles arts de « l'efficacité ».

Je ne veux pas dire que les Japonais ne sont jamais efficaces, mais seulement qu'ils ne sont pas toujours aussi efficaces qu'ils devraient l'être et qu'ils doivent le devenir. Je me rends compte, maintenant, que j'attendais trop d'eux sur ce point particulier. Les rapports faisant état de leur étonnante efficacité militaire au moment de leur guerre avec la Russie m'ont amené à les considérer presque comme des surhommes. Et ils ne le sont pas. Aucune autre race non plus.

Il est peut-être vrai qu'en matière militaire, ils sont très efficaces. C'est probablement le cas. Ma propre observation en tant que voyageur sur leurs navires me convainc qu'ils sont efficaces sur la mer, et cette opinion est étayée par ce que les officiers de la marine américaine m'ont dit de leur marine et de leurs hommes de marine. J'ai visité une immense filature de coton près de Tokyo qui était clairement une institution de premier ordre dans ce genre ; aussi j'ai été très frappé, en parcourant un pénitencier, par les preuves de leur compréhension de la pratique moderne et éclairée dans la conduite des établissements pénitentiaires ; et je pourrais continuer avec une liste d'autres institutions qui m'ont impressionné favorablement .

Mais ce n'est pas ce côté-là que je souhaite ici faire ressortir. Au contraire, je souhaite attirer l'attention sur le fait que le haut degré d'efficacité dont les Japonais ont fait preuve dans certains cas ne sert qu'à souligner leur inefficacité généralisée dans d'autres.

Dans un chapitre précédent, j'ai parlé du fait qu'au Japon on voit trois hommes au lieu de deux dans la cabine d'une locomotive, que des charrettes à bras sont utilisées pour arroser les rues des villes et qu'il y faut plus de domestiques qu'ici dans une maison de maître. taille donnée. Ce ne sont là que des éléments mineurs dans le gaspillage massif de main-d'œuvre . C'est comme si le Japon se disait : « J'ai tous ces gens dont je dois m'occuper et je dois en affecter le plus grand nombre possible à chaque travail ». Et ce n'est pas, à mon avis, la façon dont le Japon devrait voir les choses. Au lieu d'affecter à chaque travail plus de personnel que ce qui est réellement nécessaire, elle devrait s'efforcer de développer ses industries de manière à ce que chacun puisse avoir une journée de travail bien remplie et honnête. Car, bien entendu, son gaspillage de main d'œuvre maintient ses coûts de fabrication et d'exploitation à un niveau élevé.

Un exemple de la façon dont le temps est perdu peut être observé partout où les équipes des chemins de fer sont à l'œuvre. Ils balancent leurs médiators au rythme d'une chanson, et le rythme est celui de l'homme le plus lent. Le gaspillage se manifeste également dans la manière dont une maison est construite. Ils construisent la charpente du toit au sol. Ensuite, ils le démontent. Ensuite, ils remontent et remontent le tout à nouveau, en place. Une maison entière est construite de cette façon. Les pièces ne sont pas façonnées sur place au fur et à mesure de la construction du bâtiment, mais sont fabriquées ailleurs et amenées sur le lieu même du bâtiment pour être assemblées. Les tuiles sont fixées au toit avec de la boue, mais au lieu de transporter cette boue en vrac, ils la jettent de main en main, six hommes formant à cet effet une chaîne.

Ou encore, pour citer un exemple très simple d'inefficacité domestique, considérons leur méthode de lavage d'un kimono. Au lieu de laver le vêtement en une seule fois, ils le déchirent, lavent les pièces séparément, les sèchent sur une planche et les recousent ensemble.

Dans la gestion des usines aussi, on constate parfois l'inefficacité la plus surprenante. Je connais au Japon une grande usine de fabrication que, si vous deviez parcourir, vous qualifieriez de tout à fait moderne. Les bâtiments sont modernes, les machines sont modernes. Mais il manque une chose, et c'est une chose vitale. L'usine se trouve à un bon demi-mille de la voie ferrée ; le charbon et les matières premières sont transportés d'une voiture à l'usine dans des charrettes ou dans des paniers portés sur le dos de coolies, et le produit fini est enlevé de la même manière.

Bien que le coût du travail au Japon ait triplé après la guerre, les salaires restent faibles par rapport à ceux d'autres pays. Mais ce fait, dont il faudrait tirer parti dans la lutte pour le commerce mondial, est trop souvent utilisé uniquement comme excuse pour un tel gaspillage de travail , comme je l'ai souligné. Et c'est à cause de cela et d'inefficacités similaires que les Japonais se trouvent désormais incapables de rivaliser en termes de coûts, dans certains domaines, avec d'autres nations, même si le travail de ces autres nations est bien mieux payé.

Parmi les choses les plus critiquées par les visiteurs figurent le mauvais état des routes, tant à la campagne que dans les villes ; les hôtels qui, sauf en quelques endroits, sont médiocres (je ne parle que des hôtels de style étranger) ; et les conditions misérables de ce que le *Japan Advertiser* qualifie avec humour de « futilités publiques ».

Tokyo, confrontée à un problème de transport qui devrait facilement être résolu, dispose d'un service de tramway totalement inadéquat. L'heure de pointe là-bas n'est évitée d'être aussi terrible que l'heure de pointe à New York grâce au manque d'éléments souterrains.

Mais c'est dans tous les domaines liés aux communications que l'inefficacité japonaise est le plus frappante portée à l'attention des étrangers. Le service postal est médiocre, le service par câble est cher et ridiculement lent (quand j'étais au Japon, il fallait environ dix jours pour câbler vers l'Amérique et obtenir une réponse), et le service téléphonique est incroyablement horrible. Tout cela, comme les chemins de fer, appartient et est exploité par le gouvernement.

J'ai commencé à soupçonner leurs téléphones quand j'ai vu les vieux instruments muraux à pleine poitrine qu'ils utilisent, avec des manivelles pour faire sonner ; mais je ne devinais pas alors toute la mesure de leur retard téléphonique.

C'est comme un opéra bouffe. Bien que la demande de nouveaux téléphones dépasse de loin l'offre, le gouvernement ne fait aucun effort appréciable pour remédier à la situation. Chaque année, un nombre ridiculement petit de lignes est ajouté au système existant. Ceux-ci sont attribués par tirage au sort parmi ceux qui en ont fait la demande. Ainsi, si un homme est chanceux au tirage au sort, il peut obtenir un téléphone d'ici deux ou trois ans. Mais je connais un monsieur à Tokyo qui n'a pas eu de chance lors du tirage au sort. À l'âge de soixante-sept ans, il a demandé au gouvernement un téléphone de bureau supplémentaire. L'instrument a été installé peu après qu'il ait célébré son quatre-vingtième anniversaire. Puisse-t-il vivre longtemps pour l'utiliser !

Si l'on est pressé de se faire installer un téléphone, on ne s'adresse pas aux autorités, mais on s'attaque au problème de manière plus directe, soit par l'intermédiaire d'un courtier téléphonique, soit par la publicité. Ainsi on peut entrer en contact avec une personne souhaitant vendre une installation et un numéro. Le numéro doit toutefois se trouver dans le central desservant le district dans lequel le téléphone doit être placé.

Bien qu'il s'agisse d'une méthode très coûteuse, c'est celle habituellement utilisée à Tokyo et dans d'autres grandes villes. Un téléphone pour le quartier des affaires de la capitale peut coûter jusqu'à mille deux cents dollars, mais dans un quartier résidentiel, il sera considérablement moins cher : cinq cents dollars ou moins.

Un détail curieux de cette activité est que les faibles chiffres entraînent les prix les plus élevés sur le marché libre. Ceci, m'a-t-on informé, est dû au fait que les opérateurs verts, en cours de rodage, sont assis à l'extrémité du standard central où se produisent invariablement les numéros élevés, garantissant ainsi aux propriétaires de numéros élevés un niveau de service calculé pour les conduire. à la maison de fous.

Il ne faut pas imaginer que les Japonais se contentent de leur service téléphonique. Ils ne sont pas. Depuis quelque temps avant mon arrivée au Japon, la presse réclamait une réforme et on annonça enfin que des mesures étaient sur le point d'être prises pour améliorer la situation.

Mais voici ce qui s'est passé : au lieu d'augmenter le service, les fonctionnaires du gouvernement ont lancé une campagne pour décourager l'utilisation du téléphone. Jusqu'alors, le service était illimité. Désormais, cependant, un tarif forfaitaire de deux sen (environ un centime) par appel a été annoncé, la théorie étant que de nombreuses personnes y réfléchiraient à deux fois avant de dépenser deux sen pour une conversation téléphonique inutile.

Après avoir observé pendant quelques jours le fonctionnement du nouveau plan, les autorités téléphoniques ont annoncé avec jubilation que c'était un grand succès : le nombre d'appels avait sensiblement diminué. Apparemment, il ne leur est jamais venu à l'esprit que le résultat d'une telle politique, poussée jusqu'à sa conclusion logique, serait l'élimination complète du téléphone.

Avec les câbles japonais, les problèmes sont en grande partie dus à la congestion. L'utilisation de deux lignes importantes a été interrompue par la guerre, et comme le service sur ces lignes n'a pas repris jusqu'au moment de la rédaction de cet article, en raison de la désorganisation de la Russie et de l'Allemagne, une lourde pression a été exercée sur les câbles transpacifiques. Je suis cependant assuré que les conditions ne seraient pas aussi mauvaises qu'elles le sont si les Japonais étaient tout à fait efficaces dans leur gestion du commerce du câble, et mes propres expériences avec les messages par câble, alors que j'étais là-bas, semblent indiquer que cela est vrai.

De plus, au moment où la congestion du câble était à son paroxysme, les Japonais refusaient de faire fonctionner leur réseau sans fil transpacifique plus de sept heures par jour ; et même alors, ils ne feraient affaire qu'avec San Francisco et ses environs, car, expliqua-t-on, ils ne souhaitaient pas se soucier des détails du calcul des tarifs pour diverses régions des États-Unis. Dernièrement, ils ont élargi leur service pour couvrir les États de Californie, d'Oregon et de Washington ; mais cela, au moment de la rédaction de cet article, n'est que dans la mesure où ils ont consenti à l'étendre.

CHAPITRE XX

Si l'opinion publique se nourrit de faits déformés, de soupçons indignes ou de rumeurs alarmantes ; si chaque déclaration imprudente d'hommes irréfléchis et insignifiants devait être mise en évidence dans la presse écrite ; si chaque divergence de points de vue fortuite doit être amplifiée en une crise, un jugement sobre et une action délibérée deviennent impossibles. —— JOHN W. DAVIS , *ancien ambassadeur à la Cour de St. James's* .

Soucieux de gagner sa vie, l'Américain moyen n'a en règle générale ni le temps ni l'envie d'étudier les affaires internationales. Il s'attend à ce que son gouvernement veille à de telles choses pour lui. Il ne s'intéresse pas à ce que fait son gouvernement à l'égard des autres nations, à moins que ses sentiments personnels ne soient impliqués d'une manière ou d'une autre. Ainsi, s'il est germano-américain, il peut prendre connaissance de nos relations avec l'Allemagne ; ou bien, s'il est russo-américain, il souhaitera peut-être que nous reconnaissions le soi-disant gouvernement de Lénine et Trotzky ; ou encore, s'il est irlandais-américain, il souhaitera peut-être que le président des États-Unis se rende personnellement à Londres et fasse tomber le chapeau du premier ministre britannique. Mais s'il s'agit simplement d'un Américain moyen sans trait d'union, il est probable qu'il soit dégoûté par le bruit des traits d'union et qu'il s'ennuie de toute cette affaire de relations étrangères et de problèmes raciaux. Son principal intérêt pour les affaires gouvernementales à l'heure actuelle n'a rien à voir avec les relations extérieures mais se rapproche beaucoup plus de son pays. Il en a assez de payer de lourds impôts, fatigué de payer des sommes exorbitantes pour les nécessités de la vie. Il souhaite que son gouvernement remédie à ces deux problèmes. Ensuite, parce qu'il en a assez des citoyens à trait d'union et des problèmes raciaux internes, il veut que l'immigration soit stoppée.

L'Orient lui est tout vague. S'il ne vit pas sur la côte du Pacifique ou dans une grande ville où les Japonais se sont installés, il n'a peut-être jamais posé les yeux sur un Japonais. Ou s'il a vu des Japonais ici, il les a peut-être vus dans les districts agricoles du versant du Pacifique. Qu'il les ait vus ou non, il a recueilli certaines impressions à leur sujet grâce aux récits de journaux sur les troubles qui ont eu lieu à leur sujet en Californie. Il comprend que leurs coutumes, leur religion et leur nourriture ne sont pas les siennes, ce qui peut être interprété comme impliquant un certain manque de mérite de leur part.

Il comprend que les femmes et les enfants japonais travaillent dans les champs. Ses propres femmes et enfants ne travaillent pas dans les champs, mais portent des bas de soie, mâchent du chewing-gum et vont au cinéma — tout cela, bien sûr, compte contre les Japonais, car travailler dans les champs est à notre époque presque impossible. anti-américain. Et bien sûr, il est encore moins anti-américain de faire ce que les travailleurs japonais ont fait en Californie jusqu'à ce que les Californiens patriotes les en empêchent ; à savoir économiser de l'argent et acheter des fermes.

Ensuite, il y a cette affaire des « épouses illustrées » — mon Américain moyen en a peut-être vaguement entendu parler, même s'il ne sait probablement pas que le gouvernement japonais, par respect pour nos souhaits, n'autorise plus les épouses illustrées à venir ici. Il ne songerait pas à choisir une femme sur une photo. Aucun de ses amis ne le ferait non plus.

Il serait peut-être bon ici de préciser la nature réelle du problème en Californie. La meilleure manière de le faire est de citer un éditorial publié récemment dans le New York *World* , un journal remarquable par l'intelligence avec laquelle il a généralement traité la question japonaise.

L' éditorial du *World* a été publié à propos d'un discours prononcé par M. Roland S. Morris, qui a servi sous l'administration Wilson en tant qu'ambassadeur à Tokyo et dont l'admirable travail à Tokyo aurait pu porter de bons fruits sans notre malheureuse habitude de relever les ambassadeurs. quelle que soit leur capacité, lorsque le parti politique auquel ils appartiennent perd le pouvoir.

Monde a dit :

Dans son discours au University Club sur la question japonaise en Californie, Roland S. Morris, ambassadeur américain à Tokyo, s'est abstenu de discuter du fond de l'affaire et s'est contenté de définir la question en fonction des faits. Ce n'est qu'à la lumière des faits qu'une décision judicieuse peut être prise lorsque l'argumentation et le jugement s'inscrivent dans la lignée de préjugés bien établis.

Comme l'a expliqué M. Morris, le Japon ne remet pas en question le droit des États-Unis, sous réserve de leurs obligations conventionnelles, de légiférer sur l'admission des étrangers. Alors qu'en vertu du traité de 1911, les Japonais obtenaient tous les droits de résidence et d'admission, le gouvernement de Tokyo accepta la condition selon laquelle il continuerait à limiter l'émigration du Japon vers les États-Unis conformément au « Gentleman's Agreement » de [1908].[4]

4 La « limitation » évoquée ici inclut l'arrêt de l' émigration de main-d'œuvre , non pas par nous, mais par le gouvernement japonais, qui a pris ce moyen aimable et digne d'éviter une question directe au sujet de l'égalité raciale.

Le gouvernement et le peuple japonais ne cherchent pas à supprimer les restrictions à l'immigration. Les Japonais ne peuvent pas prétendre à la citoyenneté américaine, mais ils jouissent dans ce pays des mêmes droits personnels et de propriété que les autres étrangers. C'est ici que les frictions ont été créées par l'action de la Californie.

En 1913, la Californie a privé de certains droits de propriété les étrangers qui n'étaient pas éligibles à la citoyenneté. En 1920, selon les mots de M. Morris, « cette législation fut amplifiée par une initiative et une loi référendaire ». Ce qu'il ne dit pas, c'est que cette mesure visait à discriminer les Japonais dans l'achat et la location de terres.

D'où les protestations du gouvernement à Tokyo. Les Japonais s'opposent à ce qu'ils considèrent comme l'injustice d'être mis à part en tant que classe distincte, souffrant de handicaps politiques et privés des droits dont jouissent les autres étrangers.

M. Morris laisse la question ouverte lorsqu'il déclare : « La protestation japonaise pose à tout notre peuple cette question très précise : dans une perspective plus large de nos relations avec l'Orient, est-il sage de classer ainsi les étrangers sur la base de leur éligibilité à l'immigration ? citoyenneté?"

Poursuivant ses objectifs locaux, la Californie a adopté une position provocatrice et a fait le jeu des chauvins et des militaristes japonais.

Malheureusement, ces simples faits ont été rejetés à la dérive dans une mer tumultueuse de préjugés californiens. Cette mer, je le crains, remplit tellement l'œil de l'Américain moyen que bien souvent il ne parvient pas à apercevoir les naufragés de la Vérité là-bas sur leur petit radeau. S'il tentait d'exposer son point de vue sur la question californienne, il citerait selon toute probabilité comme source de son information cette autorité préférée : « Ils disent ».

"Ils disent que les immigrants japonais affluent en Californie et achètent les terres agricoles ; ils disent que les Japonais ont des familles nombreuses ; ils disent qu'ils ne font pas des voisins désirables ; ils disent que si les choses continuent ainsi, ils finiront par contrôler l'État. Nous ne voulons certainement pas qu'une partie de notre pays soit dominée par des étrangers. » Moins il connaît certains traits californiens, plus il est susceptible de conclure : « Je suppose que cela doit être vrai, sinon les Californiens ne feraient pas autant de bruit à ce sujet. »

Sa tendance à raisonner peut donc être renforcée par le souvenir d'une expression qu'il a entendue : le « péril jaune » – l'une des expressions les plus venimeuses jamais inventées. Il ne sait pas que le terme a été utilisé dans le seul but d'exciter la méfiance et la mauvaise volonté à l'échelle internationale. Il n'est peut-être pas conscient de notre véritable péril jaune – celui de la presse jaune – mais peut, au contraire, acquérir son point de vue sur les affaires internationales à partir de journaux incendiaires comme ceux publiés par William Randolph Hearst, lui-même fils de Californie et un leader du chœur anti-japonais.

Mon Américain moyen connaît peu la politique californienne et rien de la politique japonaise. Il ne se rend pas compte que les politiciens californiens sont en grande partie responsables de l'attisation du sentiment anti-japonais, exactement comme les anciens politiciens de l'État étaient responsables du sentiment anti-chinois, et que dans les deux cas, l'obtention de voix était l'un des principaux motifs. Il est parfois très pratique pour un démagogue d'avoir à sa disposition une race extraterrestre sans droit de vote pour l'intimider.

Mon Américain moyen ignore probablement que plus de deux cent mille électeurs californiens ont voté contre les lois discriminatoires adoptées en novembre 1920, même si la presse californienne était généralement fermée aux porte-parole représentant un sentiment opposé à une dureté excessive envers les Japonais. Il est encore moins susceptible de se rendre compte que les politiciens japonais connaissent toutes les astuces familières à leurs homologues californiens ; qu'eux aussi savent rassembler des voix en attisant le sentiment racial. Ainsi, lorsqu'il voit dans les gros titres de ses journaux qu'un Japonais dont il n'a jamais entendu le nom auparavant, mais qui, selon le journal, est un haut dirigeant politique, a parlé de guerre avec les États-Unis, il commence à se demander si ces gens là-bas, on ne cherche peut-être pas les ennuis. Et quand il lit le grand programme de construction navale du Japon, cette notion devient un peu plus concrète dans son esprit.

Bien sûr, il ne comprend pas que, entre-temps, un processus exactement similaire se déroule au Japon : les propos hostiles et insultants des politiciens américains sont télégraphiés au Japon et publiés là-bas, où ils ont un poids excessif ; et que pendant que nous lisons le programme naval du Japon et nous demandons ce qu'il signifie, le Japon lit le nôtre et se demande également.

Que quiconque puisse soupçonner les États-Unis d'avoir des intentions agressives est inconcevable pour mon Américain moyen. Même si les États-Unis ont récemment montré qu'ils pouvaient se battre, ils ont également montré qu'ils répugnaient à le faire. L'Américain moyen n'éprouve aucun sentiment d'hostilité à l'égard du Japon, et l'idée d'une guerre avec le Japon lui paraît absurde au point d'être fantastique. Selon lui, il n'y a qu'une seule façon de déclencher une telle guerre, c'est par l'agression japonaise.

Assurez-lui que l'exact opposé de ce point de vue représente le sentiment japonais et vous le stupéfierez. "Vous devez vous tromper", vous dira-t-il. "Les Japonais doivent savoir que nous détestons la guerre et que nous n'avons pas plus envie de la combattre que de choisir nos femmes dans un album de photos." Et il pourrait ajouter quelque chose sur « l'impénétrabilité » japonaise.

C'est un autre point :

Lorsque mon Américain moyen rencontre un étranger de sa propre race, ou de presque n'importe quelle nationalité européenne, il peut se faire, à partir de la physionomie de l'étranger, une certaine appréciation de son caractère. C'est un type de visage qu'il comprend. Mais la physionomie orientée le déroute. Il ne peut pas le lire. Pour lui, c'est comme un livre dans une langue inconnue, un véritable symbole de mystère.

Il ne lui viendrait pas à l'esprit qu'il puisse être tout aussi difficile pour les Japonais de nous juger. Nos visages sont... eh bien, ce sont *des visages réguliers* ; il n'y a rien de bizarre chez eux. *Nous* ne sommes en aucun cas homosexuels. Ce sont les autres qui sont homosexuels.

Si certains faits simples concernant le Japon étaient compris aux États-Unis, et certains faits simples concernant les États-Unis étaient compris au Japon, il ne s'ensuivrait peut-être pas que les deux nations approuveraient par la suite cordialement toutes les politiques et tous les actes de l'autre, mais cela devrait certainement il s'ensuit qu'ils pourraient considérer ces politiques et ces actes avec plus de tolérance.

Vous et moi, par exemple, n'approuvons peut-être pas les méthodes agressives d'un solliciteur que nous avons rencontré, mais si nous savions que sa femme et sa famille étaient entassés dans une seule pièce et se demandaient d'où viendrait le petit-déjeuner du lendemain, nous pourrions pardonner à cet homme. une bonne affaire. De même, s'il nous voyait, vous ou moi, détruire au bulldozer un invité sans défense dans notre propre maison, sa désapprobation à l'égard de notre action pourrait être atténuée s'il comprenait que tout le quartier avait pris l'habitude d'utiliser notre maison comme terrain de camping commun pour des indésirables. membres de leurs familles, et que ces visiteurs indésirables nous avaient plongés dans un état de désespoir.

Quelles sont les choses essentielles que les Japonais doivent apprendre sur nous ?

Ils doivent mieux comprendre nos différents problèmes raciaux. Ils doivent comprendre que, si important que leur paraisse le problème de leurs colons sur la côte du Pacifique, il s'agit pour nous d'un problème mineur, l'un des moindres parmi un certain nombre de problèmes raciaux auxquels nous sommes confrontés.

Ils doivent savoir que notre population provient de tous les pays d'Europe. Et ils doivent être conscients que même si nous avons par le passé considéré cette situation avec une complaisance stupide, nous ne le faisons plus. Notre belle vieille théorie selon laquelle les États-Unis étaient en réalité un refuge pour les opprimés de tous les autres pays a perdu un rouage et est tombée dans le fossé. Certains d'entre nous ont même commencé à soupçonner que les opprimés d'autres pays l'étaient dans certains cas pour ce qui aurait pu être une cause bonne et suffisante. Nous avons constaté que certains de ces individus, à leur arrivée aux États-Unis, sont tellement enthousiasmés par notre air libre qu'ils ne sont plus opprimés, mais se transforment en oppresseurs désireux de nous arracher notre gouvernement et de le diriger dans l'intérêt du Kaiser. les Soviétiques, ou de l'intéressante République de M. De Valera .

Nous sommes continuellement confrontés à ces problèmes raciaux et à d'autres problèmes raciaux. A peine nous en rencontrons-nous qu'un autre surgit. Nous devons maintenant créer un gardien des biens étrangers pour prendre la main. Maintenant, nous déportons une bande de bolcheviks les plus violents. Nous demandons maintenant aux vitriers de poser de nouvelles fenêtres à l'Union Club de New York, où le drapeau britannique (qui flottait en commémoration du débarquement des Pères Pèlerins, il y a trois cents ans) était salué avec des briques par les membres d'une congrégation émergeant de Saint-Pierre. La cathédrale Saint-Patrick, en face.

Nous avions l'habitude de parler avec une confiance affectueuse de ce qu'on appelle le « Melting Pot », qui était censé faire des immigrants nouvellement arrivés de bons citoyens américains. C'est parfois le cas, mais nous avons récemment appris que ses sous-produits consistaient trop souvent en briques et en bombes.

On ne se vante plus du Melting Pot. Après l'avoir surchargé et constaté qu'il ne pouvait pas faire le travail que nous lui avons confié, nous avons besoin de temps pour rattraper les commandes en souffrance, pour ainsi dire. En attendant, aucun nouveau ne doit être pris.

Mais si les problèmes nés de l'immigration européenne nous ont le plus préoccupés ces dernières années, ils ne constituent pas notre plus grand problème racial. Toujours à l'arrière-plan de notre conscience, comme un volcan au repos mais bien vivant, se profile notre gigantesque problème nègre — le problème dont nous héritons, en raison des péchés de nos ancêtres importateurs et détenteurs d'esclaves, et dont, selon nos caractéristiques, manière de « répondre » à de grands problèmes latents, nous nous efforçons toujours de les cacher. Car ce n'est pas notre manière d'avancer sur un taureau et de le prendre par les cornes. Si un taureau cherche à être pris par les cornes, c'est lui qui doit avancer. Nous, Américains, le savons tous, mais c'est notre façon d'excuser cet échec en nous vantant de la bagarre que nous donnerons au taureau s'il nous met un jour dans une impasse.

Il n'est même pas nécessaire ici de décrire les tragédies du problème nègre, mais il y a un aspect de la question qui mérite d'être évoqué. L'expérience a montré que si les immigrants venus d'Europe peuvent finalement être absorbés dans ce que nous pourrions appeler la race américaine, le nègre, qui porte l'insigne de sa race dans le pigment de sa peau, ne doit pas être absorbé. Même l'octoron se distingue clairement du blanc. La race noire doit, autant que l'on puisse lire l'avenir, rester une race à part.

Le cas des Indiens offre un autre exemple de l'échec de la fusion de deux races, séparées par la couleur et d'autres marques physiques. Dans les premiers jours de la colonisation de ce pays, lorsque les Indiens prédominaient fortement, ils n'ont pas absorbé les quelques Blancs d'alors. Quand vint le moment où il y eut un nombre égal d'Indiens et de Blancs, ils ne fusionnèrent toujours pas. Et aujourd'hui, alors qu'il ne reste plus qu'une poignée des nations indiennes autrefois puissantes, ce reste conserve encore son intégrité raciale .

Mais ici, il n'est pas question d'infériorité raciale. Les Blancs et les Indiens se sont dans une certaine mesure mariés entre eux, et lorsque les deux partis représentent le meilleur de leurs races respectives, non seulement il n'y a aucun sentiment de dégradation pour l'un ou l'autre, mais les descendants blancs de ces alliances sont souvent fiers de leur sang indien.

Dans toute cette question de fusibilité des races, il n'y a donc aucun principe fondamental d'infériorité ou de supériorité. De telles questions sont ici aussi étrangères que dans le cas de l'huile et de l'eau, qui, bien qu'elles ne se mélangent pas, ne sont pas pour autant désignées comme un fluide supérieur et un fluide inférieur.

Le fait est qu'une certaine conscience intérieure nous dit que les marques physiques caractéristiques des principales races du monde ne leur ont pas été données pour rien ; que la nature voulait que les grandes lignes raciales soient maintenues ; et on nous dit que les croisements qui méconnaissent ces divisions naturelles des races sont généralement pénalisés par la détérioration.

Trouver dans cette vérité la moindre implication d'insulte serait absurde. Il serait aussi ridicule de s'indigner de l'affirmation selon laquelle « le semblable cherche le semblable » que de s'indigner de l'affirmation selon laquelle « l'honnêteté est la meilleure politique ».

Aucun peuple n'insiste plus fermement que les Japonais sur l'intégrité raciale. Le cavalier anglais le plus fanatique ne pourrait guère être plus pointilleux quant à l'entretien d'un cheptel pur-sang pur. Les mariages entre Japonais et étrangers ne sont pas encouragés et ont rarement lieu. Dans les classes supérieures, ils ne se produisent presque jamais. Un citoyen japonais ne peut pas contracter un mariage légal avec un Coréen ou un Formose, bien que la Corée et Formose soient des colonies japonaises. (Je suis informé que des mesures ont été prises en 1918 pour légaliser de tels mariages, mais jusqu'au moment de la rédaction de cet article, cela n'a pas été accompli.)

La loi régissant les actes de la famille impériale japonaise n'autorise pas le mariage des membres de cette famille avec des personnes autres que celles de souche impériale ou noble japonaise. Cette loi a dû être amendée pour rendre possible le mariage, il y a quelques années, d'une princesse impériale japonaise, fille du prince Nashimoto , avec l'héritier de la famille royale coréenne, qui d'ailleurs fait désormais partie des familles royales coréennes. une sorte de noblesse japonaise. On peut ajouter que ce mariage était impopulaire auprès des masses japonaises, en raison de leur fort sentiment que le sang japonais, et en particulier le sang impérial japonais, ne devait pas être dilué. Si le prince avait été Européen, il n'est pas improbable qu'une protestation plus forte aurait été entendue, car les Japonais ne voient généralement pas d'un bon oeil les Eurasiens. Il y a des exceptions, mais pour l'essentiel, l'homme ou la femme de sang mélangé oriental et occidental vit socialement le long d'une frontière internationale, d'aucun côté de laquelle ne s'affiche une cordialité exubérante.

Le sentiment intelligent et patriotique des États-Unis est actuellement majoritairement en faveur de l'arrêt de toute immigration ; et même s'il arrive un moment où l'on sent que les vannes peuvent à nouveau s'ouvrir, elles ne seront pas grandes, si la sagesse prévaut, mais n'admettront que les étrangers susceptibles d'être assimilés.

Que signifie assimiler ?

Cela signifie que l'immigré perdra son identité raciale dans la nôtre. Cela signifie qu'il sera susceptible d'être absorbé dans le corps de notre race par le mariage, ou à tout le moins que ses enfants seront susceptibles d'une telle absorption. Et cela signifie, entre autres choses, qu'il ne doit pas avoir de caractéristiques physiques indéracinables qui le différencient fortement de notre type physique national.

C'est l'une des principales raisons pour lesquelles, à mon avis, les Orientaux ne devraient jamais s'installer aux États-Unis. D'une manière générale, ils ne sont pas plus aptes à devenir citoyens des États-Unis que nous ne le sommes pour devenir citoyens du Japon ou de la Chine.

Une autre raison principale pour laquelle l'immigration de main-d'œuvre japonaise n'est pas acceptable à nos yeux est que les Japonais peuvent vivre avec moins que nous. Ils sont prêts à travailler plus d'heures pour un salaire inférieur. En plus, ils sont économes. Ce sont des vertus ; mais le fait qu'il s'agisse de vertus ne rend pas la concurrence japonaise plus bienvenue pour le travail blanc .

Ce point devrait également être facilement compris par le peuple japonais, qui trouve généralement nécessaire d'exclure le travail chinois précisément pour le même motif, c'est-à-dire parce qu'un Chinois peut vivre avec moins qu'un Japonais et peut donc travailler pour un salaire inférieur.

La Californie, dans son désir d'empêcher l'acquisition ultérieure de terres par les colons japonais, avait-elle appuyé sa cause sur ces deux questions claires : à savoir l'inassimilabilité et la nécessité économique ; si elle s'était abstenue de vitupérer, abordant l'affaire uniquement sur le fond ; si elle avait reconnu son devoir d'État envers la nation et avait coopéré avec le gouvernement de Washington, au lieu d'ignorer la portée internationale de la question et d'embarrasser le gouvernement par une action étatique radicale et indépendante ; et si elle avait, par-dessus tout, montré quelque disposition à traiter les Japonais aussi équitablement que les circonstances le permettaient ; alors, sans aucun doute, la nation entière aurait été derrière la Californie. Et ce qui est peut-être tout aussi important, c'est que l'ensemble de l'affaire aurait alors pu être présenté au Japon d'une manière raisonnable et modérée, sans offense, mais avec des arguments dont le Japon pouvait difficilement échapper à la force.

Mais il n'est apparemment pas dans la nature du Californien moyen d'agir de manière modérée. La modération ne fait pas partie de ses traits de caractère. Son père, ou grand-père, était un pionnier robuste dont l'habitude était d'exprimer son ressentiment avec un couteau bowie et de répondre à son antagonisme avec un Colt .45. Chez le descendant, ces traits familiaux se modifient mais ne s'éteignent pas. S'il n'approuve pas la manière dont un aimable extraterrestre porte ses sourcils, il est susceptible de l'appeler ainsi, sans sourire.

Antagonisme? Pourquoi devrait-il s'inquiéter de l'antagonisme ? Il aime ça. Il en ressent le besoin. Il lui faut quelque chose à combattre, quelque chose qui neutralise le soleil éternel et la douceur écoeurante de la fleur d'oranger et de la rose.

Et hélas, il y a le sénateur Hiram Johnson, à propos duquel le New York *Times* a récemment fait remarquer qu'« il perdrait son domaine politique exclusif si les différends avec le Japon étaient résolus de manière pacifique. Et nous savons », poursuit le *Times* , « qu'il vaut mieux rencontrer une ourse privée de ses petits qu'un homme politique privé de sa descendance." Et encore une fois, hélas, il y a l'ex-sénateur Phelan – bien que l'ex-, qui a récemment été ajouté à son titre, puisse avoir tendance, dans une certaine mesure, à modérer son efficacité en tant que harceleur des Japonais. Et trois fois hélas, il y a M. VS McClatchy, l'apiculteur de Sacramento, dont l'abeille est dressée pour piquer les Japonais là où cela fera le plus mal.

Que les difficultés entre les deux pays doivent être harmonisées, tous les citoyens réfléchis des deux pays en conviendront. Pour ma part, je ne vois pas comment cela pourrait être pleinement réalisé sans quelques modifications de l'actuelle loi californienne discriminatoire sur les terres des étrangers – une loi qui, visant un seul groupe d'étrangers, n'est pas en accord avec le sens américain de la justice.

travailleurs japonais qui sont déjà légalement ici – beaucoup d'entre eux ont d'ailleurs été amenés ici à la demande d'employeurs californiens – devraient être traités avec une équité absolue. Ils ne devraient pas être privés des justes récompenses de leur industrie et de leur économie. Leurs vertus raciales devraient être appréciées et pourraient bien être imitées.

Il doit être clair, cependant, que pour notre bien et celui des Japonais, aucun nouvel immigrant de la classe ouvrière ne devrait jamais entrer aux États-Unis. Et il devrait être tout aussi clair qu'il n'y a aucune raison d'offenser une telle déclaration.

Les États-Unis n'agissent pas toujours avec sagesse. Le Japon non plus. Mais le cœur américain est à la bonne place, tout comme le cœur japonais.

Essayons donc, des deux côtés, d'examiner ces problèmes avec des yeux honnêtes et désintéressés. Essayons d'avoir le point de vue de chacun. Allons même jusqu'à prendre en compte la fragilité de la nature humaine, telle qu'elle se manifeste des deux côtés du Pacifique.

Mais ne songeons pas à mettre à rude épreuve la bonne volonté en essayant de devenir, à une plus grande échelle, des habitants de la même maison, des habitants sous le même toit national.

CHAPITRE XXI

Une démonstration vigoureuse et soutenue d'hospitalité doit toujours étonner celui qui habite à New York ; car New York est sans doute la ville la plus inhospitalière du monde. Chez l'employé d'hôtel blasé, le guichetier qui s'ennuie et le maître d'hôtel aux yeux de poisson, l'esprit de son accueil est personnifié.

Il n'y a aucune dissimulation. L'étranger est aussi bienvenu à New York qu'il le ressent. S'il y a une chambre d'hôtel, une place de théâtre ou une table de restaurant dégagée, il peut l'avoir, moyennant un certain prix. Si tout le monde est occupé, il peut, autant que New York s'en soucie, sortir et, en tenant compte de la saison et des règles de circulation, mourir d'une insolation ou périr dans une congère - après quoi son cas est automatiquement sous la surveillance du Street- Le Département de Nettoyage — et tout ce que ce Département peut laisser traîner dans les rues de New York, il ne les laisse pas jonchés d'étrangers défunts. L'espace dans notre ville est trop précieux.

Le visiteur arrivant à New York avec une lettre d'introduction à un gentleman qui est important, ou qui croit qu'il l'est, peut s'attendre à avoir une conversation de quelques minutes avec ce gentleman dans son bureau, et peut considérer cela comme une attention délicate si son hôte s'abstient. de s'agiter.

Si l'étranger possède des informations que le New-Yorkais souhaite posséder, il peut se retrouver invité à déjeuner. Ils déjeuneront dans un club situé au sommet d'un gratte-ciel du centre-ville. Ou si la lettre d'introduction a une saveur sociale , l'étranger recevra bientôt par courrier, à son hôtel, une carte d'invité dans un club du centre-ville.

Qu'il ose visiter ce club et il n'y trouvera personne à qui parler, à part un portier rigide et quelques serveurs. Le portier lui indiquera froidement où vérifier son chapeau et son manteau. Il verra quelques membres dans le club, mais ne les connaîtra pas, et ils ne désireront pas non plus le connaître. De toute façon, tous les New-Yorkais connaissent plus de gens qu'ils ne le souhaiteraient. L'étranger possédant une carte d'invité dans un club new-yorkais s'y sent aussi à l'aise qu'un chat dans une cathédrale.

En Occident, c'est différent.

Et encore une fois, c'est différent au Japon.

Ceux qui sont bien introduits au Japon y vivent une expérience telle qu'on n'en rencontre guère dans aucun autre pays. La courtoisie et l'hospitalité japonaises sont assez stupéfiantes pour l'Anglo-Saxon moyen. L'esprit occidental est stupéfait par les simples apparences.

Vous voyez deux Japonais se rencontrer : deux messieurs, deux dames, ou une dame et un gentleman. Ils se font face à distance assez rapprochée. Puis, comme à un signal inaperçu de l'étranger, ils s'inclinent profondément à partir de la taille, leurs têtes passant avec un espace si petit entre elles que la moitié s'attend à ce qu'elles se cognent. Trois fois de suite, ils s'inclinent ainsi, simultanément, leurs mains glissant de haut en bas de leurs cuisses, devant, comme des pistons attachés au balancier d'un side-wheeler.

En conjonction avec cette révérence profonde et prolongée, surtout lorsque les archers sont des Japonais de la vieille école ou n'ont pas l'habitude de fréquenter des étrangers, le spectateur entendra souvent un son sifflant produit par l'aspiration d'air par les lèvres. Selon l'idée japonaise, de tels sons dénotent l'appréciation d'une délicieuse saveur spirituelle . Cette forme ancienne de politesse est cependant abandonnée par le jeune Japon sophistiqué parce que les étrangers la trouvent particulière ; et la pratique consistant à sucer de la nourriture de manière audible pour exprimer une extase gustative est également démodée pour la même raison. Les anciennes méthodes sont néanmoins conservées par de nombreux aristocrates d'âge moyen ou plus âgés.

L'Américain, habitué à considérer le sifflement comme un signe de désapprobation et le fait de manger bruyant comme un signe de mauvaise éducation, est naturellement surpris dès la première rencontre avec ces manifestations. Le Japonais s'inclinant lorsqu'il est dirigé vers lui, il le trouve déconcertant. Il peut souhaiter être aussi poli que les plus polis, mais il n'a rien d'adéquat à offrir en échange d'une telle obéissance.

Dans ce pays, nous n'avons jamais commencé à nous incliner comme cela se pratique dans d'autres pays. Nos hommes regardent de travers les hommes latins lorsqu'ils lèvent leur chapeau les uns aux autres en guise de salutation, et on peut observer que certains d'entre nous ont tendance à lever un peu leur chapeau même lorsqu'ils saluent des dames, s'agrippant furtivement au bord et peut-être desserrer le chapeau sur la tête, puis de le remettre en place en toute hâte.

Le fait est que très peu d'hommes américains ont des manières raffinées. Nous nous révoltons contre tout ce qui ressemble à la courtoisie. Cela nous fait nous sentir « idiots ». L'arc d'école de danse que nous étions obligés de pratiquer au temps de notre jeunesse par ailleurs heureuse était un cauchemar pour nous, et maintenant, dans notre maturité, nous avons le sentiment de faire quelque chose de complètement insensé lorsque, lors d'un dîner formel, il nous incombe de présentez un bras à une dame, comme pour l'assurer de sa protection contre les périls du voyage du salon à la table. Nous préférons de loin nous rendre pêle-mêle à la salle à manger.

Dans ces domaines, comme dans tant d'autres, nous nous trouvons donc aux antipodes des Japonais ; et bien que les Américains désireux d'apprécier des mérites qu'ils ne possèdent pas eux-mêmes n'éprouvent que de l'admiration pour la courtoisie japonaise dans sa perfection, il arrive parfois, assez lamentablement, que d'autres, moins intelligents, partant en Orient, interprètent complètement mal le texte. sens de la politesse japonaise, en la confondant avec de la servilité, ce qu'elle n'est absolument pas. Loin d'être servile, c'est une politesse orgueilleuse, une politesse fondée sur l'habitude, la sensibilité de la nature, la délicatesse du sentiment, qui fait que son possesseur attend des autres une sensibilité et une délicatesse semblables et lui donne envie de les surpasser en tact et en considération.

L'incapacité de certains Américains à apprécier la courtoisie et l'hospitalité japonaises pour ce qu'elles sont ne s'arrête pas non plus là. Notre presse jaune et nos haineux japonais organisés, conscients que la plus haute hospitalité du Japon a souvent un caractère officiel ou semi-officiel, ne se contentent pas de chercher une explication simple à ce fait, mais préfèrent y discerner quelque chose d'artueux et de sinistre.

Il est parfaitement vrai que l'étranger se rendant au Japon avec de bonnes lettres d'introduction rencontre un groupe composé presque entièrement de fonctionnaires du gouvernement, d'hommes d'affaires et de leurs familles. Il est également vrai qu'il rencontrera probablement un groupe sélectionné de ces hommes. La raison en est simple. Bien que l'anglais soit la deuxième langue enseignée dans les écoles japonaises et que de nombreux Japonais parlent un anglais approximatif, il y a encore relativement peu d'hommes, et encore moins de femmes, qui ont fait leurs études à l'étranger et sont suffisamment familiers avec les langues, les coutumes et les idées étrangères. se sentir à l'aise lorsqu'il s'agit de recevoir des étrangers. Cette classe est en outre encore limitée par le fardeau financier que représentent les nombreuses réceptions.

Il se trouve ainsi qu'il existe au Japon un groupe social qui peut être assimilé à un comité de divertissement peu organisé, de sorte que la plupart des

Américains qui se divertissent dans ce pays rencontrent, en gros, le même groupe de personnes.

Les Japonais sont tout à fait francs dans leur désir d'intéresser le monde au Japon. Le gouvernement gère un bureau chargé d'encourager les touristes à visiter le pays et de leur faciliter les déplacements. Les grandes compagnies maritimes japonaises, la Toyo Kisen Kaisha et la Nippon Yusen Kaisha, recherchent énergiquement du trafic de passagers. Les journalistes, auteurs, hommes d'affaires et autres personnes susceptibles d'avoir une influence dans leur pays sont particulièrement encouragés à visiter le Japon. Le sentiment des Japonais est qu'il existe aux Etats-Unis un préjugé à leur encontre et que le meilleur moyen de surmonter ce préjugé est de montrer le Japon aux Américains et de les laisser tirer leurs propres conclusions. Ils sont fiers de leur pays et croient que ceux qui le connaissent en auront une bonne opinion.

Certains Américains leur reprochent de s'efforcer de montrer les choses sous leur meilleur jour, comme si cela était un péché sournois.

L'attitude des Japonais en cette matière peut être comparée à celle d'un homme qui possède une maison dans une région peu accessible et dont ses amis doutent des avantages. Etant fier de son logement, le propriétaire est hospitalier. Il invite ceux qu'il connaît à venir le voir.

Lorsque ses invités arrivent, il ne commence pas par les emmener voir la vache malade ou le coin derrière la grange où les ordures sont déversées, mais il les conduit vers la véranda ouest – la véranda avec une vue magnifique.

Pour le citoyen moyen, une telle procédure semblerait tout à fait normale. Pourtant, certains critiques du Japon ne le voient pas sous cet angle. Leur attitude pourrait être comparée à celle de quelqu'un qui, lorsqu'on l'emmène sous la véranda pour voir la vue, déclare que la vue est montrée non pas pour ses propres mérites, mais parce que l'hôte a tranché la gorge du majordome et ne souhaite pas que ses invités le fassent. remarquez le corps allongé sous la table du salon .

Qu'un Américain de quelque influence se rende au Japon, y soit cordialement reçu, se fasse ses impressions et revienne avec un bon mot à dire pour les îles et le peuple, et les professionnels qui détestent le Japon auront leur réponse prête. L'homme a été victime de « propagande ». Il a été flatté par les attentions sociales, gêné par la nourriture et la boisson, réduit à un état d'idiotie et, dans cet état, "conduit personnellement" à travers le Japon d'une manière si astucieuse qu'il l'a empêché de tomber sur la "Vérité".

La nature précise de cette « Vérité » n'est jamais révélée. Cela est simplement indiqué comme une vague horreur derrière un rideau soigneusement tiré.

Ayant entendu si souvent ces rumeurs, je me rendis au Japon dans un état d'esprit soupçonneux. En arrivant là-bas, je me suis donné pour mission de plonger derrière ce qui ressemblait à un voile de mystère. Comme le sait le lecteur qui m'a suivi jusqu'à présent, j'ai découvert un certain nombre de mystères – les mystères fascinants d'une civilisation ancienne et particulière, à partir de laquelle un modernisme intéressant s'est rapidement développé.

Je me suis beaucoup amusé au Japon ; mes visites étaient souvent facilitées par des amis japonais ; mais le fait significatif est que personne n'a jamais essayé de m'empêcher de voir tout ce que je souhaitais. Et je voulais tout voir, le bon et le mauvais. J'ai visité les bidonvilles les plus bas, un pénitencier, un hospice, un hôpital et quelques usines. J'ai posé des questions. Parfois, il s'agissait de questions embarrassantes : sur le militarisme au Japon, sur le Shantung, sur la Corée et Formose, sur la Mandchourie et la Sibérie. Et même si je ne m'attends pas à ce qu'un haineux japonais me croie, je tiens à déclarer ici, en justice envers les Japonais, qu'ils m'ont donné les informations que j'ai demandées, même si cela les a parfois peiné.

J'ai vu et appris des choses honorables au Japon et des choses déshonorantes, tout comme dans d'autres pays on voit et apprend des choses dans les deux catégories. Je ne trouve chez les Japonais ni anges ni démons. Ce sont des êtres humains comme nous tous, avec leurs vertus et leurs défauts.

Je suis reparti en les aimant et en les respectant en tant que peuple. Je proclame ce fait en toute connaissance de cause que ceux qui ne les aiment pas l'accepteront, non comme le signe d'un quelconque mérite chez les Japonais, mais comme une preuve de mon incompétence, ou pire encore.

"Mais vous n'êtes pas allé en Chine", disent certains de mes amis. "Vous aimeriez mieux les Chinois que les Japonais."

Cela peut être vrai ou non. J'ai tendance à croire qu'il existe, à première vue, une sympathie et une compréhension plus naturelles entre Américains et Chinois qu'entre Américains et Japonais. Le Chinois nous est plus facilement compréhensible. Il est aussi doux. Nous pouvons lui parler. Il fera ce que nous lui disons. Il n'est pas un concurrent – comme le sont certainement les Japonais – et il est donc plus facile de s'entendre avec lui. En tant qu'individu, il possède de nombreuses qualités à recommander, même si ni le patriotisme ni la propreté ne semblent en faire partie.

Si jamais je vais en Chine, j'espère et m'attendrai à ne pas tomber dans les sillons mentaux qui conduisent généralement les voyageurs en Orient à penser que s'ils aiment un Chinois, ils ne peuvent pas aimer un Japonais, et vice versa. Je me réserve le droit d'aimer les deux.

La Chine apparaît comme un géant aimable, flasque et endormi qui s'est longtemps laissé intimider, victimiser et voler. Le Japon, en revanche, est un petit individu soudé, combatif, capable de prendre soin de lui-même et profondément engagé dans cette tâche. Naturellement, les deux ne s'entendent pas bien, et tout aussi naturellement le géant impuissant s'en sort le plus mal. On le plaint à ce point, mais on ne peut guère le respecter comme on le ferait s'il se soulevait et s'affirmait. On peut, en revanche, souhaiter que le petit Japonais soit moins tapageur, mais on est tenu de le respecter pour ses prouesses. Physiquement et matériellement, il s'est mérité la direction incontestée de l'Extrême-Orient. Reste cependant la question de savoir s'il est spirituellement assez grand pour devenir également un leader moral. C'est à cette question que dépend l'avenir de l'Orient. Certains signes sont encourageants, d'autres non. La réponse est enfermée dans les coffres du temps à venir.

Il n'est pas surprenant que les Japonais soient fiers du leadership qu'ils ont déjà atteint. Étant des membres relativement nouveaux de la famille coiffée et clouée que nous appelons la Famille des Nations, et étant rapidement devenus des membres importants, ils sont enclins à insister plus que nécessaire sur cette importance, si nouvelle et si gratifiante pour eux. Ils aiment en parler. Ils se plaisent à se proclamer « puissance de premier ordre ». Ils se réjouissent extrêmement de leur alliance avec la Grande-Bretagne, non pas parce que l'alliance elle-même a une importance très réelle (compte tenu de l'attitude de l'Australie et du Canada à l'égard du Japon et du respect de la Grande-Bretagne pour le sentiment américain, elle ne peut pas avoir), mais à cause de association flatteuse. Le Japon aime être vu marcher avec les grands. En cela, elle rappelle un peu un jeune dans toute la fierté et la gêne de sa première paire de « pantalons longs ».

Il y a maintenant ceci à retenir d'un jeune dans son premier « pantalon long » : il nécessite une manipulation prudente. Si vous le traitez comme un enfant, soit en le protégeant, soit en l'ignorant, vous l'offenserez mortellement et ne le pousserez pas impossiblement à une action furieuse pour affirmer sa virilité. Mais si, au contraire, vous vous laissez tromper par son apparence de maturité et attendez de lui tout ce que vous attendez d'un homme parfaitement mûr, alors vous risquez fort d'être déçu.

Il n'y a qu'une seule voie à suivre avec un jeune dans ce stade intermédiaire. Il faut le gérer avec tact, fermeté et patience. Lorsqu'ils ont affaire à des jeunes, de nombreux adultes ne comprennent pas cela, et lorsqu'ils ont affaire à une nation dans un état d'évolution correspondant, les autres nations sont en général encore plus stupides que les individus adultes.

La Grande-Bretagne, la plus sage du monde en matière d'affaires internationales, n'a pas commis cette erreur dans ses relations avec le Japon. L'alliance en est une preuve. La visite du prince héritier du Japon en Angleterre au printemps 1921 en est une autre. Le tact de la Grande-Bretagne dans cette situation n'a jamais été aussi clairement démontré que dans le discours du roi George, lorsque, portant un toast à l'invité impérial, il a déclaré :

"Parce qu'il est notre ami, nous n'avons pas peur qu'il voie nos problèmes. Nous savons que sa sympathie est avec nous et qu'il comprendra."

Puissions-nous que les États-Unis puissent tirer la simple leçon de ces deux courtes phrases prononcées par le roi d'Angleterre. Puissions-nous apprendre à adopter ce ton aimable. Puissions-nous que les Américains comprennent avec quelle rapidité les Japonais — oui, et tous les autres pays — réagissent à de telles approches.

Le problème du maintien de relations amicales avec ce voisin de l'autre côté du Pacifique n'est, en vérité, pas aussi difficile que nombre de nos autres problèmes. Cela a été rendu difficile principalement par notre incroyable maladresse.

Parmi les hommes, un maladroit est souvent craint et détesté, exactement comme s'il était malveillant, et parmi les nations, la situation est la même. Aucune nation, aussi forte soit-elle, ne peut se permettre d'offenser inutilement d'autres grandes puissances ; et les États-Unis ne peuvent surtout pas se permettre d'irriter inutilement les puissances avec lesquelles ils partagent leur cour avant et leur cour arrière : à savoir la Grande-Bretagne et le Japon. Pourtant, nous irritons constamment ces deux nations sans parvenir à un quelconque objectif de contrepoids.

La Grande-Bretagne, ressentant, comme nous, le lien de consanguinité et ayant, de plus, un œil avisé sur son propre intérêt, nous pardonne, ou du moins semble le faire. Mais dans le cas du Japon, nous sommes confrontés à une situation très différente. Il n'existe aucun lien de sang pour atténuer la tension ; il n'y a pas non plus toujours à Tokyo l'esprit d'État calme, flegmatique et intéressé de Londres. Tokyo est parfois capricieuse.

Si nous continuons à faire des erreurs, nous finirons par nous attirer la mauvaise volonté du Japon, et si nous le faisons, nous nous retrouverons presque certainement à regarder par la fenêtre arrière non seulement un Japon renfrogné, mais une coalition entre le Japon, la Russie, et l'Allemagne, coalition dans laquelle nous-mêmes, par notre attitude, aurons poussé le Japon.

C'est à nous de décider si nous souhaitons encourager une telle alliance.

Avec M. Hughes au Département d'État, nous avons, semble-t-il, de bonnes raisons d'espérer, mais M. Hughes n'a pas encore eu le temps d'accomplir une grande amélioration dans les relations américano-japonaises. S'il le fait, il sera le premier homme d'État américain à avoir progressé dans ce domaine depuis que Roosevelt était à la Maison Blanche et Elihu Root au Département d'État ; car depuis leur époque, aucune politique définie et compréhensive n'a été manifeste dans nos relations avec le Japon. L'échec de notre diplomatie ne se reflète que trop clairement dans la diminution constante du bon sentiment qui existait alors.

Bien qu'il n'ait jamais visité le Japon, Roosevelt, grâce à sa compréhension étonnante des gens, a réussi à percevoir parfaitement les Japonais. Il connaissait leurs qualités et leurs défauts. Il se rendit compte précisément de l'état auquel ils étaient parvenus au cours de leur évolution du moyen âge à la modernité. Il connaissait leur loyauté et leur fierté de samouraï, leur sensibilité, leur amour de la courtoisie.

« Parlez doucement et emportez un gros bâton », disait-il. Ces mots résument une grande partie de sa politique étrangère. Il savait quand envoyer une peau d'ours à l'empereur et quand envoyer une flotte.

Même lorsqu'il envoya cette flotte de seize cuirassés, la visite qu'il lui rendit fut une visite de courtoisie. Et la courtoisie, comme j'ai essayé de le montrer, n'est jamais perdue pour le Japon.

PARTIE IV

CHAPITRE XXII

Ni la boîte à lunch ni l'automobile pour nous emmener à la gare n'étaient prêtes, bien que toutes deux aient été commandées la nuit précédente. Nous avons attendu vingt minutes avant l'heure du train ; puis je me suis précipité vers la gare dans un taxi, ce qui s'est produit de manière providentielle – ce que les taxis font rarement à Tokyo.

Le trajet nous a fait parcourir plusieurs kilomètres à travers la ville. À travers un trafic routier pittoresque et incohérent, sur des canaux, devant l'immense amphithéâtre en béton où se déroulent les combats de lutte, à travers un pont en acier enjambant la rivière Sumida, à travers un dédale de rues boueuses bordées de boutiques ouvertes en partie protégées des intempéries. soleil brûlant derrière des rideaux de coton indigo portant des publicités en gros caractères chinois blancs, nous avons volé de manière précaire, affrontant des collisions une demi-douzaine de fois et y échappant comme par magie comme on le fait toujours derrière un chauffeur japonais. On dit que le chauffeur japonais n'est pas, en règle générale, un bon mécanicien. Je ne peux pas le dire, mais je vous assure qu'il peut conduire. À une vitesse incroyable, il vous fera tourner à travers la foule dense et lente d'un festival de rue ou autour des virages en épingle d'un col de montagne boueux avec une roue suivant le bord glissant d'un précipice, mais il ne vous fera jamais mal, même un cheveu. de votre tête, à moins que, par hasard, vos cheveux ne vous fassent mal de se dresser.

La gare de Ryogoku , où nous retrouvions nos amis qui nous attendaient, est une modeste structure à ossature, terminus d'une ligne de chemin de fer sans importance desservant les villages d'agriculteurs et de pêcheurs de la péninsule de Boso - et qui dépend du continent de manière à former la barrière entre Baie de Tokyo et Pacifique.

Le train semblait nous attendre. Il démarra dès que nous eûmes embarqué à bord, et se déplaçait actuellement à travers la campagne à vingt-cinq ou trente milles à l'heure. Il y avait quelque chose de solennel et de ludique dans ce petit train. Les wagons n'étaient pas plus lourds que les tramways et la locomotive aurait fait un dur travail pour tirer une paire de Pullman, mais dans son rôle actuel , elle donnait une performance pompeuse, sifflant, sifflant et reniflant avec autant d'importance que si elle avait été le moteur d'un tramway. un super express. Les petits gardes se joignirent eux aussi gravement au jeu, criant les noms des stations de campagne avec autant de majesté que si chacune d'elles était une métropole. Et le paysage lui-même prenait sa place dans la fantaisie, car notre petit train le parcourait comme sur un tapis plat à motifs de petites rizières vertes.

Le gouvernement japonais, qui gère si mal ses téléphones et ses câbles, fait mieux avec ses chemins de fer. Ils sont assez bien gérés. Les trains sont presque toujours à l'heure et les voitures ne sont pas inconfortables, même si l'écartement plus étroit des routes japonaises les rend nécessairement plus petites que nos voitures.

La voiture-lits japonaise ordinaire est divisée en deux. Une moitié ressemble à une couchette Pullman américaine, de taille très réduite, tandis que l'autre moitié ressemble à un *wagon européen* miniature éclairé, avec une allée étroite d'un côté et des compartiments dans lesquels les couchettes sont disposées transversalement au train.

Comme en Europe, il existe trois classes d'autocars de jour. Sauf là où les trains sont surpeuplés, comme c'est souvent le cas, on peut voyager aussi confortablement en deuxième classe qu'en première. Les autocars des trois classes sont comme des tramways avec de longs sièges allant d'un bout à l'autre de chaque côté. Habituellement, la voiture est divisée au milieu par une cloison, la théorie étant qu'une extrémité est réservée aux fumeurs ; mais dans la pratique, les Japonais, consommateurs invétérés de tabac, semblent fumer quand et où ils veulent lorsqu'ils voyagent.

Les trains express transportent des wagons-restaurants qui sont comme de petites reproductions des nôtres. Certains de ces convives servent des plats de style japonais, d'autres européens et d'autres encore les deux.

De toute évidence, de nombreuses réflexions ont été menées pour faciliter les déplacements des anglophones. Chaque wagon de chaque train porte un panneau indiquant, en anglais, la destination du train ; les horaires imprimés en anglais sont faciles à obtenir, les billets de chemin de fer sont imprimés dans les deux langues et le nom de chaque ville est triplement indiqué sur les panneaux des gares, affichés en anglais, en caractères chinois et en kana.

Comme aux Etats-Unis, les porteurs de gares portent des casquettes rouges mais ils ont l'astuce européenne de faire passer les bagages dans et hors des fenêtres des voitures, afin que les portes ne soient pas bloquées lorsque les passagers souhaitent monter et descendre. Dans les gares de quelque importance se trouvent également des garçons portant des casquettes vertes qui vendent des journaux, du thé et des déjeuners.

Le déjeuner ferroviaire japonais est une institution aussi organisée que le déjeuner ferroviaire anglais. Sur les quais de toutes les grandes gares, vous pouvez acheter presque toutes sortes de déjeuners, soigneusement emballés dans des serviettes en papier et emballés dans une boîte en bois impeccable.

Sur chaque carton est inscrite la date, afin que le voyageur puisse être sûr que tout est frais. Vous pouvez obtenir une boîte contenant de généreuses portions de poulet rôti et de jambon de Kamakura, avec de la salade et des œufs durs ainsi qu'un délicat couteau et une fourchette en bambou ; ou si vous souhaitez un repas léger, une boîte de sandwichs assortis, fins et moelleux comme les sandwichs devraient toujours l'être mais le sont si rarement. Ou encore, vous pouvez obtenir une variété de plats japonais, emballés de la même manière.

Lors de ce voyage, j'ai choisi une boîte de ce délice connu sous le nom de *tai-meshi* et je n'ai pas regretté que ma commande pour le déjeuner ait été oubliée à l'hôtel. Le Tai-meshi consiste en une combinaison savoureuse de riz et de daurade râpée cuite dans une sauce contenant du saké qui efface le goût de poisson de la daurade. La boîte m'a coûté l'équivalent de dix-sept centimes, baguettes comprises. Au garçon au bonnet vert qui me l'a vendu, j'ai également acheté, pour cinq cents, un pot en terre cuite contenant du thé et une petite tasse, et après avoir bu le thé, j'ai appris que je pouvais faire remplir le pot avec de l'eau chaude à tout moment. pratiquement n'importe quelle station, pour quelques centimes de plus.

Tout comme votre voyageur anglais laisse le panier-repas dans le train lorsqu'il en a fini, votre voyageur japonais laisse la théière et la tasse. En buvant le breuvage du philosophe, je me suis demandé si un tel système réussirait aux États-Unis. J'ai conclu que ce ne serait pas le cas. Une partie des paniers-repas et des théières reviendraient à leurs propriétaires légitimes, mais beaucoup disparaîtraient. Il existe un certain type d'Américains, et ils sont nombreux, qui ont une aversion constitutionnelle à se conformer à une coutume agréable et ordonnée de ce genre. Il a trop – appelons cela de l'initiative – pour cela. S'il pensait que le panier-repas et la théière valaient la peine d'être emportés chez lui, il les rapporterait à la maison ; il ne serait pas non plus dissuadé par le simple fait qu'ils ne lui appartenaient pas, puisqu'ils lui avaient seulement été loués. Son sens subconscient de l'importance de sa propre « personnalité » lui permettrait de surmonter n'importe quel petit obstacle de ce genre. Sans y réfléchir, il aurait l'impression que parce qu'il les avait utilisés, ils lui appartenaient. Ce qu'il avait utilisé, personne d'autre ne devait l'utiliser, même si son utilité était désormais dépassée. C'est pourquoi, s'il pensait que le panier et la théière ne valaient pas la peine d'être emportés, il y marquait sa « personnalité ». Il pouvait démonter le panier pour voir comment il était fait, ou il pouvait sortir son canif et y percer des trous. Ensuite, il réfléchirait à quoi faire avec la théière. Constatant qu'il tenait bien dans la paume de sa main et sentant au toucher sa fragilité, il voudrait l'utiliser comme missile. S'il était fier de la précision de son lancer, il le lancerait sur un poteau télégraphique, mais s'il était certain de ne pas pouvoir heurter un poteau, il attendrait un gros tas de pierres ou un mur d'usine et le lancerait contre lui. cela de toutes ses forces, pour faire la plus grande explosion possible.

On me demande souvent si les Japonais sont honnêtes. Le doute à ce sujet est, je crois, dû en grande partie à la vieille histoire selon laquelle des caissiers chinois sont employés dans les banques japonaises, tous les Chinois étant dignes de confiance et tous les Japonais, l'inverse. Je ne connais pas de meilleur exemple de la vitalité d'un mensonge que celui offert par la survie de celui-ci. C'est un triple mensonge. Les banques japonaises n'ont pas de guichetiers chinois. Les Japonais, en tant que race, ne sont pas plus malhonnêtes que les autres. Les principaux banquiers du Japon, que j'ai rencontrés pour la plupart, sont des hommes de la plus haute moralité et des plus grandes lumières, et ils seraient ainsi reconnus dans n'importe quel pays. Ce n'est pas non plus simplement mon opinion. C'est l'opinion que j'ai entendue exprimer par plusieurs des plus grands banquiers et industriels des États-Unis, hommes qui ont fait affaire avec des banquiers japonais et qui les connaissent parfaitement.

Il est vrai que des marques et des articles brevetés fabriqués dans d'autres pays ont été volés par certains fabricants et commerçants japonais, et que cette pratique abominable est dans une certaine mesure maintenue encore aujourd'hui. Mais les conditions à cet égard s'améliorent à mesure que la moralité des affaires se développe. Il ne faut pas non plus oublier que les normes actuelles de l'éthique commerciale internationale, qui réprimandent si fortement de tels vols, sont relativement nouvelles dans le monde entier. Il faut cependant admettre que le Japon n'est pas, sur ce point, tout à fait à la hauteur des autres grandes nations.

Quant à la probité moyenne du peuple, je peux dire ceci : si j'étais obligé de risquer de laisser un bien de valeur dans un lieu public, dans la chance qu'il soit trouvé par une personne honnête et me soit restitué, je devrais préfèrent prendre le risque au Japon que dans la plupart des autres pays. Certes, je préférerais y aller qu'aux États-Unis — à moins que je puisse préciser certaines régions rurales des États-Unis, où je sentirais que mes chances étaient meilleures que dans les environs de New York.

Les Japonais respectent la propriété, privée et publique. On peut visiter les bâtiments historiques du Japon sans voir une seule preuve de vandalisme. Cela m'a énormément frappé. C'était tellement différent de chez moi ! Plus d'une fois, là-bas, j'ai pensé à une visite que j'avais faite, il y a quelques années, à Monticello, la belle vieille demeure construite près de Charlottesville, en Virginie, par Thomas Jefferson, et à ce que m'avait dit le gardien. Tous les visiteurs, dit-il, devaient être surveillés. Autrement, les vignes seraient arrachées des murs de la maison, les briques ébréchées et les statues en marbre brisées. Ils avaient même jugé nécessaire de construire une clôture en fer autour de la tombe de Jefferson pour protéger le monument des patriotes américains qui voudraient en ramener chez eux de petits morceaux.

La coutume de visiter des lieux historiques et les tombes de personnages historiques est beaucoup plus courante au Japon qu'en Amérique. La plupart des monuments les plus célèbres du Japon ne sont absolument pas protégés, mais au lieu de les détruire pour obtenir des souvenirs, le pèlerin brûle un peu d'encens devant eux et laisse peut-être sa carte de visite sur l'esprit du défunt. Ou bien il peut écrire un poème.

Le Dr John H. Finley m'a raconté une histoire qui illustre bien l'attitude délicate et respectueuse des Japonais dans de telles questions.

Lorsque le baron, aujourd'hui vicomte, Shibusawa vint aux États-Unis il y a plusieurs années, un banquet fut offert en son honneur à New York par la Japan Society, dont le docteur Finley était alors président.

Lors du banquet, le docteur Finley a fait remarquer à l'invité d' honneur qu'il avait entendu dire qu'il avait envoyé un émissaire avec une couronne à déposer sur la tombe de Townsend Harris, premier ministre américain au Japon, enterré à Brooklyn.

"Non", a déclaré le baron Shibusawa, "ce n'est pas exactement ce qui s'est passé. Je n'ai pas envoyé la couronne. Je l'ai prise moi-même et je l'ai déposée sur la tombe. Et j'ai écrit deux poèmes à la mémoire de Townsend Harris et je les ai accrochés aux branches. d'un érable du Japon surplombant son lieu de repos."

Mais revenons à notre petit train.

Les hommes parmi nos compagnons de voyage japonais étaient assis sur les sièges, les pieds au sol, comme nous, mais les femmes et les enfants avaient ôté leurs sabots et étaient accroupis sur les sièges, le dos tourné vers l'allée, regardant vers l'extérieur. fenêtres ou somnolent, la tête appuyée sur leurs mains ou contre le cadre de la fenêtre. Une dame âgée était allongée de tout son long sur le siège, endormie, les pieds nus posés sur les coussins.

Les Japonais craignent beaucoup moins que nous les intérêts des autres passagers, et en fait, en ce qui concerne les étrangers de leur propre race, ils ont raison, car les voyageurs japonais ne prêtent que peu ou pas d'attention les uns aux autres. Ils s'intéressent davantage aux étrangers. Un Japonais qui parle anglais entamera fréquemment une conversation avec le voyageur étranger et s'efforcera presque invariablement de lui être utile. Les rustiques regardent l'étranger avec une sorte d'intérêt stupide, tout comme les rustiques américains pourraient regarder un Japonais ; et les jeunes voyous japonais ricanent parfois lorsqu'ils aperçoivent un étranger et font des commentaires sur lui, tout comme pourraient le faire les jeunes voyous américains en voyant passer un Japonais, surtout s'il portait son costume national.

« Pipe the Jap », pourrait s'exclamer un fainéant du coin d'une rue de New York ; tandis que de même, un jeune mal élevé de Tokyo, Kobe ou Yokohama pourrait dire : « *Keto* », ce qui signifie « étranger poilu ». Le terme *céto* n'est pas destiné à être complémentaire, mais son utilisateur ne veut pas vraiment faire de mal. Il serait entendu par un malin américain qui devrait parler de « chinks », de « kykes » ou de « micks ». De tels termes illustrent simplement l'hostilité instinctive des hommes mesquins du monde entier envers tous ceux qui ne sont pas exactement comme eux.

Certains campagnards japonais qui étaient assis en face de nous lors de notre voyage vers la péninsule de Boso s'intéressaient manifestement beaucoup à nous, en particulier aux dames de notre groupe, et comme si peu d'étrangers comprennent la langue japonaise, ils se sentaient en sécurité pour discuter de nous entre eux.

"Quelle petite chose étrange à porter sur la tête !" » dit le mari à la femme en faisant référence à un joli petit turban porté par une de nos dames.

"Oui", dit la femme, "et je ne vois pas comment elle peut marcher avec ces chaussures à petits talons hauts et fins. Ne sont-elles pas drôles !"

Ces remarques et d'autres révélant leurs spéculations intéressées sur quelles femmes de notre groupe étaient mariées à quels hommes, nous furent traduites par l'ami qui avait organisé l'excursion. Très farfelu, il les laissait parler de nous jusqu'à ce que le sujet paraisse épuisé. Puis il a posé une question informelle, en japonais, au mari d'en face. J'ai rarement vu un homme plus déconcerté que celui-là à ce moment-là. Il a répondu à la question, mais ce fut le dernier mot que nous l'avons entendu prononcer. Bien qu'une heure s'écoula avant que lui et sa femme descendent du train, et bien qu'ils aient jusque-là parlé avec volubilité, le silence complet qui les enveloppa ne fut rompu par un seul monosyllabe jusqu'à ce qu'ils atteignirent le quai de la gare. Là pourtant, nous vîmes qu'ils avaient recommencé à parler, et avec des gestes qui témoignaient d'une certaine agitation. J'avais le sentiment que chacun rejetait la faute sur l'autre pour toute cette affaire. Les relations entre mari et femme sont, à certains égards au moins, beaucoup plus semblables dans tous les pays qu'on ne le pense généralement.

CHAPITRE XXIII

Katsuura et le Basha - Une côte noble - Scènes sur une route de campagne - Les pêcheurs - Un temple et un poisson apprivoisé - Nous arrivons dans une auberge - Je vois un bain - J'en prends un - Les coutumes du bain - Le Nesan attentif - Dans la baignoire

Un voyage d'environ trois heures et demie nous a amené à la ville côtière de Katsuura , terminus de la petite ligne de chemin de fer. L'industrie de Katsuura est la pêche, et on y vend une sorte de poisson séché qui a une assez bonne réputation. Presque chaque ville du Japon a sa propre spécialité, qu'il s'agisse d'un produit comestible ou autre, quelque chose que le voyageur peut acheter et emporter chez lui comme souvenir. Bon nombre des meilleures estampes japonaises en couleur ont été réalisées à l'origine dans ce but : souvenirs de villes et de villages, d'auberges célèbres, d'acteurs célèbres et de courtisanes notoires.

En quittant le train, nous sommes montés dans un *basha* – un bus primitif à un cheval doté de petites roues – et avons emprunté une autoroute menant vers le sud le long de la côte. La journée était brillante et notre route, longeant les hautes collines côtières à mi-chemin entre leurs sommets verts et la plage jaune sur laquelle jouaient les vagues en contrebas, était blanche et poussiéreuse sous le soleil brûlant. Sur les tronçons plats et les dénivelés, nous roulions en basha , mais nous sortions toujours et gravissions les collines pour épargner le vénérable cheval. Les voyageurs qui ont déjà suivi un tel système ne seront pas surpris non plus que, sur les vingt milles que nous avons parcourus sur notre route vers Kamogawa , quinze milles semblaient être des kilomètres de montée.

Ce rivage me rappelait sans cesse d'autres rivages : la Bretagne, dans la région de Dinard et de Cancale , et les falaises entre Sorrente et Amalfi. Mais ici les contours étaient plus tendres. J'ai vu de nombreuses plages, avec de petites maisons éparpillées le long du sable, des bateaux de pêche alignés en rangées, et des hommes et des femmes basanés s'affairant parmi les filets et les paniers, ce qui m'a fait penser à la marina de Capri. Même l'air était celui de Capri au printemps. Mais ici, il n'y avait pas de chanson.

Tai-no- ura : De minuscules maisons éparpillées sur le bord du sable, des bateaux de pêche alignés en rangées et des hommes et des femmes basanés s'affairant parmi les filets et les paniers.

Une succession de hauts promontoires s'avançant agressivement vers la mer donnait de l'intérêt à la route. Parfois, ils inversaient sa trajectoire, le forçant à pivoter autour d'eux ; dans d'autres cas, des tunnels pénétraient dans les collines-barrières et nous nous retrouvions à marcher péniblement à côté du basha , à travers une obscurité humide et résonnante, les yeux fixés sur un point de lumière lointain, marquant la sortie, devant nous.

C'était une route très fréquentée. Nous rencontrions continuellement d'autres bashas grinçant lentement à travers la poussière blanche, ou rangés devant des auberges et des salons de thé où les passagers s'arrêtaient pour se rafraîchir. Pendant tout l'après-midi, nous ne rencontrâmes pas une seule automobile, et quand, au bout d'une heure ou deux, une dame japonaise, joliment habillée et abritée du soleil par un grand parasol, surgit dans un ricksha brillant propulsé par deux coolies, elle fit un image étrangement sophistiquée, élégamment exotique, sur fond de cette route de campagne poussiéreuse si pleine de gens humbles.

Toutes les femmes de cette région travaillaient dur. Certaines travaillaient aux côtés de leurs maris dans la boue et l'eau des rizières, d'autres s'occupaient sur la plage, entassés le varech et le rapportaient dans d'immenses cuves en bois dans lesquelles on le faisait bouillir pour en extraire le jus dont on extrait l'iode, d'autres encore transportaient des paniers de poisson frais et brillant depuis les bateaux nouvellement débarqués vers les marchés du village, ou tiraient de lourdes charrettes chargées de paniers à poissons d'un village à l'autre. Car cette côte est la plus grande région de pêche de tout le Japon.

Dans les rues de chaque village, nous avons vu des poissons manipulés : de gros poissons brillants disposés en rangées sur des nattes de paille, en préparation pour l'expédition, d'énormes bacs contenant des poissons plus petits et de grands paniers de sardines argentées. Notre conscience des activités piscatoires n'était pas non plus due uniquement aux organes de la vue. De temps en temps, une bouffée d'informations parvenait aux organes olfactifs, révélant avec une franchise indubitable la proximité d'un tas de harengs pourris, qui servent à fertiliser les champs.

En descendant une colline à travers un bosquet d'arbres centenaires, avec la mer scintillant entre les troncs d'un côté du chemin, nous sommes tombés sur un temple altéré et, en le contournant par l'arrière, nous avons trouvé un petit village regroupé à sa base, dans une petite crique aussi douce qu'on pourrait souhaiter voir - des maisons basses et brunes nichées parmi les rochers et les pins noueux, un croissant de plage jaune avec des bateaux de pêche dressés hors de portée de la marée, et des enfants jouant parmi eux ressemblant à des bronzes nus viennent vivre.

Cet endroit, connu sous le nom de Tai-no- ura (côte des dorades), si petit et isolé qu'il soit, jouit d'une renommée qui s'étend dans tout le Japon. Car c'était la demeure du prêtre-pêcheur Nichiren du XIIIe siècle , qui, bien qu'il soit antérieur à Martin Luther d'environ deux siècles et demi, est parfois appelé le Martin Luther du bouddhisme japonais. La secte Nichiren est à ce jour puissante, comptant plus de cinq mille temples et un million et demi d'adhérents. Ses écritures sont connues sous le nom de *Hokkekyo* , et je trouve un certain intérêt suranné au fait que, parce que ce mot suggère l'appel du rossignol japonais, le chanteur à plumes est connu sous un nom qui signifie « oiseau qui lit les Écritures ».

Le vieux temple altéré que nous avons visité est connu sous le nom de *Tanjo-ji* , ou temple de la Nativité, et aurait été fondé en 1286, mais pour moi, la chose la plus attrayante dans ce quartier est le respect qui lui est accordé jusqu'à ce jour. L'interdiction de Nichiren contre la capture de poisson le long de cette côte sacrée. Les pêcheurs de Tai-no- ura vont loin avant de lancer leurs filets, et cela est le cas depuis si longtemps que les poissons ont compris qu'ils sont en sécurité sur la côte et qu'ils remonteront à la surface si l'on frappe sur le plat-bord. d'un bateau.

Les portes du temple Tanjo-ji , dédié à Nichiren , « le Martin Luther du Japon »

J'aurais aimé m'attarder à cet endroit, mais l'après-midi déclinait et il nous restait encore une demi-douzaine de milles ou plus à parcourir.

Le coucher du soleil était suspendu comme un fluide rose dans l'air lorsque notre basha descendit la rue principale de Kamogawa et s'arrêta devant la porte de l'auberge.

Pour un Américain, habitué à l'accueil décontracté réservé aux clients des hôtels de son pays natal, l'expérience d'arriver dans une auberge japonaise bien tenue est presque sensationnelle. Les roues de notre véhicule avaient à peine cessé de tourner qu'un troupeau de serviteurs accourut pour nous accueillir et nous secourir. Deux coolies emportèrent nos sacs dans le portique et, tandis que nous les suivions, nous fûmes escortés par la propriétaire aux cheveux gris et une bande de nesans , tous rayonnants vers nous et s'inclinant profondément jusqu'à la taille.

Tandis que j'étais assis sur le pas de la porte et retirais mes chaussures, deux coolies arrivèrent de l'arrière du bâtiment portant entre eux un poteau auquel étaient suspendus deux énormes seaux d'eau chaude. Poussant une porte coulissante en papier, ils entrèrent dans une pièce voisine. Un instant plus tard, j'entendis un grand clapotis, comme si on versait de l'eau, et en les observant, je vis qu'ils vidaient leurs seaux dans une grande cuve fixe construite en bois. Je n'étais pas non plus le seul témoin de la préparation du bain. Deux femmes japonaises et trois enfants attendaient de pouvoir l'utiliser. Et ils étaient tous prêts à entrer.

Il y avait quelque chose de superbement concret dans toute cette performance qui m'a donné un soudain éclair de compréhension. Toutes les explications du monde n'auraient pas pu m'apprendre autant de choses sur le point de vue japonais sur des questions de ce genre que le fait d'être témoin de cette image.

Adam et Ève n'étaient pas les ancêtres de ce peuple et la pomme n'était pas non plus un fruit indigène au Japon.

Les autres membres de notre groupe se préparaient à se baigner dans la mer avant le dîner, mais je désirais un bain chaud et je l'avais demandé dès mon arrivée. Pendant que je me préparais dans ma chambre, je me suis demandé si j'étais sur le point de vivre une expérience de bain mixte et, si oui, dans quelle mesure ma philosophie résisterait à la pression.

Mais les idées particulières des étrangers concernant l'intimité dans les bains n'étaient, semble-t-il, pas inconnues de la propriétaire de l'auberge. Lorsque je descendis les escaliers, vêtue du kimono court en coton fourni par l'établissement, je ne fus pas montrée à la grande salle de bain située près de l'entrée, mais fut emmenée en remorque par un petit nesan , qui m'indiqua que je devais enfiler des sabots en bois. — dont une rangée se tenait près de la porte — et je la suis de l'autre côté de la rue jusqu'à l'annexe.

Le bain était prêt. En entrant dans la pièce avec moi, la nesan a fermé la porte et, d'une manière professionnelle qui ne pouvait être interprétée que d'une seule manière, a commencé à boucler ses manches avec un cordon.

"Elle a l'intention de te frotter !" criait tout ce qui était conventionnel en moi. « Mettez-la dehors !

"Mais tu n'aimes pas être lavé ?" » demanda le philosophe intérieur.

"Le fait qu'elle soit une femme me rend gênée", répondis-je à mon autre moi.

"Ça ne devrait pas. Le fait d'être un homme ne la rend pas gênée. Que disions-nous il y a quelques instants à propos de la fausse modestie ?"

"Autant que je me souvienne", répondit évasivement Convention, "nous étions d'accord sur le fait que les Américains sont pleins de fausse modestie."

Sur quoi je me tournai vers le petit nesan et, d'un geste en direction de la porte, je m'écriai : « Scat !

Comprenant le sens du mouvement, sinon du mot, elle s'éloigna docilement, fermant la porte derrière elle. Mais elle n'est pas allée loin. À travers le journal, je pouvais l'entendre chuchoter avec un autre nesan dans le couloir. Je me suis dirigé vers la porte dans le but de la fermer, mais il n'y avait pas de loquet pour le faire. Cela m'a laissé un certain sentiment d'insécurité pendant que je me baignais.

Une salle de bains japonaise bien ordonnée, comme celle-ci, a un faux plancher en bois avec des évacuations en dessous, de sorte que l'on peut s'éclabousser avec le plus grand abandon. On fait sa lessive à l'extérieur de la baignoire, en se rinçant avec de l'eau tiède trempée dans un seau provenant d'un réservoir couvert situé à une extrémité de la baignoire. Ce n'est qu'une fois le processus de nettoyage terminé que l'on entre dans l'eau pour se tremper et se réchauffer. Les baignoires des hôtels et des maisons prospères sont grandes, et leur taille rend la préparation d'un bain une affaire laborieuse ; car l'eau chaude courante est un luxe encore pratiquement inconnu au Japon, l'eau du bain étant chauffée soit dans la cuisine, soit au moyen d'un petit poêle à charbon fixé à l'extérieur de la baignoire. Chauffer le bain par ce dernier système, qui est celui généralement utilisé, prend une heure ou deux ; c'est pourquoi il est évidemment impraticable de préparer un bain séparé pour chaque membre de la maison. Dans une maison privée, un seul bac d'eau suffit généralement à tout le monde.

Les étrangers nouvellement arrivés au Japon sont désagréablement impressionnés par ce système de baignade et, dans une auberge japonaise, ils mettent généralement un point d'honneur à avoir la première chance de prendre un bain.

Même si je n'espère pas convaincre le lecteur que ce que je dis est vrai, je dois témoigner de la vérité selon laquelle c'est l'idée plutôt que le fait du bain japonais qui est au premier abord désagréable. Vous devez comprendre que les Japonais sont physiquement la race la plus propre du monde ; que, comme je l'ai déjà dit, ils se baignent complètement avant d'entrer dans la baignoire ; que la baignoire fait moins partie du processus de nettoyage qu'un moyen de se réchauffer ; et enfin que l'eau d'une cuve qui a été utilisée par plusieurs personnes semble aussi fraîche qu'au moment où elle a été puisée pour la première fois.

J'ai demandé un jour à un Japonais cosmopolite s'il ne préférait pas notre système de baignade. Il a répondu que non. "Je ne pense pas que votre voie soit aussi propre que la nôtre", expliqua-t-il. "Pas à moins que vous preniez deux bains, l'un après l'autre, comme je le fais toujours lorsque je suis en Europe ou en Amérique. Je me lave dans le premier bain. Ensuite, je dessine une nouvelle baignoire pour me rincer."

De même que ce gentleman préfère son style de bain natif, je préfère le mien ; pourtant je ne m'opposerais pas à lui succéder au bain. Je ne suis pas non plus le seul à apprécier l'espace profond de la grande baignoire japonaise. Un gentleman américain qui était au Japon lorsque j'y étais fait construire une salle de bain japonaise dans sa maison près de New York.

Avec le bain du prolétariat, le système est le même, mais la baignoire est plus petite et moins commode. Il s'agit de ce qui n'est pratiquement ni plus ni moins qu'un grand tonneau avec un petit poêle à charbon fixé sur un côté. Il se trouve souvent à l'extérieur.

En sortant de l'eau chaude, je me suis retrouvé sans serviette. Je me dirigeai vers la porte, l'ouvris suffisamment pour passer la tête par l'ouverture et appelai le nesan qui se tenait à proximité .

"Serviette", dis-je.

Elle sourit et secoua la tête, sans comprendre.

J'ai ouvert la porte un peu plus grand, j'ai tendu un bras et j'ai fait des mouvements de frottement dessus.

« *Haï !* » s'exclama-t-elle vivement, et elle partit en courant.

Comme il faisait froid dans la pièce, je suis retourné au bain à remous pour attendre. Je restai là quelques minutes. Puis je me suis rendu compte que, comprenant mon désir d'intimité dans le bain, le nesan attendait peut-être dehors avec ma serviette, alors je suis ressorti avec l'intention de regarder dans le couloir.

Cependant, au moment où je sortais, la porte s'ouvrit et elle entra.

"Scat!" J'ai pleuré. Sur quoi elle m'a tendu deux serviettes et s'est enfuie.

C'était bien qu'elle en ait apporté deux, car la serviette indigène consiste en une bande de tissu de coton fin à peine plus grande qu'une serviette de table. Les Japonais ne prétendent pas se sécher soigneusement avec ces serviettes, mais, comme je l'ai dit ailleurs, ils les essorent dans de l'eau chaude et s'en servent comme d'un balai, après quoi ils sortent et laissent l'air terminer le travail.

Je me séchai du mieux que je pouvais, enfilai le kimono en coton et retournai au bâtiment principal de l'auberge.

Dans le couloir, j'ai rencontré mon ami le linguiste.

"Je veux prendre une photo de cette baignoire", lui ai-je dit.

"Cela ne s'expliquera pas sur une photo", a-t-il répondu, "à moins qu'il n'y ait quelqu'un dedans."

Je savais ce qu'il voulait dire. Un Américain ou un Européen, habitué au style de baignoire posée sur le sol, supposerait naturellement, d'après une photo de celle-ci, qu'elle est disposée de la même manière. Mais ce n'était pas le cas. Il s'étendait peut-être à deux pieds au-dessous du niveau du sol ; il y avait une marche à mi-chemin à l'intérieur pour aider à entrer ou à sortir ; il était si profond qu'une personne de petite taille qui s'y trouvait serait immergée presque jusqu'aux épaules.

« Alors, entrez-y, d'accord ?

"Tu devrais avoir un japonais."

"Mais c'est hors de question."

"Non, ce n'est pas le cas."

Ce n'était pas non plus le cas. Au moment où j'ai reçu mon Kodak et mis une pellicule, il avait un sujet pour moi.

C'était le petit nesan à qui j'avais dit "scat !" Une *grande dame dans une loge d'opéra* n'aurait pas non plus pu faire preuve de plus d'aplomb que lorsque je l'ai photographiée.

grande dame dans une loge d'opéra n'aurait pas non plus pu faire
preuve de plus d'aplomb que lorsque je l'ai photographiée.

CHAPITRE XXIV

Une promenade en kimono - Un dîner à l'auberge - De doux serviteurs - Un enchantement du soir - Les inconvénients de Ramma - Mes voisins se retirent - Un lit japonais - Un petit déjeuner - "Le lait d'ours" - Le village de Nabuto - Une île et une grotte - Le Abelone Divers : une navigation avec des pêcheurs

"Faisons une promenade avant le dîner", dit le linguiste lorsque notre entreprise photographique fut accomplie.

"Très bien. Je vais m'habiller."

"Viens comme tu es."

"Après un bain chaud, je pourrais prendre froid dans ce kimono fin."

"Non. C'est une chose curieuse à propos des bains chauds au Japon. Leur réaction est un peu comme celle que nous recevons à la maison après des bains froids."

"Mais, habillés de cette façon, n'aurons-nous pas l'air bizarre ?" J'ai examiné l'ourlet inférieur de mon kimono qui pendait juste un peu en dessous de mes genoux.

"C'est le costume du pays."

"Mais c'est terriblement court pour nous. Il me semble que nous devrions au moins mettre des sous-vêtements."

"C'est absurde. Un homme ne sait pas ce qu'est le confort tant qu'il ne s'est pas promené en kimono après un bain."

Nos costumes étaient identiques. Nous avions l'air tout aussi absurdes. J'ai consenti.

Ma seule difficulté lors de cette promenade était mes sabots. Je ne pouvais pas marcher aussi vite que mon compagnon et je n'osais pas non plus lever les pieds du sol de peur que les sabots ne tombent. Et pourtant, je vois que si l'on a grandi avec des sabots, il y a beaucoup à dire en leur faveur . Ils sont durables et bon marché. Ils n'étouffent ni ne crampent le pied.

Un jour, j'ai parlé à un ami japonais des mérites des sabots, mais bien qu'il ait admis que ses compatriotes qui portaient des sabots n'avaient aucun problème avec leurs pieds, il pensait que les sabots, dans l'ensemble, étaient une mauvaise chose. "Le mouvement pour de bonnes routes au Japon", a-t-il déclaré, "a commencé lorsque les gens ont commencé à porter des chaussures. Ceux qui portent des sabots ne s'opposent pas aux mauvais trottoirs, et nous n'en aurons jamais de bons tant que les sabots ne seront pas rejetés par la majorité."

Nous n'avions pas marché un pâté de maisons avant de m'apercevoir que mon compagnon n'avait pas exagéré l'importance du kimono comme costume pour une promenade par une douce soirée. Il ne lie nulle part, mais laisse les bras et les jambes délicieusement libres. De plus, l'air pénètre dans le corps et la sensation après un bain très chaud est aussi rafraîchissante qu'un frottement d'alcool.

Les rues étaient pleines de monde, dont beaucoup étaient des pêcheurs habillés comme nous. Mais même si la raison me disait que dans nos kimonos nous étions moins visibles que nous aurions dû l'être dans notre tenue habituelle, je ne pouvais pas me débarrasser du sentiment que nous étions des mascarades et que si les gens nous reconnaissaient à travers l'obscurité des étrangers, nous devrions avoir une foule qui nous suit. C'est pourquoi, bien que notre promenade se soit déroulée sans incident, j'étais dans l'ensemble soulagé quand, après avoir parcouru la rue principale et revenir, nous sommes rentrés dans l'hôtel.

Notre dîner ce soir-là était purement japonais ; les nesans apportaient les habituelles petites tables en laque hautes d'un pied, chargées de bols couverts de porcelaine et de laque ; nous nous asseyions sur des coussins de soie posés sur les nattes de la chambre du linguiste et luttions courageusement avec nos baguettes.

La chambre était au deuxième étage. À travers le shoji ouvert, nous pouvions regarder à travers un petit jardin vers d'autres pièces, ouvertes comme la nôtre sur la douceur de l'air du soir, et nous pouvions voir les nesans glisser entre ces pièces et la cuisine, se déplaçant le long du parquet poli de la galerie. avec leur mélange caractéristique en forme de pigeon.

Dans un hôtel américain, notre petite fête aurait été servie par un seul serveur ; ici nous étions accompagnés de trois nesans , dont l'un était accroupi sur la natte à côté du seau à riz, prêt à nous aider lorsque nous tendions nos bols pour en demander davantage (car nous mangions du riz avec notre soupe, notre poisson et notre thé), tandis que les deux autres apportèrent des affaires de la cuisine, en dessous des escaliers. Et peu importe combien de fois ils étaient venus dans la salle auparavant, ils se mettaient toujours à genoux en entrant et inclinaient leur front presque jusqu'au sol en signe de salutation respectueuse avant de servir le nouveau service.

Cette courtoisie, si naturelle chez eux, me faisait me sentir très, très loin de chez moi, car en elle semblait se cristalliser le charme romantique des antipodes. D'ailleurs, tout l'environnement renforçait mon sentiment. La simplicité exquise de notre chambre et des autres pièces du jardin ; les douces lumières qui brillent à travers le papier de riz du shoji ici et là ; les silhouettes, si japonaises, qui les traversaient ; le chatoiement des feuilles vert foncé des petits arbres dont les branches supérieures s'élevaient un peu au-dessus du sol ; le tintement d'un samisen joué dans une partie reculée du bâtiment ; les yeux en amande et les cheveux d'ébène massifs de nos doux petits serviteurs, leurs costumes de papillons, le râlement étrange et doux de leur langue, les curieuses saveurs inconnues des viandes ; tout cela se combine pour me faire sentir transporté dans un enchantement, vif et fantastique comme un tableau de Rackham ou de Dulac .

Et pourtant, fasciné comme je l'étais par toute cette beauté magique, j'éprouvais une douce mélancolie. Car les shoji du fond de la salle étaient repoussés comme les autres, et de la plage sur laquelle ils ouvraient, me parvenait à travers l'obscurité une note insistante de réalité certaine et presque terrible : le murmure de cet océan, noir, agité. , turbulent, menaçant, inimaginablement vaste, par lequel j'ai été coupé de chez moi.

Ma propre chambre était à côté de celle du linguiste, mais la chambre au-delà de la mienne était occupée par un couple japonais. Les pièces étaient divisées par des murs constitués de paravents en papier opaque, coulissant dans des rainures, et même ces fragiles cloisons étaient incomplètes, car, comme dans toutes les maisons japonaises, il y avait *des ramma* , ou des grilles, au-dessus des paravents. Le but de ces ramma est d'aérer la nuit, lorsque le bâtiment est solidement enfermé dans des volets en bois ; mais s'il est vrai qu'ils permettent la circulation d'un peu d'air, il est également vrai qu'ils permettent la circulation du son et de la lumière. C'est là que réside la principale objection de l'étranger au style de maison japonais : il est totalement dépourvu d'intimité.

Je me suis efforcé de rester silencieux pendant que je me préparais à me coucher, et je suis sûr que mes voisins japonais ont essayé de la même manière, mais leurs chuchotements et les petits bruissements qu'ils émettaient en se déplaçant, renforçaient plutôt que diminuaient ma conscience de leur proximité.

Après avoir éteint ma lumière, ma chambre continua pendant un certain temps à être éclairée par la lueur qui traversait le ramma des deux côtés. Bientôt, la lumière du linguiste s'éteignit, mais celle de la chambre de mes autres voisins persistait, m'empêchant de dormir. C'était la première fois que les chaises me manquaient cruellement en tant que complément à la vie japonaise ; si j'avais une chaise, je pourrais y accrocher un kimono pour faire écran à mes yeux. Mais enfin, j'entendis un petit déclic, immédiatement suivi par l'obscurité. Puis un bruit de pas doux. Puis un soupir confortable. Puis silence.

C'était ma première nuit dans un lit japonais. Le lit était constitué de deux minces matelas en soie, superposés sur la natte et en partie recouverts de ce qui semblait être une serviette. Tout était très propre. L'oreiller était un cylindre de coton d'environ six pouces de diamètre, rempli d'une substance aussi lourde et aussi crépitante que des aiguilles de pin, mais inodore . Je pense que la farce était composée de balles de riz. Ma chemise de nuit était un kimono de coton comme celui dans lequel j'étais allée me promener, et mon couvre-lit était le couvre-lit habituel du Japon : une robe de satin matelassée, très longue, avec des emmanchures et des manches spacieuses : un croisement entre une couette et un kimono. . Je n'ai pas utilisé les manches, mais je les ai remontées comme on le ferait si l'on dormait sous un pardessus.

À tous égards, sauf un, c'était un lit confortable. Ce qui m'a dérangé, c'est l'oreiller rond et dur. Je l'ai déplacé; J'ai essayé de l'aplatir ; J'ai essayé ma main en dessous et par-dessus, entre elle et mon visage.

"Je ne pourrai jamais dormir sur un pareil oreiller !" Pensai-je avec irritation. Et la prochaine chose que je savais, c'était le matin et l'heure de se lever.

Cette auberge, exceptionnellement bien aménagée, offrait des toilettes séparées pour les hommes et les femmes. Nous sommes descendus en troupe et nous sommes baignés. Puis nous avons déjeuné. Le petit-déjeuner ressemblait beaucoup au dîner de la veille : riz, soupe, poisson et thé.

"Si quelqu'un ressent le besoin de café", dit le linguiste, "nous pourrons peut-être l'obtenir, mais il y a de fortes chances que ce ne soit pas très bon. J'ai aussi une boîte de lait concentré ici." Il a brandi la canette. J'ai remarqué qu'il s'appelait "Bear Brand" Milk et que l'étiquette portait l'image d'un ours.

"Il n'y a pas de lait frais dans ces auberges ?" » quelqu'un a demandé.

"Certains d'entre eux en ont maintenant", répondit-il, "mais ce n'est que ces dernières années que les habitants de cette localité ont appris à utiliser le lait."

Cela lui a rappelé une histoire qu'il nous avait racontée.

Lors d'une de ses promenades, il s'était arrêté dans une auberge qui se vantait d'avoir été patronnée par un prince impérial. L'ami qui accompagnait le linguiste lors de ce voyage voulait du café pour le petit-déjeuner et l'aubergiste a réussi à le lui fournir. Le linguiste avait une boîte de lait « Bear Brand » dans son sac à dos, mais il ne souhaitait pas l'ouvrir si du lait pouvait être produit à l'auberge.

"Peux-tu m'apporter du lait ?" il a demandé au nesan .

"Quel genre de lait ?" elle a demandé.

S'apercevant qu'elle ne savait rien de notre habitude d'utiliser le lait dans le thé et le café, il s'amusa à répondre :

"Le lait de baleine."

Le nesan descendit et revint aussitôt pour dire qu'il n'y avait pas de lait de baleine.

"Cette auberge a été fréquentée par un prince impérial", s'exclama le linguiste, affectant l'étonnement, "et pourtant vous n'avez pas de lait de baleine ?"

Le Nesan a admis que tel était le cas.

"Alors," dit-il, "apporte-moi du lait d'éléphant. Je vais essayer de le faire."

Encore une fois, elle est partie.

"Le propriétaire est vraiment désolé", rapporta-t-elle à son retour, "mais il vient de manquer de lait d'éléphant".

"Laissez-moi voir le propriétaire."

Lorsque ce dernier apparut, il s'excusa vivement. Il y a eu une demande sans précédent de lait d'éléphant ces derniers jours, explique-t-il, et ses réserves sont épuisées. Il espérait en recevoir d'autres sous peu, mais le transport était lent.

"Très bien", dit le linguiste, "je suppose que je devrai me débrouiller du mieux que je peux avec du lait d'ours." Sur quoi il ouvrit la canette « Bear Brand » et versa une partie de son contenu dans son café, tandis que le propriétaire de l'hôtel et le nesan regardaient avec des yeux exorbités.

"Tu devrais avoir honte de toi", lui dis-je lorsqu'il eut fini son histoire.

"La plaisanterie m'a touché", a-t-il déclaré. « Après cela, je suis devenu un personnage de l'auberge, et je devais donner un pourboire correspondant en partant – car, selon l'ancienne coutume du pays, le montant du pourboire dans un hôtel n'est pas proportionnel au service reçu, mais en proportion. au rang de benne. Et en plus, le propriétaire était très curieux de savoir comment ils traitaient les ours, j'ai eu du mal à expliquer ça.

Après le petit-déjeuner, nous partons à pied vers le village de Nabuto , plusieurs kilomètres plus loin le long du rivage. La route, qui serpentait autour des collines du rempart, était aussi belle que celle que nous avions parcourue la veille, et aussi pleine de personnages intéressants et d'aperçus intimes de la vie de ces aimables pêcheurs industrieux.

Nabuto s'est avéré être un petit village situé à la pointe d'un promontoire rocheux, abrité des assauts directs de la mer par une petite île au sommet connue sous le nom d' île Niemon parce qu'elle appartient, et appartient depuis huit siècles, à une famille de ce nom. y résidant.

Une vieille femme de mer, ressemblant à un personnage d'un des tableaux de Winslow Homer, appela le passeur en faisant exploser une conque, et quelques minutes plus tard, nous descendîmes de son esquif jusqu'à une plate-forme naturelle de granit au bord de l'île. En débarquant, nous fûmes assimilés par un guide qui commença par nous indiquer certains trous circulaires dans le granit qui, déclara-t-il, avaient été pratiqués par les sabots du cheval de Yoritomo . Car la légende raconte que, lorsqu'il était poursuivi, ce héros militaire médiéval utilisait l'île Niemon comme cachette. Les empreintes de sabots du cheval ne sont pas non plus la seule preuve à l'appui de cette histoire. On peut voir la grotte dans laquelle se cachait le grand Yoritomo .

Là, par un chemin accidenté et ascendant, le guide nous conduisit. C'était une petite grotte humide. Si Yoritomo y a vécu longtemps, il devait avoir plus peur de ses ennemis que des rhumatismes. À l'intérieur se trouvait un petit sanctuaire dédié à l'ancien guerrier, et à proximité se trouvait une corde par laquelle on pouvait sonner une cloche pour informer l'esprit du défunt que des appelants étaient arrivés. Le guide nous fit savoir que l'esprit de Yoritomo serait profondément satisfait si nous mettions quelques sous dans la boîte devant son sanctuaire. Après avoir contribué, nous avons pu sonner.

La corniche extérieure offrait une vue sur des lieues et des lieues de mer améthyste dans laquelle s'avançaient une succession de promontoires bastionnés verts. Au-dessous de nous, au pied de la falaise, là où les longues houles s'écrasaient en succession rythmique, plusieurs petites embarcations se balançaient dangereusement près du bord de l'écume. C'étaient, dit le guide, les bateaux des pêcheurs d'ormeaux, car la famille Niemon , en plus de recevoir des touristes et de leur vendre des bibelots, des cartes postales et des flacons de whisky d'Osaka, s'occupe de conserver de la viande d'ormeau. J'ai essayé de manger de l'ormeau. Considérant qu'il s'agit d'un mollusque menant une vie absolument sédentaire, il possède un développement musculaire étonnant. Un homme qui peut le mastiquer devrait pouvoir aussi mastiquer la boîte dans laquelle il vient.

Chaque yole contenait deux hommes ; un rameur et un plongeur. Le premier nourrissait son embarcation légère près de l'endroit où la mer se brisait sur la paroi rocheuse de l'île, tandis que le second, debout et se balançant au gré des montées et des descentes du bateau, scrutait avec impatience les profondeurs bleues. Puis, tout à coup, avec la rapidité d'un couteau lancé, le corps brun coupait l'eau et disparaissait. On a attendu. On a attendu assez longtemps pour devenir un peu anxieux. Mais quand il semblait que les poumons humains n'auraient pas pu retenir leur souffle aussi longtemps, une chevelure noire et mouillée sortait de l'eau et le corps luisant du plongeur glissait sur le plat-bord avec la facilité sinueuse d'un plongeur. phoque nageur. Un instant plus tard, il se tenait de nouveau à l'avant du bateau, une silhouette magnifiquement posée, regardant avec les yeux ravis d'un voyant les mystères ondulants et striés du monde sous-marin.

Ici, la brise marine fraîche ondulait comme une trame fraîche à travers la chaîne de rayons du chaud soleil de midi. A terre, il n'y avait pas de brise. Je commençais à redouter les kilomètres d'autoroute poussiéreux qui ramenaient à Kamogawa . Puis quelqu'un nous a proposé d'y naviguer et le linguiste a envoyé le guide voir un bateau.

Le navire qu'il a sécurisé était un bateau de pêche à deux mâts doté d'une proue viking courageuse et de longues lignes élégantes. Il s'agissait d'un engin aux allures de pirate et l'apparence de l'équipage l'était encore plus. Ils ressemblaient aux pirates malais des livres d'aventures pour garçons : presque nus, bronzés et vieillis jusqu'à prendre une couleur cuivrée foncée . Deux d'entre eux portaient des chemises blanches courtes, ouvertes sur le devant et se terminant à la taille, mais les autres étaient innocents d'une mercerie aussi sophistiquée, le costume entier de chacun consistant en une paire de serviettes, l'une aux reins, l'autre enroulée autour de la tête. .

Très vite, ils nous ont déposés sur la plage à l'arrière de l'hôtel.

"Maintenant", dit le linguiste, alors que nous avancions dans le sable profond, "nous allons faire nos valises, déjeuner et partir."

Et c'est précisément ce que nous avons fait.

Tout le personnel de l'auberge s'assembla pour nous voir partir. La patronne nous a offert des petits cadeaux. Il y eut beaucoup de salutations. Puis le basha grinça.

CHAPITRE XXV

Dans un village de pêcheurs exceptionnellement pittoresque, quelques kilomètres plus loin, je me suis arrêté pour prendre quelques photos. Sur une plate-forme à l'extérieur d'une vieille maison surplombant la digue grise au bord de la plage, trois femmes déchargeaient des paniers de poisson d'une lourde charrette à bras. L'une d'elles avait soixante ans, un autre j'estimais en avoir trente, mais la troisième était une fille d'à peine vingt ans, une robuste jeune fille brune avec des yeux comme ceux d'un cerf sauvage et un sourire prompt qui montrait un ensemble de regards glorieux. dents blanches. Elle était la plus jolie paysanne que j'avais vue au Japon, c'est pourquoi, par l'intermédiaire de mon amie bilingue, j'ai demandé la permission de la prendre en photo.

A la quantité de paroles de mon amie et aux rires qui l'accompagnaient de part et d'autre, je jugeai que la demande, telle qu'elle lui parvenait, était festonnée de galanteries. En tout cas, elle a volontiers consenti à être photographiée — comme le font généralement les jolies filles — et, lorsque le déclencheur a claqué, elle m'a demandé de lui envoyer un tirage. J'ai accepté de le faire si elle écrivait son nom et son adresse dans mon carnet. Elle l'a fait en kana, qui, traduit par mon précieux compagnon, a révélé son nom : Gen Tajima.

La jolie Gen était entre les puits, l'autre fille tirait sur une corde et la grand-mère était derrière, poussant

Lorsqu'on leur a demandé si elles appartenaient toutes les trois à la même famille, les femmes ont répondu qu'elles n'étaient que des voisines . Ils résidaient dans le village d' Amatsu-machi , plusieurs kilomètres plus loin sur la route que nous parcourions, et c'était leur tâche quotidienne de tirer la charrette d' Amatsu-machi jusqu'à cet endroit, chargée de paniers de poisson à saler et à expédier. Leur salaire pour ce travail s'élevait à l'équivalent de vingt-cinq cents par jour dans notre monnaie.

"Je suppose que vous êtes tous mariés ?" a demandé mon ami.

La vieille femme répondit que oui ; les deux autres ont ri et ont déclaré que non. Mais ils se sont vite trahis. "Ne crois pas ce *qu'elle* dit!" ils nous prévenaient gaiement. "Elle *est* mariée. *C'est moi* qui cherche un partenaire." Puis, après avoir eu leur petite plaisanterie, chacun possédait un mari et des enfants. Leurs maris étaient pêcheurs et gagnaient, disaient-ils, deux yens par jour, soit environ un dollar.

"Vous travaillez dur?" a demandé mon ami.

"Bien sûr."

« Pourquoi « bien sûr » ?

"Tout le monde ici travaille dur."

"Même ceux qui n'y sont pas obligés ?"

"Oui. Même les gens qui ont beaucoup d'argent travaillent dur. Ici, on se moque de ceux qui ne travaillent pas."

C'étaient des femmes japonaises typiques de la classe des pêcheurs, heureuses, innocentes et travailleuses. Ils m'intéressaient profondément. Mais le voyage était long et il fallait continuer. Nous leur avons dit au revoir, sommes montés dans la basha et sommes partis.

Mais nous n'en avions pas fini avec eux. Après avoir parcouru environ un quart de mile, ils arrivèrent en courant derrière nous avec leur charrette. Pretty Gen était entre les puits, l'autre fille tirait sur une corde attachée d'un côté et la grand-mère était à l'arrière, en train de pousser. Ils couraient à pieds de pigeon, comme les Indiens, et avec le tumulte provoqué par leurs sandales de corde et les roues, ils laissaient derrière eux un nuage de poussière.

Pleins de gaieté, ils se rapprochèrent de nous. L'un d'eux nous a appelé en japonais.

"Qu'a-t-elle dit?" J'ai demandé.

Mon ami a traduit :

"Elle dit que parce que nous sommes des étrangers, ils nous escorteront."

"Allez," dis-je en sautant hors du basha . "Aidons-les à tirer le chariot."

Il m'a rejoint aussitôt. Nous avons pris place, bien entendu, de part et d'autre du général.

Elle était pleine de questions. D'où venions-nous ? Combien de temps a-t-il fallu pour venir d'Amérique ? Comment était l'Amérique ? Le peuple américain n'aimait-il pas le peuple japonais ? Son frère était marin. Il avait fait un voyage en Amérique et disait que c'était un très bel endroit et que tout le monde était riche. Ce n'était pas comme ça au Japon. Ici, presque tout le monde était pauvre. Il était difficile de gagner suffisamment pour vivre, maintenant que la nourriture coûtait très cher.

Constatant qu'il y avait maintenant trop de mains volontaires autour du chariot, nous avons renvoyé la grand-mère et l'autre femme et les avons placées à nos places lors de la basha .

"C'est dommage que tu ne puisses pas monter à cheval aussi", dit mon ami à Gen, "mais il vaut mieux que tu restes ici et que tu veilles à ce que nous ne volions pas la charrette."

Ce à quoi la vieille femme, penchée sur la banquette arrière du basha, remarqua qu'elle pensait que nous risquions beaucoup plus de voler la charrette si Gen l'accompagnait.

Cela a provoqué beaucoup d'hilarité. Gen, je pense, était un peu gênée, mais elle a quand même apprécié ça.

« Dans l'état actuel des choses, dit-elle en souriant et en regardant la route, je suis bien contente de marcher.

Le bavardage était si vif que j'eus bien de la peine à comprendre tout ce qui se disait ; ce n'était pas une mince affaire pour mon compagnon de poursuivre sa conversation contre eux trois et en même temps de traduire pour moi. J'ai commencé à me sentir exclu.

D'ailleurs, je n'avais pas prévu que nous attirerions autant d'attention. Le simple fait que nous étions des étrangers nous rendait remarquables dans cette partie du pays, et la vue de deux hommes étrangers aidant une paysanne à tirer une charrette, tandis que les compagnons habituels de la jeune fille les précédaient dans la magnificence relative d'une basha , provoquait les gens dans les villages que nous avons traversés non seulement pour les regarder avec étonnement, mais pour appeler leurs amis à venir assister à ce spectacle inouï.

Je me souviens d'une vieille femme courbée sous un gros fardeau de paille qu'elle portait sur son dos, qui, lorsqu'elle leva les yeux et nous vit, eut l'air de tomber, et je n'oublierai jamais l'air interrogateur, perplexe : regard fixe d'un coolie d'âge moyen, avec un chargement de bois sur le dos et une petite pipe à la bouche, qui, à notre vue, s'assit précipitamment sur le talus au bord de la route pour nous passer en revue. C'était un type bien. J'ai lâché ma prise sur le manche, j'ai détaché mon kodak et j'ai embaumé ses traits sur un film.

Le coolie d'âge moyen s'assit précipitamment sur la berge pour nous passer en revue

"Revenez ici!" a appelé mon compagnon. "Gen et moi avons besoin de toi avec notre chariot."

Gen et moi !... *Notre* charrette, en effet ! Qui a pensé en premier à aider Gen avec son chariot, j'aimerais le savoir !

Sans enthousiasme, je reviens et reprends le manche. Le chariot devenait plus lourd. Lui et Gen ne tiraient pas comme ils le devraient. Ils étaient trop occupés à parler – c'était là leur problème !

« Dis, jusqu'où se trouve cette ville où vivent ces gens ? » lui ai-je demandé.

"Je suppose que ce n'est pas beaucoup plus loin", mon ami interrompit sa conversation avec Gen pour répondre.

"J'espère que non ! Nous avons déjà tiré cette charrette infernale sur environ huit kilomètres."

"Si tu n'aimes pas ça," répondit-il, "pourquoi ne retournes-tu pas à la basha ?"

"Comment vais-je faire ça, quand cette vieille femme est à ma place ?"

"Dites-lui que vous voulez monter à cheval. Dites-lui de revenir ici et de se remettre au travail."

Je l'ai regardée. Il était tout à fait hors de question de faire une telle chose. Même si j'aurais dû apprécier ma place à la basha , elle l'appréciait davantage. Elle et la jeune femme passaient un moment magnifique, bavardant, riant, saluant toutes les connaissances qu'elles croisaient. Et quand d'autres paysans qui les connaissaient les regardaient avec étonnement, ils éclataient de rire. Tout cela donnait plus que jamais à notre progression l'aspect d'une parade de cirque dans laquelle, me semblait-il, je figurais comme le clown.

Laissé à mes propres pensées, je m'efforçai d'aborder la situation avec philosophie. Si j'avais été stupide de me lancer dans cette aventure de traction de charrette, ma folie était commune à mon sexe. D'autres hommes, innombrables, s'étaient rendus encore plus ridicules. Et, alors que dans peu de temps cet incident allait prendre fin, certains hommes ont eu des éraflures qui ont duré toute leur vie. C'était agréable d'y réfléchir.

J'ai commencé à voir une allégorie dans l'épisode. En miniature, c'était comme l'histoire d'un mariage précipité.... Un homme parcourant le chemin de la vie dans le basha confortable du célibat voit une jolie fille. Des yeux brillants, des dents blanches montrées dans un sourire, et il saute.

"Laisse-moi t'aider à tirer le chariot !" s'écrie-t-il sans penser à l'avenir. Alors il prend le relais, et très probablement, elle ralentit et le laisse faire l'essentiel du tirage.

Il veut de la compagnie, mais quand il commence à la chercher, que découvre-t-il ? Il découvre qu'elle ne connaît pas un mot de sa langue, ni lui un mot de la sienne. Il a vendu son droit d'aînesse pour un gâchis de beauté.

La route est longue, les collines escarpées, la charrette lourde. Un autre homme apparaît alors et propose son aide : un malin qui *sait* parler comme il l'entend. Et bien sûr, cet idiot linguistique se met à lui raconter des bêtises et tourne la tête. Plus elle l'écoute, plus il devient gonflé. C'est ce qui arrive à certains hommes si une jolie fille leur montre un peu d'attention ! S'arrête-t-il une minute pour considérer que son avantage est purement linguistique ? Pas du tout! L'idiot se croit fascinant.

Tellement pour ça.

Mais imaginez maintenant une autre image. Sortez ces deux hommes d'une situation dans laquelle l'un d'eux bénéficie manifestement d'un avantage injuste et placez-les sur un pied d'égalité dans un environnement totalement différent. Emmenez-les, disons, dans une ville américaine, placez-les dans une salle de bal, faites venir un tas de belles débutantes , des centaines, toutes en jolies petites robes du soir et pantoufles de satin, et formez l'orchestre. *Alors* voyez ce qui se passe !

L'un de ces hommes est un rat de bibliothèque. Il en sait beaucoup sur les langues. Il peut parler japonais. (Vous voyez, je suis tout à fait juste envers lui.) Mais l'autre, bien qu'il ne parle pas japonais, est — vous comprenez que c'est un cas purement imaginaire — un bel homme, fringant et débonnaire. Pendant que l'un apprenait le japonais, l'autre a appris quelques étapes efficaces. Dans les labyrinthes complexes de la danse, il semble flotter comme un dieu dans les airs.

D'accord! Maintenant je vous demande, lequel de ces deux hommes va réussir auprès de tous ces débutants ? Les Japonais vont-ils faire progresser un homme très loin avec un débutant américain ? En toute honnêteté, je dis non ! Un débutant est trop intelligent – trop habile avec ses pieds – pour se laisser tromper par un simple talent linguistique. La vraie valeur est ce qui compte pour elle. Elle recherche un solide mérite chez un homme. En d'autres termes : *quel genre de danseur est-il ?*

La conclusion n'est-elle pas évidente ? Dans l'environnement que j'ai imaginé, l'un de ces deux hommes sera laissé pratiquement seul, tandis que l'autre se retrouvera constamment entouré d'une bande de délicates et belles...

"C'est Amatsu-machi ", entendis-je dire mon compagnon.

En sursaut, je suis revenu au Japon.

"Ils nous laissent à la croisée des chemins", dit-il.

Le basha s'arrêta. Les deux femmes sont sorties. Ils nous remercièrent gentiment. Puis, au milieu de nombreux « *Sayonaras* », nous sommes partis, tandis qu'ils nous regardaient debout, souriant et saluant jusqu'à ce que nous passions hors de leur vue au détour d'un virage de la route.

"Elles ont un caractère charmant, ces Japonaises", remarqua bientôt le linguiste.

"Si vous regardez beaucoup de débutants américains ," répondis-je, "vous constaterez qu'ils sont à peu près aussi——"

"Vous ne comprenez pas", l'interrompit-il. "Je ne parle pas de simple beauté, même si on ne dirait pas que cette fille Gen n'était pas jolie. Je parle de qualité spirituelle. Ne pourriez-vous pas dire, rien qu'en la regardant, qu'elle était douce, tout de suite. à travers?"

"Je suppose qu'elle va bien," répondis-je d'un ton désinvolte.

Cela ne le satisfaisait pas à moitié. Mais même s'il s'est tenu à moi pendant un long moment, essayant de me faire dire quelque chose de plus enthousiaste, je n'ai pas été contraint. Il était trop gonflé comme ça.

J'avais aussi une autre raison pour refuser à cette jolie paysanne les plus grands éloges. Je dois être fidèle aux débutants qui, de loin, étaient venus flotter comme un essaim de fées pour me consoler alors que je tirais le lourd chariot du général Tajima le long d'une route poussiéreuse au bord de la mer du Japon.

CHAPITRE XXVI

Le sac de voyage national des Japonais est un grand et solide mouchoir de soie ou de coton, dans lequel sont attachés les objets transportés en voyage. L'élasticité de ce récipient, appelé *furoshiki* , est son grand avantage. Il est aussi grand ou aussi petit que son contenu l'exige, et lorsqu'il est vide, vous n'avez pas besoin de le trimballer à la main, comme une valise vide, mais simplement de le mettre dans votre poche.

Le problème avec notre style de valises et de sacs est qu'ils sont lourds, encombrants et peu adaptables. Une fois, ils sont surpeuplés, une autre fois, nous les transportons à moitié vides. Mes propres sacs me rappellent ce que je ressentais à l'égard des bouteilles de vin à l'époque joyeuse où l'on pouvait se permettre de considérer de telles choses avec un œil quelque peu critique. J'ai toujours eu l'impression que les bouteilles de vin étaient trop grandes ou trop petites. Les pintes contenaient un peu trop pour une personne, mais pas assez pour deux ; et les quarts contenaient un peu plus que ce qui était requis par trois, mais laissaient quatre insatisfaits. Laissons cependant de côté ce sujet. *De mortuis ....*

J'ai souvent été frappé par le fait que même si la femme japonaise semble être plus habillée que la femme étrangère et si sa coiffure est généralement plus élaborée, elle transporte beaucoup moins de bagages lorsqu'elle voyage. Dans le furoshiki de notre Yuki , il y avait toujours de la place pour mes cigares, mes cigarettes, mes livres et mes films Kodak . Ses propres affaires ne semblaient prendre aucune place.

Il y a plusieurs raisons à cela. Une Japonaise ne porte pas de brosse à cheveux et porte son peigne dans les cheveux. Les Japonais n'emportent généralement pas non plus de vêtements de nuit avec eux en voyage, car un kimono en coton propre, dans lequel dormir, est fourni par tous les hôtels japonais. Plus d'une fois, lorsque j'ai vu Yuki partir avec nous pour un voyage de deux ou trois jours avec pour bagages un furoshiki attaché à peu près de la taille de deux romans ordinaires, j'ai pensé aux fameux « cinquante-trois morceaux de papier » de Johnnie Poe. bagages : un jeu de cartes et une brosse à dents.

Un thème de prédilection pour la décoration du furoshiki incarne les signes du zodiaque chinois, composé de douze animaux. Le calendrier chinois a été adopté il y a des siècles par les Japonais, et ils en tiennent toujours compte, même s'ils utilisent désormais généralement notre calendrier grégorien pour calculer le temps. Mais même ainsi, leur époque n'est pas l'ère chrétienne, mais date du début du règne de Jimmu Tenno le Divin, que les Japonais considèrent comme le premier de leur lignée impériale, et qui serait monté sur le trône, 660 AVANT JC. Ainsi, notre année actuelle, 1921, est l'année 2581 au Japon. Le temps est également mesuré arbitrairement par les règnes des empereurs, l'année en cours étant le 10 Taisho, ou la dixième année du règne de l'empereur actuel.

Le zodiaque chinois figure cependant en grande partie dans la superstition japonaise. Comme il y a douze animaux, les années sont comptées par cycles de douze ; et les mêmes animaux sont également associés aux jours et aux heures, par cycles de douze. Les attributs de l'animal astrologique régissant l'année de naissance sont censés s'attacher à chacun.

"Ma mère est une vache", m'a expliqué une Japonaise. "Mon mari est un serpent et je suis un lapin."

La tradition de ces animaux est compliquée. Je n'en ai qu'une infime partie, mais ce que je sais suffira à montrer la tendance générale d'une telle superstition.

On considère comme une chance de naître l'année du cheval car le cheval est fort et énergique. 1920 était l'année du singe. Il n'est pas chanceux de se marier l'année du singe, car le mot *saru* , qui signifie « singe », signifie aussi « retourner », l'idée étant que la mariée retournera dans son ancienne maison, ou en d'autres termes, divorcera. Une femme née l'année du lapin sera prolifique. (La dame qui a dit : « Je suis un lapin », bien que très jeune, était mère de quatre enfants.)

De même les animaux, dans leur cycle, portent chance ou malchance en fonction des événements survenant certains jours. Il n'est pas chanceux de se coucher avec une maladie le jour de la vache, car la vache tarde à se lever. Il est heureux de commencer un voyage le jour du tigre, car le tigre, même s'il parcourt mille milles, revient toujours au point d'où il est parti ; mais pour la même raison, il est malheureux qu'une fille se marie ce jour-là, car elle peut, comme le tigre, retourner à l'endroit d'où elle est partie : la maison de son père. Et le jour du tigre est un mauvais jour pour les funérailles, car le tigre entraîne sa proie avec lui, ce qui laisse penser qu'un autre enterrement suivra bientôt. La signification attachée à chaque animal selon la conception japonaise n'est pas toujours apparente, sans explication, à l'étranger. Par exemple, même si je sais qu'il est considéré comme une chance pour une mariée de couper son kimono le jour du coq, je ne sais pas pourquoi. Je ne sais pas non plus pourquoi on considère comme particulièrement chanceux d'avoir, dans une même famille, trois personnes nées sous le même signe.

Les superstitions de toutes sortes jouent un grand rôle dans la vie quotidienne des masses japonaises, et les personnes intelligentes fréquentent souvent les diseurs de bonne aventure, parmi lesquels se trouvent les prêtres bouddhistes de certains temples.

A Asakusa , le grand temple populaire de Tokyo, le commerce de la bonne aventure est si florissant que deux ou trois prêtres s'y emploient en permanence.

A Asakusa , le grand temple populaire de Tokyo, le commerce de la bonne aventure est si florissant que deux ou trois prêtres s'y emploient en permanence. Le système est simple. Le devin secoue un grand nombre de bâtons numérotés dans une boîte, en tire un et prend dans un petit tiroir un papier qui porte un numéro correspondant à celui du bâton. Votre fortune est écrite sur le papier, en multigraphe. J'ai payé le mien deux cents, et quand il m'a été traduit, j'ai senti que j'avais payé trop cher.

Yuki, voyant que j'étais disposé à prendre l'affaire à la légère, parut un peu déçue, et lorsque plus tard plusieurs d'entre nous décidèrent de donner une nouvelle aventure aux nécromanciens, elle nous escorta elle-même jusqu'à l'établissement appelé Hokokudo , au numéro 3 Chome , le Ginza, où père, fils et petit-fils se racontent successivement l'avenir depuis cent vingt ans. Ici, nous avons payé un yen chacun pour notre fortune, mais bien que l' *ekisha* ait pris plus de temps pour le travail, examinant nos mains et nos visages, faisant trembler ses baguettes divinatoires et créant des motifs avec ses blocs de bois chinois, il n'a pas fait beaucoup mieux que le prêtre. l'avait fait pour deux cents. Yuki fut impressionné lorsqu'il me prédit un voyage en mer, mais la prophétie ne me parut pas constituer un exemple remarquable de divination.

La visite à l' ekisha était cependant une expérience. La petite maison était pittoresque et il était intéressant de voir le flot de Japonais arriver, les uns après les autres, déterminés à découvrir ce que l'avenir leur réservait. De plus, pendant qu'on annonçait l'avenir de Yuki, j'ai pris une bonne photo de l'ekisha examinant sa main à travers sa loupe.

Pendant qu'on annonçait la fortune de Yuki, je l'ai photographiée

Une autre superstition est illustrée par les *ema* , des offrandes votives sous forme de petites peintures sur bois, qui sont exposées dans les sanctuaires shinto par ceux qui ont besoin d'aide d'une sorte ou d'une autre. Pour presque toutes sortes d'afflictions, on peut trouver un ema de conception appropriée, bien que la signification de la conception grotesque soit rarement évidente pour l'étranger.

Pendant mon séjour au Japon, j'ai rassemblé un certain nombre de ces curieux petits objets et j'ai étudié leur signification. Parmi eux, il y en avait un que Yuki reconnut comme un appel au soulagement des problèmes oculaires.

"Cette très bonne ema ", m'a-t-elle dit. "J'en utilise un comme ça une fois quand j'ai mal aux yeux."

"Est-ce que ça t'a guéri, Yuki ?"

"Oui, dans deux semaines. Je l'ai installé au sanctuaire et je promets au dieu de ne pas boire de thé pendant deux semaines. Dans deux semaines, mes yeux seront à nouveau d'accord."

"Et tu es sûr que c'est Ema qui l'a fait ?"

"Oui, monsieur, bien sûr."

"Tu n'as rien fait d'autre pour tes yeux ?"

"Non, c'est exactement ce que je dis. J'ai mis de l'ema pour Dieu et je ne bois pas de thé. Ensuite j'attends deux semaines."

"Est-ce que tes yeux t'ont fait mal pendant ces deux semaines ?"

"Oh, oui. Ils font tellement mal que je dois les laver deux à trois fois par jour avec de l'acide borique, en attendant que l'ema guérisse. Mais au bout de deux semaines, ils ne font plus mal. Cet ema fonctionne très bien. ".

CHAPITRE XXVII

Nos difficultés avec la langue – L' humour discutable du discours brisé – « Est-ce que vous frappez cet homme pour ça ? » – « Entreprises, érudits et autres ménages » – Curieuse correspondance – Jeux de mots japonais – Rires étranges – Le grotesque dans l'art – La couleur japonaise -Estampes—Collections d'estampes célèbres—Découverte d'estampes par Monet à Zaandam—Estampes japonaises et impressionnisme français

La différence totale entre la langue japonaise et la nôtre, évoquée dans un chapitre précédent, ajoute évidemment beaucoup à la difficulté de la communication sous toutes ses formes.

À Tokyo et dans d'autres villes, j'ai assisté à de nombreux déjeuners et dîners organisés dans le but de discuter des relations entre les États-Unis et le Japon et de promouvoir une compréhension amicale entre les deux nations. Bien que les hommes d'État et d'affaires japonais parlaient lors de ces réunions dans un langage courant et Même dans un anglais raffiné, je n'ai jamais rencontré un seul Américain capable de me rendre le compliment en nature. Les Américains, même ceux qui vivaient depuis des années au Japon, parlaient toujours en anglais, après quoi un interprète japonais qui avait pris des notes sur le discours se levait et rendait une traduction.

Le gouffre linguistique qui sépare les deux peuples n'est cependant pas entièrement un abîme noir. Si un mur est sombre, l'autre capte le soleil. Pratiquement tous les étudiants japonais étudient désormais l'anglais dans leurs écoles, notre langue étant considérée comme la deuxième en importance après la leur. Et bien que, comme je l'ai dit, beaucoup d'entre eux maîtrisent parfaitement l'anglais malgré les énormes difficultés qu'il leur présente, il y en a beaucoup d'autres dont l'anglais est imparfait et dont l'« anglais japonais », comme quelqu'un l' a appelé, produit les effets les plus remarquables. un grotesque inconscient qui surprend et fascine les Américains et les Anglais.

Pour être honnête, j'ai eu quelques doutes quant à savoir si je devais ou non aborder ce thème ; car il m'a toujours semblé que l'humour fondé sur les efforts d'un individu pour s'exprimer dans une langue qui n'est pas la sienne était un humour merdique , dans la mesure où il se moque d'une tentative de faire une chose honorable. C'est une sorte d' humour qui est appréciée dans une certaine mesure par les Français et les Britanniques, mais qui est infiniment plus appréciée par nous que par tout autre peuple du monde, comme en témoignent les divertissements dans nos théâtres et les histoires dans nos magazines, selon le cas. comédie sur dialecte : allemand, français, italien, irlandais, juif, cockney, nègre, ou même les divers dialectes purement américains caractéristiques de diverses régions du pays.

Ce goût douteux qui est le nôtre provient sans doute, dans une certaine mesure au moins, de la nature polyglotte de notre population ; mais quelle que soit son origine, c'est une mauvaise chose pour nous sur un point important. Nous trouvons le dialecte anglais des étrangers si drôle que nous craignons nous-mêmes d'essayer des langues étrangères, de peur de nous ridiculiser . Nous sommes donc les linguistes les plus pauvres du monde.

Même après les excuses qui précèdent - car c'est franchement ce dont il s'agit - j'hésiterais encore à présenter des exemples d'« anglais japonais » si je n'avais pas découvert que le professeur Basil Hall Chamberlain, peut-être la plus grande autorité moderne en matière de Japon, un homme dont ses écrits révèlent une délicatesse de goût impeccable, comme il l'avait déjà fait dans son livre le plus précieux, "Les Choses japonaises".

L'un des exemples donnés par le professeur Chamberlain est tiré d'un ouvrage intitulé : « The Practical Use of Conversation for Police Authorities », qui suppose d'apprendre au policier japonais à converser en anglais. Ce qui suit est une conversation imaginaire destinée à guider l'officier dans les pourparlers avec une veste bleue britannique :

Quel compatriote es-tu ?

Je suis un marin appartenant au Golden Eagle, le navire de guerre anglais.

Pourquoi frappez-vous cet homme- jinricksha ?

Il me l'a dit impoliment.

Que vous a-t-il dit impoliment ?

Il m'a insulté en disant à voix haute : « le Marin le Marin » alors que je passe ici.

Est-ce que vous frappez cet homme pour ça ?

Oui.

Mais ne le frappez pas car c'est interdit.

Je ne le frappe plus.

Un aspect curieux de la question est qu'une grande partie de cet anglais étrange se glisse dans les imprimés, apparaissant dans les guides, les publicités et sur les étiquettes de produits de toutes sortes fabriqués au Japon.

Ainsi, dans le salon de coiffure du navire, en passant, j'ai trouvé une bouteille contenant une préparation de toilette appelée « Fulay », dont l'étiquette portait la légende suivante :

" Fulay " fabrique selon une méthode chimique et de longues années d'expérience avec des matériaux purs et raffinés. Il s'agit donc seulement de l'article dans le cercle des toilettes quotidiennes des dames et des messieurs.

Et sur un pot de pâte j'ai trouvé cette étiquette, qui sera mieux comprise si l'on garde à l'esprit la tendance des Japonais à confondre les lettres *l* et *r* :

Cette pâte est d'une pureté de propreté et d'une forte cohésion, de sorte qu'elle ne se putréfie pas même lorsque la pâte d'herbe est laissée ouverte. Bien qu'écrit sur papier ou similaire immédiatement après le collage, le caractère n'est jamais étalé. Cette pâte a un parfum particulier, c'est pourquoi tous les objets collés après utilisation sont toujours protégés des frites et de toutes sortes de bactéries et préviennent les maladies infectieuses. Cette pâte est indispensable pour les banques, les entreprises, les universitaires et autres ménages. Veuillez noter pour " Kuchi's Yamato- Nori " car il y a des choses similaires.

La circulaire d'une entreprise, annonçant « un large assortiment de fards à joues pour dames », aurait pu être interprétée à tort comme contenant une suggestion scandaleuse, si elle n'avait pas évoqué le dos en ivoire et les poils de haute qualité dont les « fards à joues » étaient équipés. .

Une autre circulaire était celle d'un boucher qui s'adressait aux étrangers à Tokyo. Après avoir déclaré que ses viandes étaient vendues « à prix fixe », ce digne marchand mentionna les différentes sortes de bœufs qu'il pouvait fournir. Il y avait du « bœuf rosu , du bœuf rampu , du bœuf de porc, du bœuf à soupe et du bœuf à barbe » – ce qui signifiait rosbif, rumsteck, porc, viande à soupe et volaille – le mot « barbe » étant destiné à « oiseau ».

Dans l'admirable hôtel de Nara, j'ai vu l'affiche suivante affichée dans un couloir :

REMARQUE

Les parents sont priés d'envoyer leurs enfants à l'Hôtel Garden lorsque le temps le permet. Lorsqu'il fait mauvais temps, j'offrirai aux enfants la petite salle à manger, en dehors des heures de repas, comme salle de jeux pour eux, donc s'il vous plaît, ne les laissez pas du tout courir en haut et en bas. S'il vous plaît, veuillez accueillir les enfants après le dîner de manière calme et reposante.

DIRECTEUR de l'hôtel Nara.

D'un ami, responsable d'une grande entreprise, j'ai reçu un certain nombre de lettres révélant les particularités de « l'anglais tel qu'on l'écrit » — du moins tel qu'on l'écrit parfois — au Japon. Toutes ces lettres sont authentiques, lui étant parvenues dans le cadre de ses affaires.

Le premier, écrit par un employé du chef du bureau, fait référence à une admirable coutume japonaise qui mérite en elle-même une brève mention.

Dans tout le Japon, le ménage est effectué deux fois par an sous la surveillance de la police. Certains quartiers ont certains jours où le nettoyage doit être effectué. Les shoji sont enlevés, les meubles sont emportés et les nattes sont relevées et battues. Les rues sont pleines d'activité et de poussière lorsque cela se produit, et il y a un tas d'ordures devant chaque habitation. Pendant ce temps, les policiers passent de long en large, portant des masques de gaze sur le nez et la bouche pour se protéger de la poussière, et à la fin ils inspectent chaque maison pour s'assurer que les travaux ont été bien faits, après quoi ils apposent un cachet officiel sur la maison. porte.

C'est pourquoi le greffier écrivit au chef du bureau :

MME --:

Excusez mon absence de ce matin. Tout mon quartier a reçu des instructions pour nettoyer le nid.

SIDA .

Un dilemme plus grave se révèle dans ce qui suit :

AU DIRECTEUR GÉNÉRAL.

CHER MONSIEUR ,

Ma femme a accouché ce midi et comme cela s'est produit presque un mois plus tôt que prévu, je me retrouve de loin dans une situation douloureuse, ne m'étant pas encore préparé à cet événement soudain .

Jusqu'à ce jour, malheureusement, je suis destiné aux circonstances monétaires les plus défavorables et, par conséquent, je n'ai aucune économie contre les préoccupations du monde. Je suis obligé de vous demander un prêt de 25,00 ¥ pour me débarrasser du fardeau qui m'est imposé par le naissance.

Je sais que c'est le plus vilain de tous de demander de l'aide pour une affaire monétaire mais comme je ne trouve pas de meilleur moyen que de vous solliciter, j'en suis enfin arrivé à la conclusion de vous déranger mais contre ma volonté. Je considère qu'il est beaucoup plus honteux de faire connaître ma mauvaise condition à mes proches ou à mes connaissances, peu importe que cela soit fructueux ou infructueux.

Bien à vous,
Y———.

Le texte ci-joint a été reçu d'un des agents de la société dans une autre ville :

CHER MONSIEUR ,

Nous avons l' honneur de vous remercier de nous avoir offert une machine à écrire Remington qui vient d'arriver par chemin de fer express. Nous la traiterons avec beaucoup de gentillesse et elle nous offrira son meilleur service en retour. Ainsi, nous pouvons travailler pour notre satisfaction et notre bénéfice mutuels.

En vous remerciant pour votre gentillesse, nous vous prions de rester,

Bien à vous,
Ô… Je….

Il n'est pas rare que le portier d'un bureau japonais dort sur place. Mais il doit disposer du matériel nécessaire, comme le révèle la lettre suivante d'un agent à un mandant :

CHER MONSIEUR ,

Conformément à votre estimée conversation de l'autre jour pour héberger le domestique dans ce bureau, nous considérons que nous devons lui fournir le lit ou les outils de couchage. Veuillez nous informer que vous pourriez approuver la dépense pour l'achat de cet outil.

Dans l'attente de votre précieuse réponse, nous sommes, cher monsieur,

Cordialement,
T—— A——.

La lettre suivante vient d'un homme qui souhaitait établir des relations d'affaires avec l'entreprise de mon ami :

CHER MONSIEUR ,

Je suis commerçant dans la ville de Kokura à Kyushu, traitant toujours les différentes machines ou aciers et l'architecture en utilisant des marchandises.

J'ai connu vos grands noms à Tokyo. C'est pourquoi je veux ouvrir la connexion les uns avec les autres avec tant d'affection. En conséquence, je vous prie de voir si clairement la scène intérieure de votre entreprise, envoyez-moi s'il vous plaît le catalogue et la liste des bons échantillons de votre entreprise. Je suis un bébé de notre société commerciale, car vous me mènerez à la société des machines, je pense.

J'ai fait confiance,

Bien à vous,
je le suis,
K—— M——.

Une chose qui rend parfois ces lettres surprenantes est le fait qu'elles sont rédigées en anglais, ce qui est parfaitement correct à l'exception d'un ou deux détails. Ainsi, des erreurs ou des usages étranges apparaissent de manière inattendue, ajoutant un élément de surprise, comme dans le cas d'un homme qui a écrit à mon ami pour postuler à un emploi :

CHER MONSIEUR ,

Je vous demande si vous pouvez faire appel à mes services comme vendeur et correspondant dans votre entreprise. J'ai une expérience considérable en tant qu'appareil et je peux fournir des références et une assurance contre les risques.

En attendant votre réponse, je suis

Cordialement,
K—— S——.

On m'a souvent demandé si les Japonais possédaient le don de l'humour .

C'est le cas, même si l'humour n'occupe pas une place aussi importante dans leur vie quotidienne que dans la nôtre.

Une touche légère dans la conversation est rare chez eux, et ceux qui l'ont ne le montrent généralement qu'à leurs intimes. Pourtant, ce sont d'excellents calembours, et certains de leurs jeux de mots sont très intelligents. Un exemple typique est le terme d'argot *narikin* qu'ils ont récemment adopté pour décrire le type tape-à-l'oeil des nouveaux riches apparus depuis la guerre.

Pour comprendre l'origine de ce mot et sa connotation spirituelle, vous devez savoir que dans leur jeu d'échecs, appelé *shogi* , un humble pion avancé jusqu'à la troisième rangée de l'adversaire est, par un processus ressemblant à une reine, converti en un pion puissant et libre. pièce mobile appelée *parent* . Le mot *nari* signifie « devenir » ; c'est pourquoi *nari -kin* signifie littéralement « devenir *parent* », ce qui nous donne, lorsqu'on l'applique à un profiteur flamboyant, l'image drôle d'un pauvre petit pion soudainement exalté au pouvoir et à la magnificence. Le jeu de mots, qui ajoute grandement à la valeur de ce terme, vient avec le mot *parent* . *Kin* n'est pas seulement un joueur d'échecs ; cela signifie aussi « or ». Ce qui contribue naturellement à ajouter du piquant à la candidature d'un *nouveau riche* .

De plus, grâce à un jeu sur le mot narikin, un deuxième terme d'argot a été développé : *narihin* — *hin* signifiant « pauvre » – « devenir pauvre ». Et hélas, ce terme aussi bien que l'autre est utile au Japon aujourd'hui. La spéculation sur la guerre a fait fortune pour certaines, mais elle en a anéanti d'autres.

Mon ami O..., un garçon vraiment adorable, a passé une fois la majeure partie d'un après-midi à m'expliquer de nombreux jeux de mots japonais, et je n'étais guère plus satisfait des plaisanteries elles-mêmes que des petits rires contagieux de mon ami. En nous séparant, nous nous engageâmes pour la soirée, mais vers l'heure du dîner, O... revint me dire qu'il ne pouvait pas passer la soirée avec moi.

"Je viens d'apprendre que mon meilleur ami est décédé la nuit dernière", a-t-il déclaré. "C'est très inattendu. Je dois aller chez lui." En parlant ainsi, il émit ce qui me parut être exactement le même petit rire qu'il avait poussé à cause des jeux de mots.

La suppression de ses sentiments est l'un des principaux canons de l'étiquette japonaise. Montrer du malheur, c'est rendre les autres malheureux ; c'est pourquoi, quand on souffre, il est de bon ton de rire ou de sourire. L'étranger qui comprend cette doctrine doit, s'il est un homme d'une certaine délicatesse de sentiment, la respecter. Mais s'il ne saisit pas le principe sous-jacent, il risque de mal juger les Japonais et de considérer leurs rires, dans certaines circonstances, comme durs, désolés ou insensés.

---

l'humour japonais se trouve dans les grotesques et les fantaisies de l'art japonais. Vous le voyez révélé partout – sous la forme d'un pin noueux et rabougri, soigneusement dressé pour obtenir une agréable difformité ; dans les images de chats laissés dans diverses régions du Japon par Hidari Jingoro , le grand sculpteur sur bois gaucher du XVIe siècle ; dans le célèbre trio de singes qui ornent l'écurie du sanctuaire Ieyasu à Nikko – ceux qui n'entendent pas, ne voient pas et ne disent rien du mal ; dans mille figures en faïence de Hotei en haillons et ventru, l'un des Sept Dieux de la Chance, assis, dégoûté et content dans un petit bateau, attendant que quelqu'un lui apporte sa ceinture abdominale ; dans les innombrables représentations du dieu bouddhiste Daruma , ce charmant comédien ovoïde qui vous sortira la langue et les yeux ou, à défaut, refusera de rester couché lorsque vous le retournerez ; en figurines sans numéro, en ivoire ou en bois ; dans des gardes-épées ornées de vanités fantastiques ; dans ces boutons en ivoire sculpté appelés *netsuké* , chéris par les collectionneurs ; et peut-être le plus souvent en estampes couleur japonaises .

Les cent années entre 1730 et 1830 constituent l'âge d'or de la gravure sur bois au Japon.

Du temps de cet art, il était considéré comme nettement plébéien. La plupart des petits tirages ont été réalisés pour être utilisés comme publicités ou comme souvenirs. Certaines, il est vrai, étaient éditées en éditions limitées, et celles-ci coûtaient plus cher que les plus courantes, mais elles étaient généralement vendues pour quelques centimes.

Malheureusement, avant que les amateurs d'art du Japon ne se rendent compte que les plus belles de ces estampes étaient des chefs-d'œuvre représentant la gravure sur bois à sa plus haute perfection, les meilleures estampes étaient sorties du Japon et étaient allées à Paris, Londres, Boston, New York, Chicago, et d'autres villes étrangères, d'où les Japonais les rachètent depuis peu à des prix énormes.

D'un de mes amis à Tokyo, lui-même propriétaire d'une collection très précieuse, j'ai appris que la collection de 7 500 estampes rassemblée par M. Vever , de Paris, a longtemps été considérée par les connaisseurs comme la plus belle du monde. Cette collection a été récemment achetée intacte par M. Kojiro Matsukata , de Kobe, président de l'entreprise de construction navale Kawasaki. On dit que M. Matsukata a payé un demi-million de dollars pour cela. Mon ami de Tokyo me dit que la collection appartenant à MM. William S. et John T. Spalding, de Boston, est probablement la deuxième en importance après la collection Matsukata , et qu'il est difficile de dire si la collection du Boston Museum ou celle des Britanniques La collection du musée occupe la troisième place. Pour les estampes primitives, la collection Clarence Buckingham, hébergée au Chicago Art Institute, est également très importante.

Comment se fait-il que ce soit en Europe que les estampes japonaises soient devenues pour la première fois très appréciées en tant qu'œuvres d'art ?

Octave Mirbeau , dans son délicieux livre d' aventures automobiles , "La 628-E8" (qui, je crois, n'a jamais été publié en anglais) raconte l'histoire.

Le grand impressionniste Claude Monet est allé peindre en Hollande. Certaines courses que lui avait envoyées un petit magasin étaient emballées dans une estampe japonaise – la première que Monet ait jamais vue.

« Vous pouvez imaginer, écrit Mirbeau , son émotion devant cet art merveilleux ... Son étonnement et sa joie étaient tels qu'il ne pouvait parler, mais ne pouvait pousser que des cris de joie.

"Et c'est à Zaandam que ce miracle s'est produit - Zaandam avec ses canaux, ses bateaux à quai déchargeant des cargaisons de bois norvégien, ses flottilles de barques serrées, ses petites rues d'eau, ses minuscules cabanes rouges, ses serres - Zaandam, l'endroit le plus japonais de tout le paysage néerlandais....

" Monet courut au magasin d'où venait son paquet, une vague petite épicerie où les gros doigts d'un gros homme attachaient (sans être paralysés par l'acte !) deux sous de poivre et dix sous de café, en papier portant ces glorieuses images ramenées d'Extrême-Orient avec des provisions au fond de la cale d'un navire.

" Même s'il n'était pas riche à cette époque, Monet était résolu à acheter tous ces chefs-d'œuvre que contenait l'épicerie. Il en vit une pile sur le comptoir.

Son cœur bondit. L'épicier attendait une vieille dame. Il était sur le point pour emballer quelque chose, Monet le vit atteindre l'une des gravures.

'Non non!' il pleure. « Je veux acheter ça ! Je veux acheter tout ça... tout ça !

" L'épicier était un brave homme. Il croyait avoir affaire à quelqu'un un peu touché. D'ailleurs les papiers de couleur ne lui avaient rien coûté. On les jetait avec la marchandise. Comme quelqu'un qui donne un jouet à un pleurnicheur . enfant, pour l'apaiser, il tendit la pile d'estampes à Monet, en souriant et un peu moqueur.

"'Prenez-les, prenez-les', dit-il. 'Vous pouvez les avoir. Ils ne valent rien. Ils ne sont pas assez solides. Je préfère le papier d'emballage ordinaire.'"

L'épicier enveloppa donc le fromage de la vieille dame dans un morceau de papier jaune, et Monet rentra chez lui et passa le reste de la journée en adoration de ses nouveaux trésors. Les noms des grands graveurs sur bois japonais étaient bien entendu inconnus en Europe à l'époque, mais Monet apprit plus tard que certaines de ces gravures étaient de Hokusai, Utamaro et Korin .

« Ce fut, poursuit Mirbeau , le début d'une collection célèbre, mais, bien plus important encore, le début d'une telle évolution de la peinture française que l'anecdote a, outre sa saveur propre , une véritable valeur historique. une histoire qui ne peut être négligée par ceux qui étudient sérieusement l'important mouvement artistique appelé impressionnisme. »

CHAPITRE XXVIII

Mes derniers jours au Japon ont été mes meilleurs jours, car je les ai passés dans une maison japonaise, située au milieu de ses propres jardins à Mita , un quartier résidentiel à environ vingt minutes en voiture du centre de Tokyo.

À travers le shoji ouvert de ma chambre, je pouvais regarder le matin là où, au-delà des pelouses de velours, des fleurs et de la cime des arbres, on pouvait souvent voir l'éventail inversé du cône de Fuji flottant blanc et spectral dans le ciel, à soixante-dix miles de là. .

Après mon bain dans un majestueux bain familial, je déjeunais dans ma chambre, vêtu d'un kimono récemment acquis et me sentant très japonais.

Pendant que je m'habillais, Yuki entrait parfois, mais je m'étais désormais habitué à ses invasions matinales et je ne les trouvais plus gênantes. Elle était tellement pratique, tellement utile. Elle savait où tout se trouvait. Elle se rendait dans une curieuse petite armoire, encastrée dans le mur et dotée de portes coulissantes en laque et en soie, et me procurait une chemise, ou récupérait de leur cachette un pantalon manquant et me l'apportait soigneusement. pliés dans un de ces paniers plats et peu profonds qui, chez les Japonais, semblent tenir lieu de tiroirs de bureau.

Ainsi, en plus d'être la duègne de ma fille et la servante de ma femme, elle était en effet mon valet de chambre. Et son utilité ne s'arrête en aucun cas là. Elle était notre interprète, dragoman, acheteuse ; elle était notre intendante, major domo, sénéchal ; non, elle était notre Premier ministre.

La maison avait un personnel nombreux et tous les domestiques nous faisaient sentir qu'ils étaient *nos* serviteurs et qu'ils étaient heureux de nous avoir là. A l'exception d'un majordome, un Japonais anglophone ajouté temporairement à l'établissement pour notre compte, tous portaient l'habit indigène ; et il y avait parmi eux deux hommes si beaux de traits, si dignes de port, si élégants dans leurs soieries, que nous les priâmes d'abord pour des membres de la famille. L'un d'eux était un vieux monsieur à la barbe blanche qui aurait fait un grand-père désirable pour n'importe qui. S'il avait d'autres tâches que de décorer la salle de sa présence, je n'ai jamais su de quoi il s'agissait. L'autre, un jeune homme, était commis de maison et jouissait de la distinction d'être le mari de Saki.

Saki, la gouvernante de quelques amis japonais à qui nous avons rendu visite, a obligeamment posé pour moi. Le matelas est rembourré de soie dentaire, l'oreiller est dur et rond et le revêtement est une sorte de kimono matelassé.

Saki était la femme de ménage, jeune et jolie. Elle et son mari vivaient dans un cottage à proximité , et leur maison était largement équipée d'instruments de musique, Saki maîtrisant le samisen et le koto , ainsi qu'un mélodéon américain qui était l'un de ses principaux trésors. Elle était tout sourire et douceur, une personne des plus obligeantes. C'est en effet elle qui a fait semblant de dormir dans un lit japonais, afin que je puisse réaliser la photographie qui est une des illustrations de ce livre.

Quatre ou cinq coolies, d'excellents camarades, portant des manteaux de coton bleu avec sur le dos les insignes de la famille de notre hôte, travaillaient dans la maison et dans le terrain ; et plusieurs petites servantes trottinaient continuellement dans les couloirs ; avec ce piétinement où l'on vient, quand on y est habitué, voir effectivement une curieuse joliesse.

Parfois, nous avions l'impression que les domestiques nous montraient trop de considération. Nous dînions beaucoup au restaurant et rentrions souvent en retard (« Maison » était le terme que nous utilisions là-bas), mais quelle que soit l'heure avancée, le chauffeur klaxonnait en franchissant le portail, après quoi les lumières s'allumaient en dessous. la porte cochère , le shoji à l'entrée de la maison s'ouvraient, et trois ou quatre domestiques en sortaient, traînant une large bande de tapis de velours rouge, sur laquelle nous montions magnifiquement les deux marches menant au hall. Mais bien que je les ai exhortés à omettre ce détail royal, parce que deux ou trois hommes devaient s'asseoir pour manipuler le lourd tapis, et aussi parce que la fabrication de ce tapis me donnait l'impression d'être un faux prince, je n'ai jamais pu les y inciter. Toujours, quelle que soit l'heure, un petit groupe de domestiques apparaissait à la porte quand nous rentrions.

Même la nuit où, sous les soins du tout-puissant et sage chef portier de l'Hôtel Impérial, nos malles furent emportées comme par magie, pour être emmenées à Yokohama et placées à bord du *Tenyo. Maru* , même alors, nous avions du mal à réaliser que notre dernière nuit au Japon était arrivée.

Cette prise de conscience ne m'a frappé de plein fouet que lorsque je me suis couché.

Je n'avais pas sommeil. Je suis allongé là, réfléchissant. Et l'arrière-plan de mes pensées était tissé de sons soufflés par le shoji ouvert par le vent d'été : les sons nocturnes des rues de Tokyo.

Je me suis rappelé comment, lors de ma première nuit à Tokyo, j'avais écouté ces sons et je me demandais ce qu'ils signifiaient.

Maintenant, ils s'expliquaient à moi comme à un Japonais.

Un tintement lointain, semblable à celui d'une cloche de traîneau, m'informa qu'un vendeur de journaux arrivait avec des journaux en retard. Une phrase musicale plaintive évoquant Debussy, éclatant brusquement et s'arrêtant avec une brusque surprise, m'apprit que le marchand de macaronis chinois était à l'étranger avec son chariot garni de lanternes et sa petite corne de cuivre. Finalement, j'entendis une note semblable à celle d'un xylophone, ressemblant un peu au bruit de la matraque d'un policier new-yorkais frappant le trottoir. Cela a été répété plusieurs fois ; puis il y avait un silence ; puis le son à nouveau, un peu plus proche. C'était le veilleur de nuit en tournée, gardant le quartier non pas contre les voleurs, mais contre le feu, « la Fleur de Tokyo ». Dans mon esprit, je le voyais se dépêcher, frappant de temps en temps ses deux bâtons pour répandre la nouvelle que tout allait bien.

C'est alors que je réfléchis : « Demain soir, je n'entendrai plus ces bruits. A leur place, j'entendrai le craquement du navire, le rugissement du vent, le sifflement de la mer. Peut-être n'entendrai-je plus jamais le bruit. musique des rues de Tokyo.

Mon cœur était triste alors que je m'endormais.

Heureusement pour notre tranquillité d'esprit, nous avions appris, grâce à l'expérience d'amis américains, visiteurs d'une autre maison japonaise, comment *ne pas* donner de pourboire à ces domestiques bien élevés, ou plutôt comment ne pas essayer de leur donner un pourboire. En quittant la maison où ils avaient été invités, ces amis avaient offert de l'argent aux domestiques, mais ils l'avaient poliment mais positivement refusé.

Yuki nous a clarifié la situation.

"Ils devraient mettre *du noshi* avec de l'argent", a-t-elle expliqué en réponse à nos questions. "Cela donne le droit de le prendre. Cela signifie un cadeau."

Sans connaître auparavant le nom de Noshi , nous avons tout de suite compris ce qu'elle voulait dire, car nous avions reçu pendant notre séjour au Japon suffisamment de cadeaux pour remplir une grande malle, et chacun était accompagné d'un petit morceau de papier de couleur plié d'une certaine manière, signifiant un cadeau.

Autrefois, ces papiers colorés contenaient toujours de petits morceaux d' *awabi séché* - de l'abalone - mais avec les années, l' awabi séché a commencé à être omis et les petits papiers pliés en eux-mêmes en sont venus à être considérés comme adéquats.

Fort de ces connaissances, je me rendis, la veille de notre départ, au Ginza, où j'achetais des enveloppes sur lesquelles était imprimé le dessin du noshi . L'argent placé dans ces enveloppes était gracieusement accepté par tous les domestiques. Pourboires qu'ils n'auraient pas reçus. Mais ce n'étaient pas des conseils. C'étaient des cadeaux d'ami à ami, au moment de se séparer.

Le code de courtoisie japonaise est très précis et très exigeant en matière d'adieux à l'invité qui part. Les visiteurs sont invariablement escortés jusqu'à la porte par l'hôte, les membres de sa famille présents et un ou deux domestiques, qui se tiennent tous debout devant le portail et s'inclinent tandis que le visiteur s'éloigne.

Un invité est envoyé avec une cérémonie encore plus grande. Tout le personnel de l'établissement se rassemblera avec de profondes révérences et des cris de « Sayonara ! » la porte pour l'accélérer dans son chemin Des membres de la famille, souvent toute la famille, l'accompagnent jusqu'à la gare, où se présentent d'autres amis qui se sont soigneusement renseignés à l'avance sur l'heure du départ. Le voyageur est escorté jusqu'à sa voiture, et ses amis restent sur le quai jusqu'au départ du train, où les salutations et les « Sayonaras » sont répétés.

Les Tokyoïtes se rendent souvent à Yokohama avec des amis venant du Japon, les accompagnant jusqu'au navire et restant sur le quai jusqu'à ce que le navire entre dans la baie. Comment les hommes d'affaires de Tokyo parviennent-ils à participer à ces longues soirées de départ est l'un des grands mystères du Japon mystérieux, car une telle excursion prend la plus grande partie d'une journée.

Pour l'Américain, habitué dans ses amitiés à tenir tant de choses pour acquis, les adieux japonais procurent une sensation nouvelle et qui ne peut manquer de toucher le cœur.

Les passagers au départ reçoivent des bobines de confettis en ruban de papier, qu'ils lancent à leurs amis à terre, afin que chacun puisse en tenir une extrémité jusqu'à ce que le mur de pièces d'acier se détache du mur de pierre et que le fil de papier se tende et se brise. Il y a quelque chose de poignant et de poétique dans cette rupture, symbolisant l'immensité du monde, la petitesse des hommes et des navires, la fragilité des contacts humains.

Le dernier visage que j'ai reconnu, là-bas, de l'autre côté de l'eau, au Japon, était celui de Yuki. Elle se tenait sur le quai, le bout d'un ruban de papier cassé à la main. L'autre extrémité descendait dans l'eau. Elle pleurait amèrement.

Voulant être sûr que ma femme et ma fille n'avaient pas manqué de la découvrir dans la foule, je me tournai vers elles. Mais je n'avais pas besoin de la signaler. Leurs visages m'ont dit qu'ils l'avaient vue. Eux aussi pleuraient.

Il en est ainsi des femmes. Ils pleurent. Quant à un homme, il agite simplement son chapeau. J'ai agité le mien.

"Sayonara!"

Je me suis détourné. Il y avait des choses à faire dans ma cabine. En plus, le vent sur le pont fraîchissait. Ça m'a fait mal aux yeux.

LA FIN

www.ingramcontent.com/pod-product-compliance
Lightning Source LLC
LaVergne TN
LVHW040005200726
843493LV00005B/1131